QIYE
QUANXIN SHUISHOU YOUHUI ZHENGCE
HUIBIAN YU JIEDU

企业全新税收优惠政策汇编与解读

应志雄 / 编著

中国法制出版社
CHINA LEGAL PUBLISHING HOUSE

前言
PREFACE

近期，党中央、国务院为了深化供给侧改革，减轻企业负担，激发市场活力，推动形成积极的社会预期，相继出台了一系列减税降费政策。财政部、国家税务总局等部门积极响应，陆续出台了各项具体的税收优惠政策。

作为纳税人，我们到底有多少税收优惠政策，哪些优惠政策适合自己，有的没有系统的认知，甚至有的茫然不知所措，有的为此而错失享受优惠政策之良机。

税收优惠政策，是企业进行税收规划的重要依据，是企业节税的合法支撑。为了方便企业、个体工商户等广大纳税人系统地学习、掌握和使用好国家税收优惠政策，及时领取党和政府的惠民红利，编著者针对财政部、税务总局等部门2018－2019年新发布的增值税改革和减税降费等重要税收优惠政策，分门别类地给予了系统的编辑、整理和解答。

一是，采取一问一答的形式，优惠政策醒目导引，政策一目了然；

二是，对同类税收优惠政策进行了归纳梳理和知识链接，对重要税收优惠政策进行了详细的解答（解读）；

三是，醒目提示了失效的税收优惠政策；

四是，为便于纳税人追本溯源需要，将以往税收优惠政策与优惠政策进行衔接整编；

五是，对近期系列便民惠民、减税降费税收政策法规系统汇编成册。该书极大方便了企业负责人、财会、税务、税收筹划、个体工商户等人员检索使用，实用、时效、实惠，有“一册在手、办税无忧”、“一册在手，节税无忧”的效果。

应志雄

2019年4月

目 录

CONTENTS

第一篇　税收优惠政策法规解答（解读）

第一篇

税收优惠政策法规解答（解读）

第一章 增值税

1. 当前增值税税率是如何调整的?

（一）2018 年 5 月 1 日起，税率调整情况：

1. 纳税人发生增值税应税销售行为或者进口货物，原适用 17% 和 11% 税率的，税率分别调整为 16%、10%。

2. 纳税人购进农产品，原适用 11% 扣除率的，扣除率调整为 10%。

3. 纳税人购进用于生产销售或委托加工 16% 税率货物的农产品，按照 12% 的扣除率计算进项税额。

4. 原适用 17% 税率且出口退税率为 17% 的出口货物，出口退税率调整至 16%。原适用 11% 税率且出口退税率为 11% 的出口货物、跨境应税行为，出口退税率调整至 10%。

5. 外贸企业 2018 年 7 月 31 日前出口的第四条所涉货物、销售的第四条所涉跨境应税行为，购进时已按调整前税率征收增值税的，执行调整前的出口退税率；购进时已按调整后税率征收增值税的，执行调整后的出口退税率。生产企业 2018 年 7 月 31 日前出口的第四条所涉货物、销售的第四条所涉跨境应税行为，执行调整前的出口退税率。调整出口货物退税率的执行时间及出口货物的时间，以出口货物报关单上注明的出口日期为准，调整跨境应税行为退税率的执行时间及销售跨境应税行为的时间，以出口发票的开具日期为准。

（二）从 2019 年 4 月 1 日起，将制造业等行业 16% 增值税率降至 13%、交通运输和建筑等行业 10% 增值税率降至 9%，一是进一步扩大进项税抵扣范围，将旅客运输服务纳入抵扣，并把纳税人取得不动产支付的进项税由分两年抵扣改为一次性全额抵扣，增加纳税人当期可抵扣进项税。对主营业务为邮政、电信、现代服务和生活服务业的纳税人，按进项税额加计 10% 抵减应纳税额，政策实施期限暂定截至 2021 年底。确保所有行业税负只减不增。二是对政策实施后纳税人新增的留抵税额，按有关规定予以退还。三是相应调整部分货物服务出口退税率、购进农产品适用的扣除率等。

政策依据：《财政部、税务总局关于调整增值税税率的通知》（财税〔2018〕32 号）、《财政部、税务总局、海关总署关于深化增值税改革有关政策的公告》（财政部、税务总局、海关总署公告 2019 年第 39 号）。

提示：2019 年 4 月 1 日起执行的增值税税率优惠政策及其解答已收录于本书第二篇第一部分“深化增值税改革问题解答”和第三篇“财政部、税务总局、海关总署公告 2019 年第 39 号、国家税务总局公告 2019 年第 14、15 号”相应部分中。

2. 当前增值税小规模纳税人标准是什么？

增值税小规模纳税人标准为年应征增值税销售额 500 万元及以下。

按照《中华人民共和国增值税暂行条例实施细则》第二十八条规定已登记为增值税一般纳税人的单位和个人，在 2018 年 12 月 31 日前，可转登记为小规模纳税人，其未抵扣的进项税额作转出处理。

政策依据：《财政部、税务总局关于统一增值税小规模纳税人标准的通知》（财税〔2018〕33 号），本通知自 2018 年 5 月 1 日起执行。

相关链接：《国家税务总局关于小规模纳税人免征增值税政策有关征管问题的公告》（国家税务总局公告 2019 年第 4 号）规定，转登记日前连续 12 个月（以 1 个月为 1 个纳税期）或者连续 4 个季度（以 1 个季度为 1 个纳税期）累计销售额未超过 500 万元的一般纳税人，在 2019 年 12 月 31 日前，可选择转登记为小规模纳税人。2019 年可选择转登记的纳税人，涵盖包括营改增试点纳税人在内的所有增值税一般纳税人。

3. 小微企业增值税普惠性政策规定有哪些？

对月销售额 10 万元以下（含本数）的增值税小规模纳税人，免征增值税。

小型微利企业是指从事国家非限制和禁止行业，且同时符合年度应纳税所得额不超过300万元、从业人数不超过300人、资产总额不超过5000万元等三个条件的企业。从业人数，包括与企业建立劳动关系的职工人数和企业接受的劳务派遣用工人数。所称从业人数和资产总额指标，应按企业全年的季度平均值确定。具体计算公式如下：

季度平均值 =（季初值 + 季末值）÷2

全年季度平均值 = 全年各季度平均值之和 ÷4

年度中间开业或者终止经营活动的，以其实际经营期作为一个纳税年度确定上述相关指标。

由省、自治区、直辖市人民政府根据本地区实际情况，以及宏观调控需要确定，对增值税小规模纳税人可以在50%的税额幅度内减征资源税、城市维护建设税、房产税、城镇土地使用税、印花税（不含证券交易印花税）、耕地占用税和教育费附加、地方教育附加。

增值税小规模纳税人已依法享受资源税、城市维护建设税、房产税、城镇土地使用税、印花税、耕地占用税、教育费附加、地方教育附加其他优惠政策的，可叠加享受本通知第三条规定的优惠政策。

《财政部、税务总局关于创业投资企业和天使投资个人有关税收政策的通知》（财税〔2018〕55号）第二条第（一）项关于初创科技型企业条件中的“从业人数不超过200人”调整为“从业人数不超过300人”，“资产总额和年销售收入均不超过3000万元”调整为“资产总额和年销售收入均不超过5000万元”。

政策依据：《财政部、税务总局关于实施小微企业普惠性税收减免政策的通知》（财税〔2019〕13号），本通知执行期限为2019年1月1日至2021年12月31日。2019年1月1日前2年内发生的投资，自2019年1月1日起投资满2年且符合本通知规定和《财政部、税务总局关于创业投资企业和天使投资个人有关税收政策的通知》规定的其他条件的，可以适用《财政部、税务总局关于创业投资企业和天使投资个人有关税收政策的通知》规定的税收政策。

文件废止：《财政部、税务总局关于延续小微企业增值税政策的通知》（财税〔2017〕76号）、《财政部、税务总局关于进一步扩大小型微利企业所得税优惠政策范围的通知》（财税〔2018〕77号）。

4. 小规模纳税人免征增值税政策有关税收征管问题的规定有哪些?

（一）小规模纳税人发生增值税应税销售行为，合计月销售额未超过10万元（以1个季度为1个纳税期的，季度销售额未超过30万元，下同）的，免征增值税。小规模纳税人发生增值税应税销售行为，合计月销售额超过10万元，但扣除本期发生的销售不动产的销售额后未超过10万元的，其销售货物、劳务、服务、无形资产取得的销售额免征增值税。

例1：甲小规模纳税人2019年1月销售货物4万元，提供服务3万元，销售不动产2万元。合计销售额为9（=4+3+2）万元，未超过10万元免税标准，因此，该纳税人销售货物、服务和不动产取得的销售额9万元，可享受小规模纳税人免税政策。

例2：乙小规模纳税人2019年1月销售货物4万元，提供服务3万元，销售不动产10万元。合计销售额为17（=4+3+10）万元，剔除销售不动产后的销售额为7（=4+3）万元，因此，该纳税人销售货物和服务相对应的销售额7万元可以享受小规模纳税人免税政策，销售不动产10万元应照章纳税。

（二）适用增值税差额征税政策的小规模纳税人，以差额后的销售额确定是否可以享受本公告规定的免征增值税政策。《增值税纳税申报表（小规模纳税人适用）》中的“免税销售额”相关栏次，填写差额后的销售额。

例：2019年1月，A建筑企业，系小规模纳税人（按月纳税），取得建筑服务收入20万元，同时向其他建筑企业支付分包款12万元，则A企业当月扣除分包款后的销售额为8万元，未超过10万元免税标准，因此，当月可享受小规模纳税人免税政策。

（三）按固定期限纳税的小规模纳税人可以选择以1个月或1个季度为纳税期限，一经选择，一个会计年度内不得变更。

例1：A小规模纳税人2019年1～3月的销售额分别是5万元、11万元和12万元。如果按月纳税，则只有1月的5万元能够享受免税；如果按季纳税，由于该季度销售额为28万元，未超过免税标准，因此，28万元全部能享受免税。在这种情况下，小规模纳税人更愿意实行按季纳税。

例 2：B 小规模纳税人 2019 年 1～3 月的销售额分别是 8 万元、11 万元和 12 万元，如果按月纳税，1 月份的 8 万元能够享受免税，如果按季纳税，由于该季度销售额 31 万元已超过免税标准，因此，31 万元均无法享受免税。在这种情况下，小规模纳税人更愿意实行按月纳税。

基于以上情况，为确保小规模纳税人充分享受政策公告明确，按照固定期限纳税的小规模纳税人可以根据自己的实际经营情况选择实行按月纳税或按季纳税。为确保年度内纳税人的纳税期限相对稳定，同时也明确了一经选择，一个会计年度内不得变更。

（四）《中华人民共和国增值税暂行条例实施细则》第九条所称的其他个人，采取一次性收取租金形式出租不动产取得的租金收入，可在对应的租赁期内平均分摊，分摊后的月租金收入未超过 10 万元的，免征增值税。

（五）转登记日前连续 12 个月（以 1 个月为 1 个纳税期）或者连续 4 个季度（以 1 个季度为 1 个纳税期）累计销售额未超过 500 万元的一般纳税人，在 2019 年 12 月 31 日前，可选择转登记为小规模纳税人。一般纳税人转登记为小规模纳税人的其他事宜，按照《国家税务总局关于统一小规模纳税人标准等若干增值税问题的公告》（国家税务总局公告 2018 年第 18 号）、《国家税务总局关于统一小规模纳税人标准有关出口退（免）税问题的公告》（国家税务总局公告 2018 年第 20 号）的相关规定执行。

（六）按照现行规定应当预缴增值税税款的小规模纳税人，凡在预缴地实现的月销售额未超过 10 万元的，当期无需预缴税款。

（七）小规模纳税人中的单位和个体工商户销售不动产，应按其纳税期、本公告第六条以及其他现行政策规定确定是否预缴增值税；其他个人销售不动产，继续按照现行规定征免增值税。

（八）小规模纳税人月销售额未超过 10 万元的，当期因开具增值税专用发票已经缴纳的税款，在增值税专用发票全部联次追回或者按规定开具红字专用发票后，可以向主管税务机关申请退还。

（九）小规模纳税人 2019 年 1 月份销售额未超过 10 万元（以 1 个季度为 1 个纳税期的，2019 年第一季度销售额未超过 30 万元），但当期因代开普通发票已经缴纳的税款，可以在办理纳税申报时向主管税务机关申请退还。

（十）小规模纳税人月销售额超过10万元的，使用增值税发票管理系统开具增值税普通发票、机动车销售统一发票、增值税电子普通发票。已经使用增值税发票管理系统的小规模纳税人，月销售额未超过10万元的，可以继续使用现有税控设备开具发票；已经自行开具增值税专用发票的，可以继续自行开具增值税专用发票，并就开具增值税专用发票的销售额计算缴纳增值税。

文件废止：《国家税务总局关于全面推开营业税改征增值税试点有关税收征收管理事项的公告》（国家税务总局公告2016年第23号）第三条第二项和第六条第四项、《国家税务总局关于明确营改增试点若干征管问题的公告》（国家税务总局公告2016年第26号）第三条、《国家税务总局关于营改增试点若干征管问题的公告》（国家税务总局公告2016年第53号）第二条和《国家税务总局关于小微企业免征增值税有关问题的公告》（国家税务总局公告2017年第52号）。

5. 动漫产业增值税优惠政策有什么？

（一）自2018年1月1日至2018年4月30日，对动漫企业增值税一般纳税人销售其自主开发生产的动漫软件，按照17%的税率征收增值税后，对其增值税实际税负超过3%的部分，实行即征即退政策。

（二）自2018年5月1日至2020年12月31日，对动漫企业增值税一般纳税人销售其自主开发生产的动漫软件，按照16%的税率征收增值税后，对其增值税实际税负超过3%的部分，实行即征即退政策。

（三）动漫软件出口免征增值税。

（四）动漫软件，按照《财政部、税务总局关于软件产品增值税政策的通知》（财税〔2011〕100号）中软件产品相关规定执行。动漫企业和自主开发、生产动漫产品的认定标准和认定程序，按照《文化部、财政部、税务总局关于印发〈动漫企业认定管理办法（试行）〉的通知》（文市发〔2008〕51号）的规定执行。

政策依据：《财政部、税务总局关于延续动漫产业增值税政策的通知》（财税〔2018〕38号）。

文件废止：《财政部、税务总局关于动漫产业增值税和营业税政策的通知》（财税〔2013〕98号）到期停止执行。

6. 抗癌制药企业增值税优惠政策有哪些?

（一）自2018年5月1日起，增值税一般纳税人生产销售和批发、零售抗癌药品，可选择按照简易办法依照3%征收率计算缴纳增值税。上述纳税人选择简易办法计算缴纳增值税后，36个月内不得变更。

（二）自2018年5月1日起，对进口抗癌药品，减按3%征收进口环节增值税。

（三）纳税人应单独核算抗癌药品的销售额。未单独核算的，不得适用本通知第一条规定的简易征收政策。

（四）抗癌药品，是指经国家药品监督管理部门批准注册的抗癌制剂及原料药。抗癌药品清单（第一批）见附件。抗癌药品范围实行动态调整，由财政部、海关总署、税务总局、国家药品监督管理局根据变化情况适时明确。

政策依据：《财政部、海关总署、税务总局、国家药品监督管理局关于抗癌药品增值税政策的通知》（财税〔2018〕47号）。

7. 宣传文化增值税优惠政策有哪些?

（一）自2018年1月1日起至2020年12月31日，执行下列增值税先征后退政策：

1. 对下列出版物在出版环节执行增值税100%先征后退的政策：

（1）中国共产党和各民主党派的各级组织的机关报纸和机关期刊，各级人大、政协、政府、工会、共青团、妇联、残联、科协的机关报纸和机关期刊，新华社的机关报纸和机关期刊，军事部门的机关报纸和机关期刊。

上述各级组织不含其所属部门。机关报纸和机关期刊增值税先征后退范围掌握在一个单位一份报纸和一份期刊以内。

（2）专为少年儿童出版发行的报纸和期刊，中小学的学生课本。

（3）专为老年人出版发行的报纸和期刊。

（4）少数民族文字出版物。

（5）盲文图书和盲文期刊。

（6）经批准在内蒙古、广西、西藏、宁夏、新疆五个自治区内注册的出版单位出版的出版物。

（7）列入本通知附件1的图书、报纸和期刊。

2. 对下列出版物在出版环节执行增值税先征后退50%的政策：

（1）各类图书、期刊、音像制品、电子出版物，但本通知第一条第（一）项规定执行增值税100%先征后退的出版物除外。

（2）列入本通知附件2的报纸。

3. 对下列印刷、制作业务执行增值税100%先征后退的政策：

（1）对少数民族文字出版物的印刷或制作业务。

（2）列入本通知附件3的新疆维吾尔自治区印刷企业的印刷业务。

（二）自2018年1月1日起至2020年12月31日，免征图书批发、零售环节增值税。

（三）自2018年1月1日起至2020年12月31日，对科普单位的门票收入，以及县级及以上党政部门和科协开展科普活动的门票收入免征增值税。

（四）享受上述第一条第（一）项、第（二）项规定的增值税先征后退政策的纳税人，必须是具有相关出版物出版许可证的出版单位（含以"租型"方式取得专有出版权进行出版物印刷发行的出版单位）。承担省级及以上出版行政主管部门指定出版、发行任务的单位，因进行重组改制等原因尚未办理出版、发行许可证变更的单位，经财政部驻各地财政监察专员办事处（以下简称财政监察专员办事处）商省级出版行政主管部门核准，可以享受相应的增值税先征后退政策。

纳税人应将享受上述税收优惠政策的出版物在财务上实行单独核算，不进行单独核算的不得享受本通知规定的优惠政策。违规出版物、多次出现违规的出版单位及图书批发零售单位不得享受本通知规定的优惠政策，上述违规出版物、出版单位及图书批发零售单位的具体名单由省级及以上出版行政主管部门及时通知相应财政监察专员办事处和主管税务机关。

（五）已按软件产品享受增值税退税政策的电子出版物不得再按本通知申请增值税先征后退政策。

政策依据：《财政部、税务总局关于延续宣传文化增值税优惠政策的通知》（财税〔2018〕53号），本通知自2018年1月1日起执行。该通知所述"科普活动"，是指利用各种传媒以浅显的、让公众易于理解、接受和参与的方式，向普通大众介绍自然科学和社会科学知识，推广科学技术的应用，倡导科学方法，传播科学思想，弘扬科学精神的活动。本通知规定的各项增值税先征后退政策由财政监察专员办事处根据财政部、税务总局、中国人民银行《关于税制改革后对某些企业实行“先征后退”有关预算管理问题的暂行规定的通知》〔(94)财预字第55号〕的规定办理。按照本通知第二条和第三条规定应予免征的增值税，凡在接到本通知以前已经征收入库的，可抵减纳税人以后月份应缴纳的增值税税款或者办理税款退库。纳税人如果已向购买方开具了增值税专用发票，应将专用发票追回后方可申请办理免税。凡专用发票无法追回的，一律照章征收增值税。

财税〔2018〕53号通知的有关定义：

1.“出版物”，是指根据国务院出版行政主管部门的有关规定出版的图书、报纸、期刊、音像制品和电子出版物。所述图书、报纸和期刊，包括随同图书、报纸、期刊销售并难以分离的光盘、软盘和磁带等信息载体。

2. 图书、报纸、期刊（即杂志）的范围，仍然按照《国家税务总局关于印发〈增值税部分货物征税范围注释〉的通知》（国税发〔1993〕151号）的规定执行；音像制品、电子出版物的范围，按照《财政部、税务总局关于简并增值税税率有关政策的通知》（财税〔2017〕37号）的规定执行。

3.“专为少年儿童出版发行的报纸和期刊”，是指以初中及初中以下少年儿童为主要对象的报纸和期刊。

4.“中小学的学生课本”，是指普通中小学学生课本和中等职业教育课本。普通中小学学生课本是指根据教育部中、小学教学大纲的要求，由经国务院教育行政主管部门审定，并取得国务院出版行政主管部门批准的教科书出版、发行资质的单位提供的中、小学学生上课使用的正式课本，具体操作时按国家和省级教育行政部门每年春、秋两季下达的“中小学教学用书目录”中所列的“课本”的范围掌握；中等职业教育课本是指经国家和省级教育、人力资源社会保障行政部门审定，供中等专业学校、职业高中和成人专业学校学生使用的课本，具体操作时按国家和省级教育、人力资源社会保障行政部门每年下达的教学用书目录认定。中小学的学生课本不包括各种形式的教学参考书、图册、自读课本、课外读物、练习册以及其他各类辅助性教材和辅导读物。

5.“专为老年人出版发行的报纸和期刊”，是指以老年人为主要对象的报纸和期刊。

6. 第一条第（一）项和第（二）项规定的图书包括“租型”出版的图书。

7. “科普单位”，是指科技馆、自然博物馆，对公众开放的天文馆（站、台）、气象台（站）、地震台（站），以及高等院校、科研机构对公众开放的科普基地。

文件废止：《财政部、税务总局关于延续宣传文化增值税和营业税优惠政策的通知》（财税〔2013〕87号）。

8. 金融机构小微企业贷款增值税优惠政策有哪些？

为进一步加大对小微企业的支持力度，现将金融机构小微企业贷款利息收入免征增值税政策通知如下：

（一）自2018年9月1日至2020年12月31日，对金融机构向小型企业、微型企业和个体工商户发放小额贷款取得的利息收入，免征增值税。金融机构可以选择以下两种方法之一适用免税：

1. 对金融机构向小型企业、微型企业和个体工商户发放的，利率水平不高于人民银行同期贷款基准利率150%（含本数）的单笔小额贷款取得的利息收入，免征增值税；高于人民银行同期贷款基准利率150%的单笔小额贷款取得的利息收入，按照现行政策规定缴纳增值税。

2. 对金融机构向小型企业、微型企业和个体工商户发放单笔小额贷款取得的利息收入中，不高于该笔贷款按照人民银行同期贷款基准利率150%（含本数）计算的利息收入部分，免征增值税；超过部分按照现行政策规定缴纳增值税。

金融机构可按会计年度在以上两种方法之间选定其一作为该年的免税适用方法，一经选定，该会计年度内不得变更。

（二）金融机构，是指经人民银行、银保监会批准成立的已通过监管部门上一年度“两增两控”考核的机构（2018年通过考核的机构名单以2018年上半年实现“两增两控”目标为准），以及经人民银行、银保监会、证监会批准成立的开发银行及政策性银行、外资银行和非银行业金融机构。“两增两控”是指单户授信总额1000万元以下（含）小微企业贷款同比增速不低于各项贷款同比增速，有贷款余额的户数不低于上年同期水平，合理控制小微企业贷款资产质量水平和贷款综合成本（包括利率和贷款相关的银行服务收费）水平。金融机构完成“两增两控”情况，以银保监会及其派出机构考核结果为准。

（三）小型企业、微型企业，是指符合《中小企业划型标准规定》（工信部联企业〔2011〕300号）的小型企业和微型企业。其中，资产总额和从业人员指标均以贷款发放时的实际状态确定；营业收入指标以贷款发放前12个自然月的累计数确定，不满12个自然月的，按照以下公式计算：

营业收入（年）＝企业实际存续期间营业收入/企业实际存续月数×12

（四）小额贷款，是指单户授信小于1000万元（含本数）的小型企业、微型企业或个体工商户贷款；没有授信额度的，是指单户贷款合同金额且贷款余额在1000万元（含本数）以下的贷款。

（五）金融机构应将相关免税证明材料留存备查，单独核算符合免税条件的小额贷款利息收入，按现行规定向主管税务机构办理纳税申报；未单独核算的，不得免征增值税。金融机构应依法依规享受增值税优惠政策，一经发现存在虚报或造假骗取本项税收优惠情形的，停止享受本通知有关增值税优惠政策。金融机构应持续跟踪贷款投向，确保贷款资金真正流向小型企业、微型企业和个体工商户，贷款的实际使用主体与申请主体一致。

（六）银保监会按年组织开展免税政策执行情况督察，并将督察结果及时通报财税主管部门。鼓励金融机构发放小微企业信用贷款，减少抵押担保的中间环节，切实有效降低小微企业综合融资成本。

（七）金融机构向小型企业、微型企业及个体工商户发放单户授信小于100万元（含本数），或者没有授信额度，单户贷款合同金额且贷款余额在100万元（含本数）以下的贷款取得的利息收入，可继续按照《财政部、税务总局关于支持小微企业融资有关税收政策的通知》（财税〔2017〕77号）的规定免征增值税。

政策依据：《财政部、税务总局关于金融机构小微企业贷款利息收入免征增值税政策的通知》（财税〔2018〕91号）。

9. 跨境电子商务综合试验区零售出口货物税收优惠政策有哪些？

（一）对综试区电子商务出口企业出口未取得有效进货凭证的货物，同时符合下列条件的，试行增值税、消费税免税政策：

1. 电子商务出口企业在综试区注册，并在注册地跨境电子商务线上综合服务平台登记出口日期、货物名称、计量单位、数量、单价、金额。

2. 出口货物通过综试区所在地海关办理电子商务出口申报手续。

3. 出口货物不属于财政部和国家税务总局根据国务院决定明确取消出口退（免）税的货物。

（二）各综试区建设领导小组办公室和商务主管部门应统筹推进部门之间的沟通协作和相关政策落实，加快建立电子商务出口统计监测体系，促进跨境电子商务健康快速发展。

（三）海关总署定期将电子商务出口商品申报清单电子信息传输给税务总局。各综试区税务机关根据税务总局清分的出口商品申报清单电子信息加强出口货物免税管理。具体免税管理办法由省级税务部门商财政、商务部门制定。

（四）综试区，是指经国务院批准的跨境电子商务综合试验区；电子商务出口企业，是指自建跨境电子商务销售平台或利用第三方跨境电子商务平台开展电子商务出口的单位和个体工商户。

政策依据：《财政部、税务总局、商务部、海关总署关于跨境电子商务综合试验区零售出口货物税收政策的通知》（财税〔2018〕103 号），本通知自 2018 年 10 月 1 日起执行，具体日期以出口商品申报清单注明的出口日期为准。

10. 部分产品调高增值税出口退税率的政策情况如何?

（一）将相纸胶卷、塑料制品、竹地板、草藤编织品、钢化安全玻璃、灯具等产品出口退税率提高至 16%。

将润滑剂、航空器用轮胎、碳纤维、部分金属制品等产品出口退税率提高至 13%。

将部分农产品、砖、瓦、玻璃纤维等产品出口退税率提高至 10%。

（二）取消豆粕出口退税。

豆粕是指产品编码为 23040010、23040090 的产品。

（三）除上述第（一）、（二）条所涉产品外，其余出口产品，原出口退税率为 15% 的，出口退税率提高至 16%；原出口退税率为 9% 的，出口退税率提高至 10%；原出口退税率为 5% 的，出口退税率提高至 6%。

政策依据：《财政部、税务总局关于调整部分产品出口退税率的通知》（财税〔2018〕123 号），本通知自 2018 年 11 月 1 日起执行。本通知所列货物适用的出口退税率，以出口货物报关单上注明的出口日期界定。提高出口退税率的产品清单详见通知附件。

相关链接：《财政部、税务总局、海关总署关于深化增值税改革有关政策的公告》（财政部、税务总局、海关总署公告2019年第39号）规定：原适用16%税率且出口退税率为16%的出口货物劳务，出口退税率调整为13%；原适用10%税率且出口退税率为10%的出口货物、跨境应税行为，出口退税率调整为9%。

11. 科技企业孵化器、大学科技园和众创空间税收优惠政策有哪些？

（一）自2019年1月1日至2021年12月31日，对国家级、省级科技企业孵化器、大学科技园和国家备案众创空间自用以及无偿或通过出租等方式提供给在孵对象使用的房产、土地，免征房产税和城镇土地使用税；对其向在孵对象提供孵化服务取得的收入，免征增值税。

孵化服务是指为在孵对象提供的经纪代理、经营租赁、研发和技术、信息技术、鉴证咨询服务。

（二）国家级、省级科技企业孵化器、大学科技园和国家备案众创空间应当单独核算孵化服务收入。

（三）国家级科技企业孵化器、大学科技园和国家备案众创空间认定和管理办法由国务院科技、教育部门另行发布；省级科技企业孵化器、大学科技园认定和管理办法由省级科技、教育部门另行发布。

在孵对象是指符合前款认定和管理办法规定的孵化企业、创业团队和个人。

（四）国家级、省级科技企业孵化器、大学科技园和国家备案众创空间应按规定申报享受免税政策，并将房产土地权属资料、房产原值资料、房产土地租赁合同、孵化协议等留存备查，税务部门依法加强后续管理。

2018年12月31日以前认定的国家级科技企业孵化器、大学科技园，自2019年1月1日起享受规定的税收优惠政策。2019年1月1日以后认定的国家级、省级科技企业孵化器、大学科技园和国家备案众创空间，自认定之日次月起享受规定的税收优惠政策。2019年1月1日以后被取消资格的，自取消资格之日次月起停止享受规定的税收优惠政策。

（五）科技、教育和税务部门应建立信息共享机制，及时共享国家级、省级科技企业孵化器、大学科技园和国家备案众创空间相关信息，加强协调配合，保障优惠政策落实到位。

政策依据：《财政部、税务总局、科技部、教育部关于科技企业孵化器、大学科技园和众创空间税收政策的通知》（财税〔2018〕120号）。

12. 当前，养老机构在增值税征缴方面有什么优惠政策?

《营业税改征增值税试点过渡政策的规定》（财税〔2016〕36号）第一条第（二）项中的养老机构，包括依照《中华人民共和国老年人权益保障法》依法办理登记，并向民政部门备案的为老年人提供集中居住和照料服务的各类养老机构，免征增值税。

政策依据：《财政部、税务总局关于明确养老机构免征增值税等政策的通知》（财税〔2019〕20号），本通知自发布之日起执行。此前已发生未处理的事项，按本通知规定执行。

13. 医疗机构接受其他医疗机构委托按照指导价格提供医疗服务有什么增值税优惠政策?

自2019年2月1日至2020年12月31日，医疗机构接受其他医疗机构委托，按照不高于地（市）级以上价格主管部门会同同级卫生主管部门及其他相关部门制定的医疗服务指导价格（包括政府指导价和按照规定由供需双方协商确定的价格等），提供《全国医疗服务价格项目规范》所列的各项服务，可适用《营业税改征增值税试点过渡政策的规定》（财税〔2016〕36号）第一条第（七）项规定的免征增值税政策。

政策依据：《财政部、税务总局关于明确养老机构免征增值税等政策的通知》（财税〔2019〕20号），本通知自发布之日起执行。此前已发生未处理的事项，按本通知规定执行。

14. 企业集团内单位（含企业集团）之间的资金无偿借贷行为增值税优惠政策如何规定?

自2019年2月1日至2020年12月31日，对企业集团内单位（含企业集团）之间的资金无偿借贷行为，免征增值税。

政策依据：《财政部、税务总局关于明确养老机构免征增值税等政策的通知》（财税〔2019〕20号），本通知自发布之日起执行。此前已发生未处理的事项，按本通知规定执行。

15. 保险公司开办一年期以上返还性人身保险产品增值税优惠政策如何规定？

保险公司开办一年期以上返还性人身保险产品，按照以下规定执行：

1. 保险公司开办一年期以上返还性人身保险产品，在保险监管部门出具备案回执或批复文件前依法取得的保费收入，属于《财政部、税务总局关于一年期以上返还性人身保险产品营业税免税政策的通知》（财税〔2015〕86号）第一条、《营业税改征增值税试点过渡政策的规定》（财税〔2016〕36号）第一条第（二十一）项规定的保费收入。

2. 保险公司符合《财政部、税务总局关于一年期以上返还性人身保险产品营业税免税政策的通知》第一条、第二条规定免税条件，且未列入财政部、国家税务总局发布的免征营业税名单的，可向主管税务机关办理备案手续。

3. 保险公司开办一年期以上返还性人身保险产品，在列入财政部和国家税务总局发布的免征营业税名单或办理免税备案手续后，此前已缴纳营业税中尚未抵减或退还的部分，可抵减以后月份应缴纳的增值税。

政策依据：《财政部、税务总局关于明确养老机构免征增值税等政策的通知》（财税〔2019〕20号），本通知自发布之日起执行。此前已发生未处理的事项，按本通知规定执行。

16. 罕见病药品生产、销售企业增值税优惠政策有哪些？

（一）自2019年3月1日起，增值税一般纳税人生产销售和批发、零售罕见病药品，可选择按照简易办法依照3%征收率计算缴纳增值税。上述纳税人选择简易办法计算缴纳增值税后，36个月内不得变更。

（二）自2019年3月1日起，对进口罕见病药品，减按3%征收进口环节增值税。

（三）纳税人应单独核算罕见病药品的销售额。未单独核算的，不得适用本通知第一条规定的简易征收政策。

（四）罕见病药品，是指经国家药品监督管理部门批准注册的罕见病药品制剂及原料药。罕见病药品清单（第一批）见附件。罕见病药品范围实行动态调整，由财政部、海关总署、税务总局、药监局根据变化情况适时明确。

政策依据：《财政部、海关总署、税务总局、药监局关于罕见病药品增值税政策的通知》（财税〔2019〕24号）。

17. 扶贫货物捐赠免征增值税政策有什么规定？

（一）自2019年1月1日至2022年12月31日，对单位或者个体工商户将自产、委托加工或购买的货物通过公益性社会组织、县级及以上人民政府及其组成部门和直属机构，或直接无偿捐赠给目标脱贫地区的单位和个人，免征增值税。在政策执行期限内，目标脱贫地区实现脱贫的，可继续适用上述政策。

“目标脱贫地区”包括832个国家扶贫开发工作重点县、集中连片特困地区县（新疆阿克苏地区6县1市享受片区政策）和建档立卡贫困村。

（二）在2015年1月1日至2018年12月31日期间已发生的符合上述条件的扶贫货物捐赠，可追溯执行上述增值税政策。

（三）新政之前已征收入库的按上述规定应予免征的增值税税款，可抵减纳税人以后月份应缴纳的增值税税款或者办理税款退库。已向购买方开具增值税专用发票的，应将专用发票追回后方可办理免税。无法追回专用发票的，不予免税。

政策依据：《财政部、税务总局、国务院扶贫办关于扶贫货物捐赠免征增值税政策的公告》（财政部、税务总局、国务院扶贫办公告2019年第55号）。

第二章　消费税

18. 废矿物油再生油品免征消费税的依据是什么？

为进一步促进资源综合利用和环境保护，经国务院批准，《财政部、税务总局关于对废矿物油再生油品免征消费税的通知》（财税〔2013〕105号）实施期限延长5年，自2018年11月1日至2023年10月31日止。自2018年11月1日至本通知下发前，纳税人已经缴纳的消费税，符合本通知免税规定的予以退还。

政策依据：《财政部、税务总局关于延长对废矿物油再生油品免征消费税政策实施期限的通知》（财税〔2018〕144号）。

第三章 企业所得税

19. 企业能享受哪些企业所得税优惠事项？主要政策依据是什么？

序号	优惠事项名称	政策概述	主要政策依据
1	国债利息收入免征企业所得税	企业持有国务院财政部门发行的国债取得的利息收入免征企业所得税。	(1)《中华人民共和国企业所得税法》第二十六条第一项； (2)《中华人民共和国企业所得税法实施条例》第八十二条； (3)《国家税务总局关于企业国债投资业务企业所得税处理问题的公告》(国家税务总局公告2011年第36号)。
2	取得的地方政府债券利息收入免征企业所得税	企业取得的地方政府债券利息收入（所得）免征企业所得税。	(1)《财政部、税务总局关于地方政府债券利息所得免征所得税问题的通知》(财税〔2011〕76号)； (2)《财政部、税务总局关于地方政府债券利息免征所得税问题的通知》(财税〔2013〕5号)。
3	符合条件的居民企业之间的股息、红利等权益性投资收益免征企业所得税	居民企业直接投资于其他居民企业取得的权益性投资收益免征企业所得税。所称股息、红利等权益性投资收益，不包括连续持有居民企业公开发行并上市流通的股票不足12个月取得的投资收益。	(1)《中华人民共和国企业所得税法》第二十六条第二项； (2)《中华人民共和国企业所得税法实施条例》第十七条、第八十三条； (3)《财政部、税务总局关于执行企业所得税优惠政策若干问题的通知》(财税〔2009〕69号)； (4)《国家税务总局关于贯彻落实企业所得税法若干税收问题的通知》(国税函〔2010〕79号)。

续表

序号	优惠事项名称	政策概述	主要政策依据
4	内地居民企业通过沪港通投资且连续持有H股满12个月取得的股息红利所得免征企业所得税	对内地企业投资者通过沪港通投资香港联交所上市股票取得的股息红利所得，计入其收入总额，依法计征企业所得税。其中，内地居民企业连续持有H股满12个月取得的股息红利所得，依法免征企业所得税。	《财政部、税务总局、证监会关于沪港股票市场交易互联互通机制试点有关税收政策的通知》(财税〔2014〕81号)。
5	内地居民企业通过深港通投资且连续持有H股满12个月取得的股息红利所得免征企业所得税	对内地企业投资者通过深港通投资香港联交所上市股票取得的股息红利所得，计入其收入总额，依法计征企业所得税。其中，内地居民企业连续持有H股满12个月取得的股息红利所得，依法免征企业所得税。	《财政部、税务总局、证监会关于深港股票市场交易互联互通机制试点有关税收政策的通知》(财税〔2016〕127号)。
6	符合条件的非营利组织的收入免征企业所得税	符合条件的非营利组织取得的捐赠收入、不征税收入以外的政府补助收入(但不包括政府购买服务取得的收入)、会费收入、不征税收入和免税收入孳生的银行存款利息收入等为免税收入。免税收入不包括非营利组织从事营利性活动取得的收入。	(1)《中华人民共和国企业所得税法》第二十六条第四项； (2)《中华人民共和国企业所得税法实施条例》第八十四条、第八十五条； (3)《财政部、税务总局关于非营利组织企业所得税免税收入问题的通知》(财税〔2009〕122号)； (4)《财政部、税务总局关于非营利组织免税资格认定管理有关问题的通知》(财税〔2018〕13号)。

续表

序号	优惠事项名称	政策概述	主要政策依据
7	符合条件的非营利组织（科技企业孵化器）的收入免征企业所得税	符合非营利组织条件的科技企业孵化器的收入，按照企业所得税法及其实施条例和有关税收政策规定享受企业所得税优惠政策。	(1)《中华人民共和国企业所得税法》第二十六条第四项； (2)《中华人民共和国企业所得税法实施条例》第八十四条、第八十五条； (3)《财政部、税务总局关于非营利组织企业所得税免税收入问题的通知》（财税〔2009〕122号）； (4)《财政部、税务总局关于科技企业孵化器税收政策的通知》（财税〔2016〕89号）； (5)《财政部、税务总局关于非营利组织免税资格认定管理有关问题的通知》（财税〔2018〕13号）。
8	符合条件的非营利组织（国家大学科技园）的收入免征企业所得税	符合非营利组织条件的国家大学科技园的收入，按照企业所得税法及其实施条例和有关税收政策规定享受企业所得税优惠政策。	(1)《中华人民共和国企业所得税法》第二十六条第四项； (2)《中华人民共和国企业所得税法实施条例》第八十四条、第八十五条； (3)《财政部、税务总局关于非营利组织企业所得税免税收入问题的通知》（财税〔2009〕122号）； (4)《财政部、税务总局关于国家大学科技园税收政策的通知》（财税〔2016〕98号）； (5)《财政部、税务总局关于非营利组织免税资格认定管理有关问题的通知》（财税〔2018〕13号）。
9	投资者从证券投资基金分配中取得的收入暂不征收企业所得税	对投资者从证券投资基金分配中取得的收入，暂不征收企业所得税。	《财政部、税务总局关于企业所得税若干优惠政策的通知》（财税〔2008〕1号）。

续表

序号	优惠事项名称	政策概述	主要政策依据
10	中国清洁发展机制基金取得的收入免征企业所得税	中国清洁发展机制基金取得的CDM项目温室气体减排量转让收入上缴国家的部分，国际金融组织赠款收入，基金资金的存款利息收入、购买国债的利息收入，国内外机构、组织和个人的捐赠收入，免征企业所得税。	《财政部、税务总局关于中国清洁发展机制基金及清洁发展机制项目实施企业有关企业所得税政策问题的通知》（财税〔2009〕30号）。
11	中国保险保障基金有限责任公司取得的保险保障基金等收入免征企业所得税	对中国保险保障基金有限责任公司取得的境内保险公司依法缴纳的保险保障基金，依法从撤销或破产保险公司清算财产中获得的受偿收入和向有关责任方追偿所得，以及依法从保险公司风险处置中获得的财产转让所得，捐赠所得，银行存款利息收入，购买政府债券、中央银行、中央企业和中央级金融机构发行债券的利息收入，国务院批准的其他资金运用取得的收入免征企业所得税。	《财政部、税务总局关于保险保障基金有关税收政策问题的通知》（财税〔2018〕41号）。
12	中央电视台的广告费和有线电视费收入免征企业所得税	中央电视台的广告费和有线电视费收入，免予征收企业所得税。	《财政部、税务总局关于中央电视台广告费和有线电视费收入企业所得税政策问题的通知》（财税〔2016〕80号）。

续表

序号	优惠事项名称	政策概述	主要政策依据
13	中国奥委会取得的由北京冬奥组委支付的收入	对按中国奥委会、主办城市签订的《联合市场开发计划协议》和中国奥委会、主办城市、国际奥委会签订的《主办城市合同》规定，中国奥委会取得的由北京冬奥组委分期支付的收入、按比例支付的盈余分成收入免征企业所得税。	《财政部、税务总局、海关总署关于北京2022年冬奥会和冬残奥会税收政策的通知》（财税〔2017〕60号）。
14	中国残奥委会取得的由北京冬奥组委分期支付的收入免征企业所得税	对中国残奥委会根据《联合市场开发计划协议》取得的由北京冬奥组委分期支付的收入免征企业所得税。	《财政部、税务总局、海关总署关于北京2022年冬奥会和冬残奥会税收政策的通知》（财税〔2017〕60号）。
15	综合利用资源生产产品取得的收入在计算应纳税所得额时减计收入	企业以《资源综合利用企业所得税优惠目录》规定的资源作为主要原材料，生产国家非限制和非禁止并符合国家及行业相关标准的产品取得的收入，减按90%计入企业当年收入总额。	（1）《中华人民共和国企业所得税法》第三十三条； （2）《中华人民共和国企业所得税法实施条例》第九十九条； （3）《财政部、税务总局关于执行资源综合利用企业所得税优惠目录有关问题的通知》（财税〔2008〕47号）； （4）《财政部、税务总局、国家发展改革委关于公布资源综合利用企业所得税优惠目录（2008年版）的通知》（财税〔2008〕117号）。
16	金融机构取得的涉农贷款利息收入在计算应纳税所得额时减计收入	对金融机构农户小额贷款的利息收入在计算应纳税所得额时，按90%计入收入总额。	《财政部、税务总局关于延续支持农村金融发展有关税收政策的通知》（财税〔2017〕44号）。
17	保险机构取得的涉农保费收入在计算应纳税所得额时减计收入	对保险公司为种植业、养殖业提供保险业务的保费收入，在计算应纳税所得额时，按90%计入收入总额。	《财政部、税务总局关于延续支持农村金融发展有关税收政策的通知》（财税〔2017〕44号）。

续表

序号	优惠事项名称	政策概述	主要政策依据
18	小额贷款公司取得的农户小额贷款利息收入在计算应纳税所得额时减计收入	对经省级金融管理部门（金融办、局等）批准成立的小额贷款公司取得的农户小额贷款利息收入，在计算应纳税所得额时，按90%计入收入总额。	《财政部、税务总局关于小额贷款公司有关税收政策的通知》（财税〔2017〕48号）。
19	取得铁路债券利息收入减半征收企业所得税	企业持有铁路债券取得的利息收入，减半征收企业所得税。	（1）《财政部、税务总局关于铁路建设债券利息收入企业所得税政策的通知》（财税〔2011〕99号）； （2）《财政部、税务总局关于2014、2015年铁路建设债券利息收入企业所得税政策的通知》（财税〔2014〕2号）； （3）《财政部、税务总局关于铁路债券利息收入所得税政策问题的通知》（财税〔2016〕30号）。
20	开发新技术、新产品、新工艺发生的研究开发费用加计扣除	企业为开发新技术、新产品、新工艺发生的研究开发费用，未形成无形资产计入当期损益的，在按照规定据实扣除的基础上，按照研究开发费用的50%加计扣除；形成无形资产的，按照无形资产成本150%摊销。对从事文化产业支撑技术等领域的文化企业，开发新技术、新产品、新工艺发生的研究开发费用，允许按照税收法律法规的规定，在计算应纳税所得额时加计扣除。	（1）《中华人民共和国企业所得税法》第三十条； （2）《中华人民共和国企业所得税法实施条例》第九十五条； （3）《财政部、税务总局关于继续实施支持文化企业发展增值税政策的通知》（财税〔2019〕17号）； （4）《财政部、税务总局、科技部关于完善研究开发费用税前加计扣除政策的通知》（财税〔2015〕119号）； （5）《科技部、财政部、税务总局关于进一步做好企业研发费用加计扣除政策落实工作的通知》（国科发政〔2017〕211号）； （6）《国家税务总局关于企业研发费用税前加计扣除政策有关问题的公告》（国家税务总局公告2015年第97号）； （7）《国家税务总局关于研发费用税前加计扣除归集范围有关问题的公告》（国家税务总局公告2017年第40号）。

续表

序号	优惠事项名称	政策概述	主要政策依据
21	企业为获得创新性、创意性、突破性的产品进行创意设计活动而发生的相关费用加计扣除	企业为获得创新性、创意性、突破性的产品进行创意设计活动而发生的相关费用，可以按照规定进行税前加计扣除。创意设计活动是指多媒体软件、动漫游戏软件开发，数字动漫、游戏设计制作；房屋建筑工程设计（绿色建筑评价标准为三星）、风景园林工程专项设计；工业设计、多媒体设计、动漫及衍生产品设计、模型设计等。	（1）《财政部、税务总局、科技部关于完善研究开发费用税前加计扣除政策的通知》（财税〔2015〕119号）； （2）《国家税务总局关于企业研发费用税前加计扣除政策有关问题的公告》（国家税务总局公告2015年第97号）； （3）《国家税务总局关于研发费用税前加计扣除归集范围有关问题的公告》（国家税务总局公告2017年第40号）。
22	科技型中小企业开发新技术、新产品、新工艺发生的研究开发费用加计扣除	科技型中小企业开展研发活动中实际发生的研发费用，未形成无形资产计入当期损益的，在按规定据实扣除的基础上，再按照实际发生额的75%在税前加计扣除；形成无形资产的，在上述期间按照无形资产成本的175%在税前摊销。	（1）《中华人民共和国企业所得税法》第三十条； （2）《中华人民共和国企业所得税法实施条例》第九十五条； （3）《财政部、税务总局、科技部关于完善研究开发费用税前加计扣除政策的通知》（财税〔2015〕119号）； （4）《财政部、税务总局、科技部关于提高科技型中小企业研究开发费用税前加计扣除比例的通知》（财税〔2017〕34号）； （5）《科技部、财政部、税务总局关于印发〈科技型中小企业评价办法〉的通知》（国科发政〔2017〕115号）； （6）《国家税务总局关于企业研发费用税前加计扣除政策有关问题的公告》（国家税务总局公告2015年第97号）； （7）《国家税务总局关于提高科技型中小企业研究开发费用税前加计扣除比例有关问题的公告》（国家税务总局公告2017年第18号）； （8）《国家税务总局关于研发费用税前加计扣除归集范围有关问题的公告》（国家税务总局公告2017年第40号）。

续表

序号	优惠事项名称	政策概述	主要政策依据
23	安置残疾人员所支付的工资加计扣除	企业安置残疾人员的，在按照支付给残疾职工工资据实扣除的基础上，按照支付给残疾职工工资的100%加计扣除。残疾人员的范围适用《中华人民共和国残疾人保障法》的有关规定。	(1)《中华人民共和国企业所得税法》第三十条； (2)《中华人民共和国企业所得税法实施条例》第九十六条； (3)《财政部、税务总局关于安置残疾人员就业有关企业所得税优惠政策问题的通知》(财税〔2009〕70号)。
24	从事农、林、牧、渔业项目的所得减免征收企业所得税	企业从事蔬菜、谷物、薯类、油料、豆类、棉花、麻类、糖料、水果、坚果的种植，农作物新品种选育，中药材种植，林木培育和种植，牲畜、家禽饲养，林产品采集，灌溉、农产品初加工、兽医、农技推广、农机作业和维修等农、林、牧、渔服务业项目，远洋捕捞项目所得免征企业所得税。企业从事花卉、茶以及其他饮料作物和香料作物种植，海水养殖、内陆养殖项目所得减半征收企业所得税。“公司+农户”经营模式从事农、林、牧、渔业项目生产企业，可以按照《中华人民共和国企业所得税法实施条例》第八十六条的有关规定，享受减免企业所得税优惠政策。	(1)《中华人民共和国企业所得税法》第二十七条第一项； (2)《中华人民共和国企业所得税法实施条例》第八十六条； (3)《财政部、税务总局关于发布享受企业所得税优惠政策的农产品初加工范围（试行）的通知》(财税〔2008〕149号)； (4)《财政部、税务总局关于享受企业所得税优惠的农产品初加工有关范围的补充通知》(财税〔2011〕26号)； (5)《国家税务总局关于黑龙江垦区国有农场土地承包费缴纳企业所得税问题的批复》(国税函〔2009〕779号)； (6)《国家税务总局关于“公司+农户”经营模式企业所得税优惠问题的公告》(国家税务总局公告2010年第2号)； (7)《国家税务总局关于实施农林牧渔业项目企业所得税优惠问题的公告》(国家税务总局公告2011年第48号)。

续表

序号	优惠事项名称	政策概述	主要政策依据
25	从事国家重点扶持的公共基础设施项目投资经营的所得定期减免企业所得税	企业从事《公共基础设施项目企业所得税优惠目录》规定的港口码头、机场、铁路、公路、城市公共交通、电力、水利等项目的投资经营的所得，自项目取得第一笔生产经营收入所属纳税年度起，第一年至第三年免征企业所得税，第四年至第六年减半征收企业所得税；企业承包经营、承包建设和内部自建自用的项目，不得享受上述规定的企业所得税优惠。饮水工程运营管理单位从事《公共基础设施项目企业所得税优惠目录》规定的饮水工程新建项目投资经营的所得，自项目取得第一笔生产经营收入所属纳税年度起，第一年至第三年免征企业所得税，第四年至第六年减半征收企业所得税。	(1)《中华人民共和国企业所得税法》第二十七条第二项； (2)《中华人民共和国企业所得税法实施条例》第八十七条、第八十九条； (3)《财政部、税务总局关于执行公共基础设施项目企业所得税优惠目录有关问题的通知》(财税〔2008〕46号)； (4)《财政部、税务总局、国家发展改革委关于公布公共基础设施项目企业所得税优惠目录（2008年版）的通知》(财税〔2008〕116号)； (5)《财政部、税务总局关于公共基础设施项目和环境保护、节能节水项目企业所得税优惠政策问题的通知》(财税〔2012〕10号)； (6)《财政部、税务总局关于公共基础设施项目享受企业所得税优惠政策问题的补充通知》(财税〔2014〕55号)； (7)《财政部、税务总局关于继续实行农村饮水安全工程建设运营税收优惠政策的通知》(财税〔2016〕19号)； (8)《国家税务总局关于实施国家重点扶持的公共基础设施项目企业所得税优惠问题的通知》(国税发〔2009〕80号)； (9)《国家税务总局关于电网企业电网新建项目享受所得税优惠政策问题的公告》(国家税务总局公告2013年第26号)。

续表

序号	优惠事项名称	政策概述	主要政策依据
26	从事符合条件的环境保护、节能节水项目的所得定期减免企业所得税	企业从事《环境保护、节能节水项目企业所得税优惠目录》所列项目的所得，自项目取得第一笔生产经营收入所属纳税年度起，第一年至第三年免征企业所得税，第四年至第六年减半征收企业所得税。	(1)《中华人民共和国企业所得税法》第二十七条第三项； (2)《中华人民共和国企业所得税法实施条例》第八十八条、第八十九条； (3)《财政部、税务总局、国家发展改革委关于公布环境保护节能节水项目企业所得税优惠目录（试行）的通知》（财税〔2009〕166号）； (4)《财政部、税务总局关于公共基础设施项目和环境保护、节能节水项目企业所得税优惠政策问题的通知》（财税〔2012〕10号）； (5)《财政部、税务总局、国家发展改革委关于垃圾填埋沼气发电列入〈环境保护、节能节水项目企业所得税优惠目录（试行）〉的通知》（财税〔2016〕131号）。
27	符合条件的技术转让所得减免征收企业所得税	一个纳税年度内，居民企业技术转让所得不超过500万元的部分，免征企业所得税；超过500万元的部分，减半征收企业所得税。	(1)《中华人民共和国企业所得税法》第二十七条第四项； (2)《中华人民共和国企业所得税法实施条例》第九十条； (3)《财政部、税务总局关于居民企业技术转让有关企业所得税政策问题的通知》（财税〔2010〕111号）； (4)《财政部、税务总局关于将国家自主创新示范区有关税收试点政策推广到全国范围实施的通知》（财税〔2015〕116号）； (5)《国家税务总局关于技术转让所得减免企业所得税有关问题的通知》（国税函〔2009〕212号）； (6)《国家税务总局关于技术转让所得减免企业所得税有关问题的公告》（国家税务总局公告2013年第62号）； (7)《国家税务总局关于许可使用权技术转让所得企业所得税有关问题的公告》（国家税务总局公告2015年第82号）。

续表

序号	优惠事项名称	政策概述	主要政策依据
28	实施清洁发展机制项目的所得定期减免企业所得税	清洁发展机制项目（以下简称“CDM 项目”）实施企业将温室气体减排量转让收入的 65% 上缴给国家的 HFC 和 PFC 类 CDM 项目，以及将温室气体减排量转让收入的 30% 上缴给国家的 N2O 类 CDM 项目，其实施该类 CDM 项目的所得，自项目取得第一笔减排量转让收入所属纳税年度起，第一年至第三年免征企业所得税，第四年至第六年减半征收企业所得税。	《财政部、税务总局关于中国清洁发展机制基金及清洁发展机制项目实施企业有关企业所得税政策问题的通知》（财税〔2009〕30 号）。
29	符合条件的节能服务公司实施合同能源管理项目的所得定期减免企业所得税	对符合条件的节能服务公司实施合同能源管理项目，符合企业所得税税法有关规定的，自项目取得第一笔生产经营收入所属纳税年度起，第一年至第三年免征企业所得税，第四年至第六年按照 25% 的法定税率减半征收企业所得税。	（1）《财政部、税务总局关于促进节能服务产业发展增值税、营业税和企业所得税政策问题的通知》（财税〔2010〕110 号）； （2）《国家税务总局、国家发展改革委关于落实节能服务企业合同能源管理项目企业所得税优惠政策有关征收管理问题的公告》（国家税务总局、国家发展改革委公告 2013 年第 77 号）。
30	线宽小于 130 纳米的集成电路生产项目的所得减免企业所得税	2018 年 1 月 1 日后投资新设的集成电路线宽小于 130 纳米，且经营期在 10 年以上的集成电路项目，第一年至第二年免征企业所得税，第三年至第五年按照 25% 的法定税率减半征收企业所得税，并享受至期满为止。	（1）《财政部、税务总局、发展改革委、工业和信息化部关于软件和集成电路产业企业所得税优惠政策有关问题的通知》（财税〔2016〕49 号）； （2）《财政部、税务总局、国家发展改革委、工业和信息化部关于集成电路生产企业有关企业所得税政策问题的通知》（财税〔2018〕27 号）； （3）《国家税务总局关于执行软件企业所得税优惠政策有关问题的公告》（国家税务总局公告 2013 年第 43 号）。

续表

序号	优惠事项名称	政策概述	主要政策依据
31	线宽小于65纳米或投资额超过150亿元的集成电路生产项目的所得减免企业所得税	2018年1月1日后投资新设的集成电路线宽小于65纳米或投资额超过150亿元，且经营期在15年以上的集成电路项目，第一年至第五年免征企业所得税，第六年至第十年按照25%的法定税率减半征收企业所得税，并享受至期满为止。	(1)《财政部、税务总局、发展改革委、工业和信息化部关于软件和集成电路产业企业所得税优惠政策有关问题的通知》(财税〔2016〕49号)； (2)《财政部、税务总局、国家发展改革委、工业和信息化部关于集成电路生产企业有关企业所得税政策问题的通知》(财税〔2018〕27号)； (3)《国家税务总局关于执行软件企业所得税优惠政策有关问题的公告》(国家税务总局公告2013年第43号)。
32	投资于未上市的中小高新技术企业的创业投资企业按投资额的一定比例抵扣应纳税所得额	创业投资企业采取股权投资方式投资于未上市的中小高新技术企业2年以上的，可以按照其投资额的70%在股权持有满2年的当年抵扣该创业投资企业的应纳税所得额；当年不足抵扣的，可以在以后纳税年度结转抵扣。	(1)《中华人民共和国企业所得税法》第三十一条； (2)《中华人民共和国企业所得税法实施条例》第九十七条； (3)《财政部、税务总局关于执行企业所得税优惠政策若干问题的通知》(财税〔2009〕69号)； (4)《国家税务总局关于实施创业投资企业所得税优惠问题的通知》(国税发〔2009〕87号)。
33	投资于种子期、初创期科技型企业的创业投资企业按投资额的一定比例抵扣应纳税所得额	公司制创业投资企业采取股权投资方式直接投资于种子期、初创期科技型企业满2年(24个月)的，可以按照投资额的70%在股权持有满2年的当年抵扣该公司制创业投资企业的应纳税所得额；当年不足抵扣的，可以在以后纳税年度结转抵扣。	(1)《财政部、税务总局关于创业投资企业和天使投资个人有关税收试点政策的通知》(财税〔2017〕38号)； (2)《国家税务总局关于创业投资企业和天使投资个人税收试点政策有关问题的公告》(国家税务总局公告2017年第20号)。

续表

序号	优惠事项名称	政策概述	主要政策依据
34	投资于未上市的中小高新技术企业的有限合伙制创业投资企业法人合伙人按投资额的一定比例抵扣应纳税所得额	有限合伙制创业投资企业采取股权投资方式投资于未上市的中小高新技术企业2年（24个月）以上，该有限合伙制创业投资企业的法人合伙人可按照其对未上市中小高新技术企业投资额的70%抵扣该法人合伙人从该有限合伙制创业投资企业分得的应纳税所得额，当年不足抵扣的，可以在以后纳税年度结转抵扣。	(1)《中华人民共和国企业所得税法》第三十一条； (2)《中华人民共和国企业所得税法实施条例》第九十七条； (3)《财政部、税务总局关于将国家自主创新示范区有关税收试点政策推广到全国范围实施的通知》(财税〔2015〕116号)； (4)《国家税务总局关于实施创业投资企业所得税优惠问题的通知》(国税发〔2009〕87号)； (5)《国家税务总局关于有限合伙制创业投资企业法人合伙人企业所得税有关问题的公告》(国家税务总局公告2015年第81号)。
35	投资于种子期、初创期科技型企业的有限合伙制创业投资企业法人合伙人按投资额的一定比例抵扣应纳税所得额	有限合伙制创业投资企业采取股权投资方式直接投资于种子期、初创期科技型企业满2年的，该合伙创投企业的法人合伙人可以按照对种子期、初创期科技型企业投资额的70%抵扣法人合伙人从有限合伙制创业投资企业分得的所得；当年不足抵扣的，可以在以后纳税年度结转抵扣。	(1)《财政部、税务总局关于创业投资企业和天使投资个人有关税收试点政策的通知》(财税〔2017〕38号)； (2)《国家税务总局关于创业投资企业和天使投资个人税收试点政策有关问题的公告》(国家税务总局公告2017年第20号)。
36	符合条件的小型微利企业减免企业所得税	从事国家非限制和禁止行业的企业，减按20%的税率征收企业所得税。对年应纳税所得额低于50万元（含50万元）的小型微利企业，其所得减按50%计入应纳税所得额，按20%的税率缴纳企业所得税。	(1)《中华人民共和国企业所得税法》第二十八条； (2)《中华人民共和国企业所得税法实施条例》第九十二条。

续表

序号	优惠事项名称	政策概述	主要政策依据
37	国家需要重点扶持的高新技术企业减按15%的税率征收企业所得税	国家需要重点扶持的高新技术企业，减按15%的税率征收企业所得税。国家需要重点扶持的高新技术企业，是指拥有核心自主知识产权，产品（服务）属于国家重点支持的高新技术领域规定的范围、研究开发费用占销售收入的比例不低于规定比例、高新技术产品（服务）收入占企业总收入的比例不低于规定比例、科技人员占企业职工总数的比例不低于规定比例，以及高新技术企业认定管理办法规定的其他条件的企业。对从事文化产业支撑技术等领域的文化企业，按规定认定为高新技术企业的，减按15%的税率征收企业所得税。	（1）《中华人民共和国企业所得税法》第二十八条； （2）《中华人民共和国企业所得税法实施条例》第九十三条； （3）《财政部、国家税务总局关于高新技术企业境外所得适用税率及税收抵免问题的通知》（财税〔2011〕47号）； （4）《财政部、海关总署、国家税务总局关于继续实施支持文化企业发展增值税政策的通知》（财税〔2019〕17号）； （5）《科技部、财政部、税务总局关于修订印发〈高新技术企业认定管理办法〉的通知》（国科发火〔2016〕32号）； （6）《科技部、财政部、税务总局关于修订〈高新技术企业认定管理工作指引〉的通知》（国科发火〔2016〕195号）； （7）《国家税务总局关于实施高新技术企业所得税优惠有关问题的通知》（国税函〔2009〕203号）； （8）《国家税务总局关于实施高新技术企业所得税优惠政策有关问题的公告》（国家税务总局公告2017年第24号）。

续表

序号	优惠事项名称	政策概述	主要政策依据
38	经济特区和上海浦东新区新设立的高新技术企业在区内取得的所得定期减免企业所得税	经济特区和上海浦东新区内，在2008年1月1日（含）之后完成登记注册的国家需要重点扶持的高新技术企业，在经济特区和上海浦东新区内取得的所得，自取得第一笔生产经营收入所属纳税年度起，第一年至第二年免征企业所得税，第三年至第五年按照25%的法定税率减半征收企业所得税。	（1）《中华人民共和国企业所得税法》第五十七条第二款； （2）《国务院关于经济特区和上海浦东新区新设立高新技术企业实行过渡性税收优惠的通知》（国发〔2007〕40号）； （3）《科技部、财政部、税务总局关于修订印发〈高新技术企业认定管理办法〉的通知》（国科发火〔2016〕32号）； （4）《科技部、财政部、税务总局关于修订〈高新技术企业认定管理工作指引〉的通知》（国科发火〔2016〕195号）； （5）《国家税务总局关于实施高新技术企业所得税优惠有关问题的通知》（国税函〔2009〕203号）； （6）《国家税务总局关于实施高新技术企业所得税优惠政策有关问题的公告》（国家税务总局公告2017年第24号）。
39	民族自治地方的自治机关对本民族自治地方的企业应缴纳的企业所得税中属于地方分享的部分减征或免征	依照《中华人民共和国民族区域自治法》的规定，实行民族区域自治的自治区、自治州、自治县的自治机关对本民族自治地方的企业应缴纳的企业所得税中属于地方分享的部分，可以决定减征或者免征。自治州、自治县决定减征或者免征的，须报省、自治区、直辖市人民政府批准。	（1）《中华人民共和国企业所得税法》第二十九条； （2）《中华人民共和国企业所得税法实施条例》第九十四条； （3）《财政部、税务总局关于贯彻落实国务院关于实施企业所得税过渡优惠政策有关问题的通知》（财税〔2008〕21号）。
40	受灾地区农村信用社免征企业所得税	对受灾地区农村信用社免征企业所得税。其中，芦山受灾地区政策执行期限自2013年4月20日起至2017年12月31日；鲁甸受灾地区政策执行期限自2014年1月1日至2018年12月31日。	（1）《财政部、海关总署、税务总局关于支持芦山地震灾后恢复重建有关税收政策问题的通知》（财税〔2013〕58号）； （2）《财政部、海关总署、税务总局关于支持鲁甸地震灾后恢复重建有关税收政策问题的通知》（财税〔2015〕27号）。

续表

序号	优惠事项名称	政策概述	主要政策依据
41	支持和促进重点群体创业就业企业限额减征企业所得税	商贸企业、服务型企业、劳动就业服务企业中的加工型企业和街道社区具有加工性质的小型企业实体，在新增加的岗位中，当年新招用在人力资源社会保障部门公共就业服务机构登记失业半年以上且持《就业创业证》或《就业失业登记证》（注明“企业吸纳税收政策”）人员，与其签订1年以上期限劳动合同并依法缴纳社会保险费的，在3年内按实际招用人数予以定额依次扣减增值税、城市维护建设税、教育费附加、地方教育附加和企业所得税优惠。定额标准为每人每年4000元，最高可上浮30%。按上述标准计算的税收扣减额应在企业当年实际应缴纳的增值税、城市维护建设税、教育费附加、地方教育附加和企业所得税税额中扣减，当年扣减不完的，不得结转下年使用。	（1）《财政部、税务总局、人力资源社会保障部关于继续实施支持和促进重点群体创业就业有关税收政策的通知》（财税〔2014〕39号）； （2）《财政部、税务总局、人力资源和社会保障部、教育部关于支持和促进重点群体创业就业税收政策有关问题的补充通知》（财税〔2015〕18号）； （3）《财政部、税务总局、人力资源社会保障部关于扩大企业吸纳就业税收优惠适用人员范围的通知》（财税〔2015〕77号）； （4）《财政部、税务总局、人力资源社会保障部国务院扶贫办关于进一步支持和促进重点群体创业就业有关税收政策的通知》（财税〔2019〕22号）； （5）《国家税务总局、人力资源社会保障部、国务院扶贫办、教育部关于实施支持和促进重点群体创业就业有关税收政策具体操作问题的公告》（国家税务总局公告2019年第10号）。
42	扶持自主就业退役士兵创业就业企业限额减征企业所得税	企业招用自主就业退役士兵，与其签订1年以上期限劳动合同并依法缴纳社会保险费的，自签订劳动合同并缴纳社会保险当月起，在3年内按实际招用人数予以定额依次扣减增值税、城市维护建设税、教育费附加、地方教育附加和企业所得税优惠。定额标准为每人每年6000元，最高可上浮50%，各省、自治区、直辖市人民政府可根据本地区实际情况在此幅度内确定具体定额标准。	（1）《财政部、税务总局、退役军人部关于进一步扶持自主就业退役士兵创业就业有关税收政策的通知》（财税〔2019〕21号）； （2）《财政部、税务总局、民政部关于继续实施扶持自主就业退役士兵创业就业有关税收政策的通知》（财税〔2017〕46号）2019年1月1日起停止执行。

续表

序号	优惠事项名称	政策概述	主要政策依据
43	符合条件的生产和装配伤残人员专门用品企业免征企业所得税	对符合条件的生产和装配伤残人员专门用品企业，免征企业所得税。	《财政部、税务总局、民政部关于生产和装配伤残人员专门用品企业免征企业所得税的通知》（财税〔2016〕111号）。
44	动漫企业自主开发、生产动漫产品定期减免企业所得税	经认定的动漫企业自主开发、生产动漫产品，可申请享受国家现行鼓励软件产业发展的所得税优惠政策。即在2017年12月31日前自获利年度起，第一年至第二年免征企业所得税，第三年至第五年按照25%的法定税率减半征收企业所得税，并享受至期满为止。	（1）《文化部、财政部、税务总局关于印发〈动漫企业认定管理办法（试行）〉的通知》（文市发〔2008〕51号）； （2）《文化部、财政部、税务总局关于实施〈动漫企业认定管理办法（试行）〉有关问题的通知》（文产发〔2009〕18号）； （3）《财政部、税务总局关于扶持动漫产业发展有关税收政策问题的通知》（财税〔2009〕65号）。
45	新办集成电路设计企业减免企业所得税	我国境内新办的集成电路设计企业，在2017年12月31日前自获利年度起，第一年至第二年免征企业所得税，第三年至第五年按照25%的法定税率减半征收企业所得税，并享受至期满为止。	（1）《财政部、税务总局关于进一步鼓励软件产业和集成电路产业发展企业所得税政策的通知》（财税〔2012〕27号）； （2）《财政部、税务总局、发展改革委、工业和信息化部关于软件和集成电路产业企业所得税优惠政策有关问题的通知》（财税〔2016〕49号）； （3）《国家税务总局关于执行软件企业所得税优惠政策有关问题的公告》（国家税务总局公告2013年第43号）。
46	国家规划布局内集成电路设计企业可减按10%的税率征收企业所得税	国家规划布局内的集成电路设计企业，如当年未享受免税优惠的，可减按10%的税率征收企业所得税。	（1）《财政部、税务总局关于进一步鼓励软件产业和集成电路产业发展企业所得税政策的通知》（财税〔2012〕27号）； （2）《财政部、税务总局、发展改革委、工业和信息化部关于软件和集成电路产业企业所得税优惠政策有关问题的通知》（财税〔2016〕49号）； （3）《国家发展和改革委、工业和信息化部、财政部、税务总局关于印发国家规划布局内重点软件和集成电路设计领域的通知》（发改高技〔2016〕1056号）； （4）《国家税务总局关于执行软件企业所得税优惠政策有关问题的公告》（国家税务总局公告2013年第43号）。

续表

序号	优惠事项名称	政策概述	主要政策依据
47	线宽小于0.8微米（含）的集成电路生产企业减免企业所得税	集成电路线宽小于0.8微米（含）的集成电路生产企业，在2017年12月31日前自获利年度起计算优惠期，第一年至第二年免征企业所得税，第三年至第五年按照25%的法定税率减半征收企业所得税，并享受至期满为止。	（1）《财政部、税务总局关于进一步鼓励软件产业和集成电路产业发展企业所得税政策的通知》（财税〔2012〕27号）； （2）《财政部、税务总局、发展改革委、工业和信息化部关于软件和集成电路产业企业所得税优惠政策有关问题的通知》（财税〔2016〕49号）； （3）《财政部、税务总局、国家发展改革委、工业和信息化部关于集成电路生产企业有关企业所得税政策问题的通知》（财税〔2018〕27号）； （4）《国家税务总局关于执行软件企业所得税优惠政策有关问题的公告》（国家税务总局公告2013年第43号）。
48	线宽小于0.25微米的集成电路生产企业减按15%税率征收企业所得税	线宽小于0.25微米的集成电路生产企业，减按15%的税率征收企业所得税。	（1）《财政部、税务总局关于进一步鼓励软件产业和集成电路产业发展企业所得税政策的通知》（财税〔2012〕27号）； （2）《财政部、税务总局、发展改革委、工业和信息化部关于软件和集成电路产业企业所得税优惠政策有关问题的通知》（财税〔2016〕49号）； （3）《国家税务总局关于执行软件企业所得税优惠政策有关问题的公告》（国家税务总局公告2013年第43号）。
49	投资额超过80亿元的集成电路生产企业减按15%税率征收企业所得税	投资额超过80亿元的集成电路生产企业，减按15%的税率征收企业所得税。	（1）《财政部、税务总局关于进一步鼓励软件产业和集成电路产业发展企业所得税政策的通知》（财税〔2012〕27号）； （2）《财政部、税务总局、发展改革委、工业和信息化部关于软件和集成电路产业企业所得税优惠政策有关问题的通知》（财税〔2016〕49号）； （3）《国家税务总局关于执行软件企业所得税优惠政策有关问题的公告》（国家税务总局公告2013年第43号）。

续表

序号	优惠事项名称	政策概述	主要政策依据
50	线宽小于0.25微米的集成电路生产企业减免企业所得税	线宽小于0.25微米的集成电路生产企业，经营期在15年以上的，在2017年12月31日前自获利年度起计算优惠期，第一年至第五年免征企业所得税，第六年至第十年按照25%的法定税率减半征收企业所得税，并享受至期满为止。	(1)《财政部、税务总局关于进一步鼓励软件产业和集成电路产业发展企业所得税政策的通知》(财税〔2012〕27号)； (2)《财政部、税务总局、发展改革委、工业和信息化部关于软件和集成电路产业企业所得税优惠政策有关问题的通知》(财税〔2016〕49号)； (3)《财政部、税务总局、国家发展改革委、工业和信息化部关于集成电路生产企业有关企业所得税政策问题的通知》(财税〔2018〕27号)； (4)《国家税务总局关于执行软件企业所得税优惠政策有关问题的公告》(国家税务总局公告2013年第43号)。
51	投资额超过80亿元的集成电路生产企业减免企业所得税	投资额超过80亿元的集成电路生产企业，经营期在15年以上的，在2017年12月31日前自获利年度起计算优惠期，第一年至第五年免征企业所得税，第六年至第十年按照25%的法定税率减半征收企业所得税，并享受至期满为止。	(1)《财政部、税务总局关于进一步鼓励软件产业和集成电路产业发展企业所得税政策的通知》(财税〔2012〕27号)； (2)《财政部、税务总局、发展改革委、工业和信息化部关于软件和集成电路产业企业所得税优惠政策有关问题的通知》(财税〔2016〕49号)； (3)《财政部、税务总局、国家发展改革委、工业和信息化部关于集成电路生产企业有关企业所得税政策问题的通知》(财税〔2018〕27号)； (4)《国家税务总局关于执行软件企业所得税优惠政策有关问题的公告》(国家税务总局公告2013年第43号)。
52	线宽小于130纳米的集成电路生产企业减免企业所得税	2018年1月1日后投资新设的集成电路线宽小于130纳米，且经营期在10年以上的集成电路生产企业，第一年至第二年免征企业所得税，第三年至第五年按照25%的法定税率减半征收企业所得税，并享受至期满为止。	(1)《财政部、税务总局、发展改革委、工业和信息化部关于软件和集成电路产业企业所得税优惠政策有关问题的通知》(财税〔2016〕49号)； (2)《财政部、税务总局、国家发展改革委、工业和信息化部关于集成电路生产企业有关企业所得税政策问题的通知》(财税〔2018〕27号)； (3)《国家税务总局关于执行软件企业所得税优惠政策有关问题的公告》(国家税务总局公告2013年第43号)。

续表

序号	优惠事项名称	政策概述	主要政策依据
53	线宽小于65纳米或投资额超过150亿元的集成电路生产企业减免企业所得税	2018年1月1日后投资新设的集成电路线宽小于65纳米或投资额超过150亿元，且经营期在15年以上的集成电路生产企业，第一年至第五年免征企业所得税，第六年至第十年按照25%的法定税率减半征收企业所得税，并享受至期满为止。	（1）《财政部、税务总局、发展改革委、工业和信息化部关于软件和集成电路产业企业所得税优惠政策有关问题的通知》（财税〔2016〕49号）； （2）《财政部、税务总局、国家发展改革委、工业和信息化部关于集成电路生产企业有关企业所得税政策问题的通知》（财税〔2018〕27号）； （3）《国家税务总局关于执行软件企业所得税优惠政策有关问题的公告》（国家税务总局公告2013年第43号）。
54	符合条件的集成电路封装、测试企业定期减免企业所得税	符合条件的集成电路封装、测试企业，在2017年（含2017年）前实现获利的，自获利年度起，第一年至第二年免征企业所得税，第三年至第五年按照25%的法定税率减半征收企业所得税，并享受至期满为止；2017年前未实现获利的，自2017年起计算优惠期，享受至期满为止。	《财政部、税务总局、发展改革委、工业和信息化部关于进一步鼓励集成电路产业发展企业所得税政策的通知》（财税〔2015〕6号）。
55	符合条件的集成电路关键专用材料生产企业、集成电路专用设备生产企业定期减免企业所得税	符合条件的集成电路关键专用材料生产企业、集成电路专用设备生产企业，在2017年（含2017年）前实现获利的，自获利年度起，第一年至第二年免征企业所得税，第三年至第五年按照25%的法定税率减半征收企业所得税，并享受至期满为止；2017年前未实现获利的，自2017年起计算优惠期，享受至期满为止。	《财政部、税务总局、发展改革委、工业和信息化部关于进一步鼓励集成电路产业发展企业所得税政策的通知》（财税〔2015〕6号）。

续表

序号	优惠事项名称	政策概述	主要政策依据
56	符合条件的软件企业减免企业所得税	我国境内符合条件的软件企业，在2017年12月31日前自获利年度起，第一年至第二年免征企业所得税，第三年至第五年按照25%的法定税率减半征收企业所得税，并享受至期满为止。	(1)《财政部、税务总局关于进一步鼓励软件产业和集成电路产业发展企业所得税政策的通知》(财税〔2012〕27号)； (2)《财政部、税务总局、发展改革委、工业和信息化部关于软件和集成电路产业企业所得税优惠政策有关问题的通知》(财税〔2016〕49号)； (3)《国家税务总局关于执行软件企业所得税优惠政策有关问题的公告》(国家税务总局公告2013年第43号)。
57	国家规划布局内重点软件企业可减按10%的税率征收企业所得税	国家规划布局内的重点软件企业，如当年未享受免税优惠的，可减按10%的税率征收企业所得税。	(1)《财政部、税务总局关于进一步鼓励软件产业和集成电路产业发展企业所得税政策的通知》(财税〔2012〕27号)； (2)《财政部、税务总局、发展改革委、工业和信息化部关于软件和集成电路产业企业所得税优惠政策有关问题的通知》(财税〔2016〕49号)； (3)《国家发展和改革委、工业和信息化部、财政部、税务总局关于印发国家规划布局内重点软件和集成电路设计领域的通知》(发改高技〔2016〕1056号)； (4)《国家税务总局关于执行软件企业所得税优惠政策有关问题的公告》(国家税务总局公告2013年第43号)。
58	经营性文化事业单位转制为企业的免征企业所得税	从事新闻出版、广播影视和文化艺术的经营性文化事业单位转制为企业的，自转制注册之日起免征企业所得税。	《财政部、税务总局、中央宣传部关于继续实施文化体制改革中经营性文化事业单位转制为企业若干税收政策的通知》(财税〔2019〕16号)。
59	技术先进型服务企业减按15%的税率征收企业所得税	对经认定的技术先进型服务企业，减按15%的税率征收企业所得税。	(1)《财政部、税务总局、商务部、科技部、国家发展改革委关于完善技术先进型服务企业有关企业所得税政策问题的通知》(财税〔2014〕59号)； (2)《财政部、税务总局、商务部、科技部、国家发展改革委关于新增中国服务外包示范城市适用技术先进型服务企业所得税政策的通知》(财税〔2016〕108号)； (3)《财政部、税务总局、商务部、科技部、国家发展改革委关于将技术先进型服务企业所得税政策推广至全国实施的通知》(财税〔2017〕79号)。

续表

序号	优惠事项名称	政策概述	主要政策依据
60	服务贸易创新发展试点地区符合条件的技术先进型服务企业减按15%的税率征收企业所得税	在服务贸易创新发展试点地区，符合条件的技术先进型服务企业减按15%的税率征收企业所得税。	(1)《财政部、税务总局、商务部、科技部、国家发展改革委关于完善技术先进型服务企业有关企业所得税政策问题的通知》(财税〔2014〕59号)； (2)《财政部、税务总局、商务部、科技部、国家发展改革委关于在服务贸易创新发展试点地区推广技术先进型服务企业所得税优惠政策的通知》(财税〔2016〕122号)。
61	新疆困难地区新办企业定期减免企业所得税	对在新疆困难地区新办的属于《新疆困难地区重点鼓励发展产业企业所得税优惠目录》范围内的企业，自取得第一笔生产经营收入所属纳税年度起，第一年至第二年免征企业所得税，第三年至第五年减半征收企业所得税。	(1)《财政部、税务总局关于新疆困难地区新办企业所得税优惠政策的通知》(财税〔2011〕53号)； (2)《财政部、税务总局、国家发展改革委、工业和信息化部关于完善新疆困难地区重点鼓励发展产业企业所得税优惠目录的通知》(财税〔2016〕85号)。
62	新疆喀什、霍尔果斯特殊经济开发区新办企业定期免征企业所得税	对在新疆喀什、霍尔果斯两个特殊经济开发区内新办的属于《新疆困难地区重点鼓励发展产业企业所得税优惠目录》范围内的企业，自取得第一笔生产经营收入所属纳税年度起，五年内免征企业所得税。	(1)《财政部、税务总局关于新疆喀什、霍尔果斯两个特殊经济开发区企业所得税优惠政策的通知》(财税〔2011〕112号)； (2)《财政部、税务总局、国家发展改革委、工业和信息化部关于完善新疆困难地区重点鼓励发展产业企业所得税优惠目录的通知》(财税〔2016〕85号)。
63	设在西部地区的鼓励类产业企业减按15%的税率征收企业所得税	对设在西部地区的鼓励类产业企业减按15%的税率征收企业所得税。对设在赣州市的鼓励类产业的内资企业和外商投资企业减按15%的税率征收企业所得税。2010年12月31日前新办的符合规定的交通、电力、水利、邮政、广播电视企业，执行原政策到期满为止。	(1)《财政部、海关总署、税务总局关于深入实施西部大开发战略有关税收政策问题的通知》(财税〔2011〕58号)； (2)《财政部、海关总署、税务总局关于赣州市执行西部大开发税收政策问题的通知》(财税〔2013〕4号)； (3)《西部地区鼓励类产业目录》(中华人民共和国国家发展和改革委员会令第15号)； (4)《国家税务总局关于深入实施西部大开发战略有关企业所得税问题的公告》(国家税务总局公告2012年第12号)； (5)《国家税务总局关于执行〈西部地区鼓励类产业目录〉有关企业所得税问题的公告》(国家税务总局公告2015年第14号)。

续表

序号	优惠事项名称	政策概述	主要政策依据
64	广东横琴、福建平潭、深圳前海等地区的鼓励类产业企业减按15%税率征收企业所得税	对设在广东横琴新区、福建平潭综合实验区和深圳前海深港现代服务业合作区的鼓励类产业企业减按15%的税率征收企业所得税。	(1)《财政部、税务总局关于广东横琴新区、福建平潭综合实验区、深圳前海深港现代服务业合作区企业所得税优惠政策及优惠目录的通知》(财税〔2014〕26号); (2)《财政部、税务总局关于平潭综合实验区企业所得税优惠目录增列有关旅游产业项目的通知》(财税〔2017〕75号)。
65	北京冬奥组委、北京冬奥会测试赛赛事组委会免征企业所得税	对北京冬奥组委免征应缴纳的企业所得税。北京冬奥组委全面负责和组织举办北京2022年冬残奥会,其取得的北京2022年冬残奥会收入及其发生的涉税支出比照执行北京2022年冬奥会的税收政策。北京冬奥会测试赛赛事组委会取得的收入及发生的涉税支出比照执行北京冬奥组委的税收政策。	《财政部、税务总局、海关总署关于北京2022年冬奥会和冬残奥会税收政策的通知》(财税〔2017〕60号)。
66	购置用于环境保护、节能节水、安全生产等专用设备的投资额按一定比例实行税额抵免	企业购置并实际使用《环境保护专用设备企业所得税优惠目录》《节能节水专用设备企业所得税优惠目录》和《安全生产专用设备企业所得税优惠目录》规定的环境保护、节能节水、安全生产等专用设备的,该专用设备的投资额的10%可以从企业当年的应纳税额中抵免;当年不足抵免的,可以在以后5个纳税年度结转抵免。享受上述规定的企业所得税优惠的企业,应当实际购置并自身实际投入使用前款规定的专用设备;企业购置上述专用设备在5年内转让、出租的,应当停止享受企业所得税优惠,并补缴已经抵免的企业所得税税款。	(1)《中华人民共和国企业所得税法》第三十四条; (2)《中华人民共和国企业所得税法实施条例》第一百条; (3)《财政部、税务总局关于执行环境保护专用设备企业所得税优惠目录、节能节水专用设备企业所得税优惠目录和安全生产专用设备企业所得税优惠目录有关问题的通知》(财税〔2008〕48号); (4)《财政部、税务总局、国家发展改革委、工业和信息化部、环境保护部关于印发节能节水和环境保护专用设备企业所得税优惠目录(2017年版)的通知》(财税〔2017〕71号); (5)《财政部、税务总局、应急管理部关于印发〈安全生产专用设备企业所得税优惠目录(2008年版)〉的通知》(财税〔2018〕84号); (6)《财政部、税务总局关于执行企业所得税优惠政策若干问题的通知》(财税〔2009〕69号); (7)《国家税务总局关于环境保护节能节水、安全生产等专用设备投资抵免企业所得税有关问题的通知》(国税函〔2010〕256号)。

续表

序号	优惠事项名称	政策概述	主要政策依据
67	固定资产或购入软件等可以加速折旧或摊销	由于技术进步，产品更新换代较快的固定资产及常年处于强震动、高腐蚀状态的固定资产，企业可以采取缩短折旧年限或者采取加速折旧的方法。集成电路生产企业的生产设备，其折旧年限可以适当缩短，最短可为3年（含）。企业外购的软件，凡符合固定资产或无形资产确认条件的，可以按照固定资产或无形资产进行核算，其折旧或摊销年限可以适当缩短，最短可为2年（含）。	（1）《中华人民共和国企业所得税法》第三十二条； （2）《中华人民共和国企业所得税法实施条例》第九十八条； （3）《财政部、税务总局关于进一步鼓励软件产业和集成电路产业发展企业所得税政策的通知》（财税〔2012〕27号）； （4）《国家税务总局关于企业固定资产加速折旧所得税处理有关问题的通知》（国税发〔2009〕81号）； （5）《国家税务总局关于执行软件企业所得税优惠政策有关问题的公告》（国家税务总局公告2013年第43号）。
68	固定资产加速折旧或一次性扣除	对生物药品制造业，专用设备制造业，铁路、船舶、航空航天和其他运输设备制造业，计算机、通信和其他电子设备制造业，仪器仪表制造业，信息传输、软件和信息技术服务业，轻工、纺织、机械、汽车等行业企业新购进的固定资产，可缩短折旧年限或采取加速折旧的方法。对所有行业企业新购进的专门用于研发的仪器、设备，单位价值不超过100万元的，允许一次性计入当期成本费用在计算应纳税所得额时扣除，不再分年度计算折旧；单位价值超过100万元的，可缩短折旧年限或采取加速折旧的方法。对所有行业企业持有的单位价值不超过5000元的固定资产，允许一次性计入当期成本费用在计算应纳税所得额时扣除，不再分年度计算折旧。	（1）《财政部、税务总局关于完善固定资产加速折旧企业所得税政策的通知》（财税〔2014〕75号）； （2）《财政部、税务总局关于进一步完善固定资产加速折旧企业所得税政策的通知》（财税〔2015〕106号）； （3）《国家税务总局关于固定资产加速折旧税收政策有关问题的公告》（国家税务总局公告2014年第64号）； （4）《国家税务总局关于进一步完善固定资产加速折旧企业所得税政策有关问题的公告》（国家税务总局公告2015年第68号）。

续表

序号	优惠事项名称	政策概述	主要政策依据
69	享受过渡期税收优惠定期减免企业所得税	自2008年1月1日起，原享受企业所得税“五免五减半”等定期减免税优惠的企业，新税法施行后继续按原税收法律、行政法规及相关文件规定的优惠办法及年限享受至期满为止，但因未获利而尚未享受税收优惠的，其优惠期限从2008年度起计算。	《国务院关于实施企业所得税过渡优惠政策的通知》（国发〔2007〕39号）。

【提示】需注意上表中优惠政策期间，并关注延期及新覆盖的政策。

20. 小型微利企业企业所得税优惠政策有哪些?

第一部分，政策规定：

（一）自2019年1月1日至2021年12月31日，对小型微利企业年应纳税所得额不超过100万元的部分，减按25%计入应纳税所得额，按20%的税率缴纳企业所得税；对年应纳税所得额超过100万元但不超过300万元的部分，减按50%计入应纳税所得额，按20%的税率缴纳企业所得税。

小型微利企业无论按查账征收方式或核定征收方式缴纳企业所得税，均可享受上述优惠政策。

（二）小型微利企业是指从事国家非限制和禁止行业，且同时符合年度应纳税所得额不超过300万元、从业人数不超过300人、资产总额不超过5000万元等三个条件的企业。

（三）小型微利企业所得税统一实行按季度预缴。预缴企业所得税时，小型微利企业的资产总额、从业人数、年度应纳税所得额指标，暂按当年度截至本期申报所属期末的情况进行判断。其中，资产总额、从业人数指标比照《财政部、税务总局关于实施小微企业普惠性税收减免政策的通知》（以下简称《通知》）第二条中“全年季度平均值”的计算公式，计算截至本期申报所属期末的季度平均值；年度应纳税所得额指标暂按截至本期申报所属期末不超过300万元的标准判断。

（四）原不符合小型微利企业条件的企业，在年度中间预缴企业所得税时，按《国家税务总局关于实施小型微利企业普惠性所得税减免政策有关问题的公告》（以下简称《公告》）第三条规定判断符合小型微利企业条件的，应按照截至本期申报所属期末累计情况计算享受小型微利企业所得税减免政策。当年度此前期间因不符合小型微利企业条件而多预缴的企业所得税税款，可在以后季度应预缴的企业所得税税款中抵减。按月度预缴企业所得税的企业，在当年度 4 月、7 月、10 月预缴申报时，如果按照《公告》第三条规定判断符合小型微利企业条件的，下一个预缴申报期起调整为按季度预缴申报，一经调整，当年度内不再变更。

（五）小型微利企业在预缴和汇算清缴企业所得税时，通过填写纳税申报表相关内容，即可享受小型微利企业所得税减免政策。

（六）实行核定应纳所得税额征收的企业，根据小型微利企业所得税减免政策规定需要调减定额的，由主管税务机关按照程序调整，并及时将调整情况告知企业。

（七）企业预缴企业所得税时已享受小型微利企业所得税减免政策，汇算清缴企业所得税时不符合《通知》第二条规定的，应当按照规定补缴企业所得税税款。

第二部分，政策解读：

（一）明确小型微利企业普惠性所得税减免政策的适用范围

为了确保小型微利企业应享尽享普惠性所得税减免政策，《公告》明确了无论企业所得税实行查账征收方式还是核定征收方式，只要是符合条件的企业，均可以享受小型微利企业普惠性所得税减免政策。

（二）明确预缴企业所得税时小型微利企业的判断方法

从 2019 年度开始，在预缴企业所得税时，企业可直接按当年度截至本期末的资产总额、从业人数、应纳税所得额等情况判断是否为小型微利企业。与此前需要结合企业上一个纳税年度是否为小型微利企业的情况进行判断相比，方法更简单、确定性更强。

具体判断方法为：资产总额、从业人数指标比照《通知》第二条规定中“全年季度平均值”的计算公式，计算截至本期末的季度平均值；年应纳税所得额指标按截至本期末不超过 300 万元的标准判断。

例1. A企业2017年成立，从事国家非限制和禁止行业，2019年各季度的资产总额、从业人数以及累计应纳税所得额情况如下表所示：

季度	从业人数		资产总额（万元）		应纳税所得额（累计值，万元）
	期初	期末	期初	期末	
第1季度	120	200	2000	4000	150
第2季度	400	500	4000	6600	200
第3季度	350	200	6600	7000	280
第4季度	220	210	7000	2500	350

解析：A企业在预缴2019年度企业所得税时，判断是否符合小型微利企业条件的具体过程如下：

指标		第1季度	第2季度	第3季度	第4季度
从业人数	季初	120	400	350	220
	季末	200	500	200	210
	季度平均值	(120+200)÷2=160	(400+500)÷2=450	(350+200)÷2=275	(220+210)÷2=215
	截至本期末季度平均值	160	(160+450)÷2=305	(160+450+275)÷3=295	(160+450+275+215)÷4=275
资产总额(万元)	季初	2000	4000	6600	7000
	季末	4000	6600	7000	2500
	季度平均值	(2000+4000)÷2=3000	(4000+6600)÷2=5300	(6600+7000)÷2=6800	(7000+2500)÷2=4750
	截至本期末季度平均值	3000	(3000+5300)÷2=4150	(3000+5300+6800)÷3=5033.33	(3000+5300+6800+4750)÷4=4962.5
应纳税所得额(累计值,万元)		150	200	280	350
判断结果		符合	不符合(从业人数超标)	不符合(资产总额超标)	不符合(应纳税所得额超标)

例2. B企业2019年5月成立，从事国家非限制和禁止行业，2019年各季度的资产总额、从业人数以及累计应纳税所得额情况如下表所示：

季度	从业人数		资产总额（万元）		应纳税所得额（累计值，万元）
	期初	期末	期初	期末	
第2季度	100	200	1500	3000	200
第3季度	260	300	3000	5000	350
第4季度	280	330	5000	6000	280

解析：B企业在预缴2019年度企业所得税时，判断是否符合小型微利企业条件的具体过程如下：

指标		第2季度	第3季度	第4季度
从业人数	季初	100	260	280
	季末	200	300	330
	季度平均值	(100+200)÷2=150	(260+300)÷2=280	(280+330)÷2=305
	截至本期末季度平均值	150	(150+280)÷2=215	(150+280+305)÷3=245
资产总额（万元）	季初	1500	3000	5000
	季末	3000	5000	6000
	季度平均值	(1500+3000)÷2=2250	(3000+5000)÷2=4000	(5000+6000)÷2=5500
	截至本期末季度平均值	2250	(2250+4000)÷2=3125	(2250+4000+5500)÷3=3916.67
应纳税所得额（累计值，万元）		200	350	280
判断结果		符合	不符合（应纳税所得额超标）	符合

（三）明确预缴企业所得税时小型微利企业实际应纳所得税额和减免税额的计算方法，根据《通知》规定，小型微利企业年应纳税所得额不超过100万元、

超过 100 万元但不超过 300 万元的部分，分别减按 25%、50% 计入应纳税所得额，按 20% 的税率缴纳企业所得税。

例 3. C 企业 2019 年第 1 季度预缴企业所得税时，经过判断不符合小型微利企业条件，但是此后的第 2 季度和第 3 季度预缴企业所得税时，经过判断符合小型微利企业条件。第 1 季度至第 3 季度预缴企业所得税时，相应的累计应纳税所得额分别为 50 万元、100 万元、200 万元。

解析：C 企业在预缴 2019 年第 1 季度至第 3 季度企业所得税时，实际应纳所得税额和减免税额的计算过程如下：

计算过程	第 1 季度	第 2 季度	第 3 季度
预缴时，判断是否为小型微利企业	不符合小型微利企业条件	符合小型微利企业条件	符合小型微利企业条件
应纳税所得额（累计值，万元）	50	100	200
实际应纳所得税额（累计值，万元）	50 × 25% = 12.5	100 × 25% × 20% = 5	100 × 25% × 20% + (200 − 100) × 50% × 20% = 15
本期应补（退）所得税额（万元）	12.5	0 （5 − 12.5 < 0，本季度应缴税款为 0）	15 − 12.5 = 2.5
已纳所得税额（累计值，万元）	12.5	12.5 + 0 = 12.5	12.5 + 0 + 2.5 = 15
减免所得税额（累计值，万元）	50 × 25% − 12.5 = 0	100 × 25% − 5 = 20	200 × 25% − 15 = 35

（四）明确小型微利企业的企业所得税预缴期限

为了推进办税便利化改革，从 2016 年 4 月开始，小型微利企业统一实行按季度预缴企业所得税。因此，按月度预缴企业所得税的企业，在年度中间 4 月、7 月、10 月的纳税申报期进行预缴申报时，如果按照规定判断为小型微利企业的，其纳税期限将统一调整为按季度预缴。同时，为了避免年度内频繁调整纳税期限，《公告》规定，一经调整为按季度预缴，当年度内不再变更。

（五）明确实行核定应纳所得税额征收方式的企业也可以享受小型微利企业普惠性所得税减免政策

与实行查账征收方式和实行核定应税所得率征收方式的企业通过填报纳税申报表计算享受税收优惠不同，实行核定应纳所得税额征收方式的企业，由主管税务机关根据小型微利企业普惠性所得税减免政策的条件与企业的情况进行判断，符合条件的，由主管税务机关按照程序调整企业的应纳所得税额。相关调整情况，主管税务机关应当及时告知企业。

政策依据：《国家税务总局关于实施小型微利企业普惠性所得税减免政策有关问题的公告》（国家税务总局公告2019年第2号）。

文件废止：《国家税务总局关于贯彻落实进一步扩大小型微利企业所得税优惠政策范围有关征管问题的公告》（国家税务总局公告2018年第40号）在2018年度企业所得税汇算清缴结束后废止。

21. 企业缴纳的责任保险费企业所得税税前扣除有关政策规定是什么？

企业参加雇主责任险、公众责任险等责任保险，按照规定缴纳的保险费，准予在企业所得税税前扣除。

政策依据：《国家税务总局关于责任保险费企业所得税税前扣除有关问题的公告》（国家税务总局公告2018年第52号），本公告适用于2018年度及以后年度企业所得税汇算清缴。

22. 企业职工教育经费税前扣除规定是什么？

企业发生的职工教育经费支出，不超过工资薪金总额8%的部分，准予在计算企业所得税应纳税所得额时扣除；超过部分，准予在以后纳税年度结转扣除。

政策依据：《财政部、税务总局关于企业职工教育经费税前扣除政策的通知》（财税〔2018〕51号），本通知自2018年1月1日起执行。

- **相关链接**

（1）企业发生的职工福利费支出，不超过工资、薪金总额14%的部分准予扣除。（2）企业拨缴的工会经费，不超过工资、薪金总额2%的部分准予扣除。

23. 高新技术企业和科技型中小企业亏损结转弥补年限规定有哪些？

为支持高新技术企业和科技型中小企业发展，根据《中华人民共和国企业所得税法》及其实施条例、《财政部、税务总局关于延长高新技术企业和科技型中小企业亏损结转年限的通知》（财税〔2018〕76号，以下简称《通知》）规定，现就延长高新技术企业和科技型中小企业亏损结转弥补年限有关企业所得税处理问题公告如下：

一、《通知》第一条所称当年具备高新技术企业或科技型中小企业资格（以下统称“资格”）的企业，其具备资格年度之前5个年度发生的尚未弥补完的亏损，是指当年具备资格的企业，其前5个年度无论是否具备资格，所发生的尚未弥补完的亏损。

2018年具备资格的企业，无论2013年至2017年是否具备资格，其2013年至2017年发生的尚未弥补完的亏损，均准予结转以后年度弥补，最长结转年限为10年。2018年以后年度具备资格的企业，依此类推，进行亏损结转弥补税务处理。

二、高新技术企业按照其取得的高新技术企业证书注明的有效期所属年度，确定其具备资格的年度。

科技型中小企业按照其取得的科技型中小企业入库登记编号注明的年度，确定其具备资格的年度。

三、企业发生符合特殊性税务处理规定的合并或分立重组事项的，其尚未弥补完的亏损，按照《财政部、税务总局关于企业重组业务企业所得税处理若干问题的通知》（财税〔2009〕59号）和本公告有关规定进行税务处理：

（一）合并企业承继被合并企业尚未弥补完的亏损的结转年限，按照被合并企业的亏损结转年限确定；

（二）分立企业承继被分立企业尚未弥补完的亏损的结转年限，按照被分立企业的亏损结转年限确定；

（三）合并企业或分立企业具备资格的，其承继被合并企业或被分立企业尚未弥补完的亏损的结转年限，按照《通知》第一条和本公告第一条规定处理。

四、符合《通知》和本公告规定延长亏损结转弥补年限条件的企业，在企业所得税预缴和汇算清缴时，自行计算亏损结转弥补年限，并填写相关纳税申报表。

五、本公告自2018年1月1日起施行。

政策依据：《国家税务总局关于延长高新技术企业和科技型中小企业亏损结转弥补年限有关企业所得税处理问题的公告》（国家税务总局公告2018年第45号）。

24. 高新技术企业所得税优惠政策有什么规定?

现行税收政策规定的条件是：

一、企业获得高新技术企业资格后，自高新技术企业证书注明的发证时间所在年度起申报享受税收优惠，并按规定向主管税务机关办理备案手续。

企业的高新技术企业资格期满当年，在通过重新认定前，其企业所得税暂按15%的税率预缴，在年底前仍未取得高新技术企业资格的，应按规定补缴相应期间的税款。

二、对取得高新技术企业资格且享受税收优惠的高新技术企业，税务部门如在日常管理过程中发现其在高新技术企业认定过程中或享受优惠期间不符合《认定办法》第十一条规定的认定条件的，应提请认定机构复核。复核后确认不符合认定条件的，由认定机构取消其高新技术企业资格，并通知税务机关追缴其证书有效期内自不符合认定条件年度起已享受的税收优惠。

政策依据：《国家税务总局关于实施高新技术企业所得税优惠政策有关问题的公告》（国家税务总局公告2017年第24号）。

25. 企业招用自主就业退役士兵有关税收优惠政策的规定什么?

企业招用自主就业退役士兵，与其签订1年以上期限劳动合同并依法缴纳社会保险费的，自签订劳动合同并缴纳社会保险当月起，在3年内按实际招用人数予以定额依次扣减增值税、城市维护建设税、教育费附加、地方教育附加和企业所得税优惠。定额标准为每人每年6000元，最高可上浮50%，各省、自治区、直辖市人民政府可根据本地区实际情况在此幅度内确定具体定额标准。

企业按招用人数和签订的劳动合同时间核算企业减免税总额，在核算减免税总额内每月依次扣减增值税、城市维护建设税、教育费附加和地方教育附加。企业实际应缴纳的增值税、城市维护建设税、教育费附加和地方教育附加小于核算减免税总额的，以实际应缴纳的增值税、城市维护建设税、教育费附加和地方教育附加为限；实际应缴纳的增值税、城市维护建设税、教育费附加和地方教育附加大于核算减免税总额的，以核算减免税总额为限。

纳税年度终了，如果企业实际减免的增值税、城市维护建设税、教育费附加和地方教育附加小于核算减免税总额，企业在企业所得税汇算清缴时以差额部分扣减企业所得税。当年扣减不完的，不再结转以后年度扣减。

自主就业退役士兵在企业工作不满 1 年的，应当按月换算减免税限额。计算公式为：企业核算减免税总额 = Σ 每名自主就业退役士兵本年度在本单位工作月份 ÷ 12 × 具体定额标准。

城市维护建设税、教育费附加、地方教育附加的计税依据是享受本项税收优惠政策前的增值税应纳税额。

企业招用自主就业退役士兵享受税收优惠政策的，将以下资料留存备查：1. 招用自主就业退役士兵的《中国人民解放军义务兵退出现役证》《中国人民解放军士官退出现役证》或《中国人民武装警察部队义务兵退出现役证》《中国人民武装警察部队士官退出现役证》；2. 企业与招用自主就业退役士兵签订的劳动合同（副本），为职工缴纳的社会保险费记录；3. 自主就业退役士兵本年度在企业工作时间表。

企业招用自主就业退役士兵既可以适用本通知规定的税收优惠政策，又可以适用其他扶持就业专项税收优惠政策的，企业可以选择适用最优惠的政策，但不得重复享受。

政策依据：《财政部、税务总局、退役军人部关于进一步扶持自主就业退役士兵创业就业有关税收政策的通知》（财税〔2019〕21 号），本通知规定的税收政策执行期限为 2019 年 1 月 1 日至 2021 年 12 月 31 日。纳税人在 2021 年 12 月 31 日享受本通知规定税收优惠政策未满 3 年的，可继续享受至 3 年期满为止。退役士兵以前年度已享受退役士兵创业就业税收优惠政策满 3 年的，不得再享受本通知规定的税收优惠政策；以前年度享受退役士兵创业就业税收优惠政策未满 3 年且符合本通知规定条件的，可按本通知规定享受优惠至 3 年期满。

文件废止：《财政部、税务总局、民政部关于继续实施扶持自主就业退役士兵创业就业有关税收政策的通知》（财税〔2017〕46 号）自 2019 年 1 月 1 日起停止执行。

26. 企业新购置设备、器具一次性税前扣除政策是如何规定的?

主要政策如下：

（一）企业在2018年1月1日至2020年12月31日期间新购进的设备、器具，单位价值不超过500万元的，允许一次性计入当期成本费用在计算应纳税所得额时扣除，不再分年度计算折旧（以下简称一次性税前扣除政策）。

1. 所称设备、器具，是指除房屋、建筑物以外的固定资产（以下简称固定资产）；所称购进，包括以货币形式购进或自行建造，其中以货币形式购进的固定资产包括购进的使用过的固定资产；以货币形式购进的固定资产，以购买价款和支付的相关税费以及直接归属于使该资产达到预定用途发生的其他支出确定单位价值，自行建造的固定资产，以竣工结算前发生的支出确定单位价值。

2. 固定资产购进时点按以下原则确认：以货币形式购进的固定资产，除采取分期付款或赊销方式购进外，按发票开具时间确认；以分期付款或赊销方式购进的固定资产，按固定资产到货时间确认；自行建造的固定资产，按竣工结算时间确认。

（二）固定资产在投入使用月份的次月所属年度一次性税前扣除。

（三）企业选择享受一次性税前扣除政策的，其资产的税务处理可与会计处理不一致。

（四）企业根据自身生产经营核算需要，可自行选择享受一次性税前扣除政策。未选择享受一次性税前扣除政策的，以后年度不得再变更。

（五）企业按照《国家税务总局关于发布修订后的〈企业所得税优惠政策事项办理办法〉的公告》（国家税务总局公告2018年第23号）的规定办理享受政策的相关手续，主要留存备查资料如下：

（1）有关固定资产购进时点的资料（如以货币形式购进固定资产的发票，以分期付款或赊销方式购进固定资产的到货时间说明，自行建造固定资产的竣工决算情况说明等）；

（2）固定资产记账凭证；

（3）核算有关资产税务处理与会计处理差异的台账。

（六）单位价值超过500万元的固定资产，仍按照企业所得税法及其实施条例、《财政部、税务总局关于完善固定资产加速折旧企业所得税政策的通知》（财税〔2014〕75号）、《财政部、税务总局关于进一步完善固定资产加速折旧企业所得税政策的通知》（财税〔2015〕106 号）、《国家税务总局关于固定资产加速折旧税收政策有关问题的公告》（国家税务总局公告 2014 年第 64 号）、《国家税务总局关于进一步完善固定资产加速折旧企业所得税政策有关问题的公告》（国家税务总局公告 2015 年第 68 号）等相关规定执行。

政策解读：

一、明确设备、器具一次性税前扣除政策

2018 年 1 月 1 日至 2020 年 12 月 31 日，企业新购进的单位价值不超过 500 万元的设备、器具可一次性在税前扣除。考虑到本次政策受惠面比较广，企业享受意愿强，为增强政策确定性，便于具体操作，公告对有关执行口径进行了明确：

一是明确“购进”的概念。取得固定资产包括外购、自行建造、融资租入、捐赠、投资、非货币性资产交换、债务重组等多种方式。公告明确“购进”包括以货币形式购进或自行建造两种形式。将自行建造也纳入享受优惠的范围，主要是考虑到自行建造固定资产所使用的材料实际也是购进的，因此把自行建造的固定资产也看作是“购进”的。此外，“新购进”中的“新”字，只是区别于原已购进的固定资产，不是规定非要购进的固定资产，因此，公告明确以货币形式购进的固定资产包括企业购进的使用过的固定资产。

二是明确“单位价值”的计算方法。此前的政策文件中未对单位价值的计算方法进行明确。不少企业询问如何确定固定资产的单位价值，如是否包含安装费等。为统一政策执行口径，公告对单位价值的计算方法进行了明确。单位价值的计算方法与企业所得税法实施条例第五十八条规定的固定资产计税基础的计算方法保持一致，具体为：以货币形式购进的固定资产，以购买价款和支付的相关税费以及直接归属于使该资产达到预定用途发生的其他支出确定单位价值；自行建造的固定资产，以竣工结算前发生的支出确定单位价值。

三是明确购进时点的确定原则。设备、器具一次性税前扣除政策的执行时间为 2018 年 1 月 1 日至 2020 年 12 月 31 日，因此，需要依据设备、器具的购进时点确定其是否属于可享受优惠政策的范围。公告明确，以货币形式购进的固定资产，以发票开具时间确认购进时点，但考虑到分期付款可能会分批开具发票，赊销方式会在销售方取得货款后才开具发票的特殊情况，公告对这两种情况进行了例外规定，以固定资产到货时间确认购进时点。对于自行建造的固定资产，以竣工结算时间确认购进时点。

二、明确一次性税前扣除的时点

企业所得税法实施条例规定，企业应当自固定资产投入使用月份的次月起计算折旧。固定资产一次性税前扣除政策仅仅是固定资产税前扣除的一种特殊方式，因此，其税前扣除的时点应与固定资产计算折旧的处理原则保持一致。公告对此进行了相应规定。比如，某企业于2018年12月购进了一项单位价值为300万元的设备并于当月投入使用，则该设备可在2019年一次性税前扣除。

三、明确固定资产税务处理可与会计处理不一致

企业会计处理上是否采取一次性税前扣除方法，不影响企业享受一次性税前扣除政策，企业在享受一次性税前扣除政策时，不需要会计上也同时采取与税收上相同的折旧方法。

四、明确企业可自主选择享受一次性税前扣除政策，但未选择的不得变更

实行一次性税前扣除政策后，纳税人可能会由于税前扣除的固定资产与财务核算的固定资产折旧费用不同，而产生复杂的纳税调整问题，加之一些固定资产核算期限较长，也会增加会计核算负担和遵从风险。对于短期无法实现盈利的亏损企业而言，选择实行一次性税前扣除政策会进一步加大亏损，且由于税法规定的弥补期限的限制，该亏损可能无法得到弥补，实际上减少了税前扣除额。此外，企业在定期减免税期间往往不会选择一次性税前扣除政策。考虑到享受税收优惠是纳税人的一项权利，纳税人可以自主选择是否享受优惠，因此，公告规定企业根据自身生产经营需要，可自行选择享受一次性税前扣除政策。但为避免恶意套取税收优惠，公告明确企业未选择享受的，以后年度不得再变更。需要注意的是，以后年度不得再变更的规定是针对单个固定资产而言，单个固定资产未选择享受的，不影响其他固定资产选择享受一次性税前扣除政策。

五、明确企业享受一次性税前扣除政策的管理要求

为保证优惠政策的准确执行，公告明确按照《国家税务总局关于发布修订后的〈企业所得税优惠政策事项办理办法〉的公告》（国家税务总局公告2018年第23号）的规定办理有关手续。此外，在国家税务总局公告2018年第23号规定的“固定资产加速折旧或一次性扣除”优惠事项主要留存备查资料的基础上，对留存备查资料的相关内容进行了调整，具体为：有关固定资产购进时点的资料（如

以货币形式购进固定资产的合同、发票，以分期付款或赊销方式购进固定资产的到货时间说明，自行建造固定资产的竣工决算情况说明等）、固定资产记账凭证、核算有关资产税务处理与会计处理差异的台账。

六、明确单位价值超过500万元的固定资产税务处理

为保证政策的完整性，公告明确单位价值超过500万元的固定资产，仍按照企业所得税法及其实施条例、《财政部、税务总局关于完善固定资产加速折旧企业所得税政策的通知》（财税〔2014〕75号）、《财政部、税务总局关于进一步完善固定资产加速折旧企业所得税政策的通知》（财税〔2015〕106号）、《国家税务总局关于固定资产加速折旧税收政策有关问题的公告》（国家税务总局公告2014年第64号）、《国家税务总局关于进一步完善固定资产加速折旧企业所得税政策有关问题的公告》（国家税务总局公告2015年第68号）等相关规定执行。①

27. 企业研究开发费用税前加计扣除的规定有哪些?

企业开展研发活动中实际发生的研发费用，未形成无形资产计入当期损益的，在按规定据实扣除的基础上，在2018年1月1日至2020年12月31日期间，再按照实际发生额的75%在税前加计扣除；形成无形资产的，在上述期间按照无形资产成本的175%在税前摊销。

企业享受研发费用税前加计扣除政策的其他政策口径和管理要求按照《财政部、税务总局、科技部关于完善研究开发费用税前加计扣除政策的通知》（财税〔2015〕119号）、《财政部、税务总局、科技部关于企业委托境外研究开发费用税前加计扣除有关政策问题的通知》（财税〔2018〕64号）、《国家税务总局关于企业研究开发费用税前加计扣除政策有关问题的公告》（国家税务总局公告2015年第97号）等文件规定执行。具体为：

一、《财政部、税务总局、科技部关于完善研究开发费用税前加计扣除政策的通知》（财税〔2015〕119号）规定。

研发活动，是指企业为获得科学与技术新知识，创造性运用科学技术新知识，或实质性改进技术、产品（服务）、工艺而持续进行的具有明确目标的系统性

---

① 参见国家税务总局网站：http：//www. chinatax. gov. cn/n810341/n810760/c3712392/content. html，访问时间2019年5月14日。

活动。

（一）允许加计扣除的研发费用。

企业开展研发活动中实际发生的研发费用，未形成无形资产计入当期损益的，在按规定据实扣除的基础上，按照本年度实际发生额的50%，从本年度应纳税所得额中扣除；形成无形资产的，按照无形资产成本的150%在税前摊销。研发费用的具体范围包括：

1. 人员人工费用。

直接从事研发活动人员的工资薪金、基本养老保险费、基本医疗保险费、失业保险费、工伤保险费、生育保险费和住房公积金，以及外聘研发人员的劳务费用。

2. 直接投入费用。

（1）研发活动直接消耗的材料、燃料和动力费用。

（2）用于中间试验和产品试制的模具、工艺装备开发及制造费，不构成固定资产的样品、样机及一般测试手段购置费，试制产品的检验费。

（3）用于研发活动的仪器、设备的运行维护、调整、检验、维修等费用，以及通过经营租赁方式租入的用于研发活动的仪器、设备租赁费。

3. 折旧费用。用于研发活动的仪器、设备的折旧费。

4. 无形资产摊销。用于研发活动的软件、专利权、非专利技术（包括许可证、专有技术、设计和计算方法等）的摊销费用。

5. 新产品设计费、新工艺规程制定费、新药研制的临床试验费、勘探开发技术的现场试验费。

6. 其他相关费用。与研发活动直接相关的其他费用，如技术图书资料费、资料翻译费、专家咨询费、高新科技研发保险费，研发成果的检索、分析、评议、论证、鉴定、评审、评估、验收费用，知识产权的申请费、注册费、代理费，差旅费、会议费等。此项费用总额不得超过可加计扣除研发费用总额的10%。

7. 财政部和国家税务总局规定的其他费用。

（二）下列活动不适用税前加计扣除政策。

1. 企业产品（服务）的常规性升级。

2. 对某项科研成果的直接应用，如直接采用公开的新工艺、材料、装置、产品、服务或知识等。

3. 企业在商品化后为顾客提供的技术支持活动。

4. 对现存产品、服务、技术、材料或工艺流程进行的重复或简单改变。

5. 市场调查研究、效率调查或管理研究。

6. 作为工业（服务）流程环节或常规的质量控制、测试分析、维修维护。

7. 社会科学、艺术或人文学方面的研究。

二、《财政部、税务总局、科技部关于企业委托境外研究开发费用税前加计扣除有关政策问题的通知》（财税〔2018〕64 号）规定。

（一）委托境外进行研发活动所发生的费用，按照费用实际发生额的 80% 计入委托方的委托境外研发费用。委托境外研发费用不超过境内符合条件的研发费用三分之二的部分，可以按规定在企业所得税前加计扣除。

上述费用实际发生额应按照独立交易原则确定。委托方与受托方存在关联关系的，受托方应向委托方提供研发项目费用支出明细情况。

（二）委托境外进行研发活动应签订技术开发合同，并由委托方到科技行政主管部门进行登记。相关事项按技术合同认定登记管理办法及技术合同认定规则执行。

（三）企业应在年度申报享受优惠时，按照《国家税务总局关于发布修订后的〈企业所得税优惠政策事项办理办法〉的公告》（国家税务总局公告 2018 年第 23 号）的规定办理有关手续，并留存备查以下资料：

1. 企业委托研发项目计划书和企业有权部门立项的决议文件；

2. 委托研究开发专门机构或项目组的编制情况和研发人员名单；

3. 经科技行政主管部门登记的委托境外研发合同；

4. “研发支出”辅助账及汇总表；

5. 委托境外研发银行支付凭证和受托方开具的收款凭据；

6. 当年委托研发项目的进展情况等资料。

企业如果已取得地市级（含）以上科技行政主管部门出具的鉴定意见，应作为资料留存备查。

（四）企业对委托境外研发费用以及留存备查资料的真实性、合法性承担法律责任。

（五）委托境外研发费用加计扣除其他政策口径和管理要求按照《财政部、税务总局、科技部关于完善研究开发费用税前加计扣除政策的通知》（财税〔2015〕119号）、《财政部、税务总局、科技部关于提高科技型中小企业研究开发费用税前加计扣除比例的通知》（财税〔2017〕34号）、《国家税务总局关于企业研究开发费用税前加计扣除政策有关问题的公告》（国家税务总局公告2015年第97号）等文件规定执行。

（六）委托境外进行研发活动不包括委托境外个人进行的研发活动。

（七）本通知自2018年1月1日起执行。财税〔2015〕119号文件第二条中"企业委托境外机构或个人进行研发活动所发生的费用，不得加计扣除"的规定同时废止。

三、《国家税务总局关于企业研究开发费用税前加计扣除政策有关问题的公告》（国家税务总局公告2015年第97号）规定。

（一）研发费用归集

1. 其他相关费用的归集与限额计算

企业在一个纳税年度内进行多项研发活动的，应按照不同研发项目分别归集可加计扣除的研发费用。在计算每个项目其他相关费用的限额时应当按照以下公式计算：

其他相关费用限额＝《通知》第一条第一项允许加计扣除的研发费用中的第1项至第5项的费用之和×10%/（1－10%）。

当其他相关费用实际发生数小于限额时，按实际发生数计算税前加计扣除数额；当其他相关费用实际发生数大于限额时，按限额计算税前加计扣除数额。

2. 财政性资金的处理

企业取得作为不征税收入处理的财政性资金用于研发活动所形成的费用或无形资产，不得计算加计扣除或摊销。

3. 不允许加计扣除的费用

法律、行政法规和国务院财税主管部门规定不允许企业所得税前扣除的费用和支出项目不得计算加计扣除。

已计入无形资产但不属于《通知》中允许加计扣除研发费用范围的，企业摊销时不得计算加计扣除。

（二）委托研发

企业委托外部机构或个人开展研发活动发生的费用，可按规定税前扣除；加计扣除时按照研发活动发生费用的80%作为加计扣除基数。委托个人研发的，应凭个人出具的发票等合法有效凭证在税前加计扣除。

企业委托境外研发所发生的费用不得加计扣除，其中受托研发的境外机构是指依照外国和地区（含港澳台）法律成立的企业和其他取得收入的组织。受托研发的境外个人是指外籍（含港澳台）个人。

（三）不适用加计扣除政策行业的判定

《通知》中不适用税前加计扣除政策行业的企业，是指以《通知》所列行业业务为主营业务，其研发费用发生当年的主营业务收入占企业按税法第六条规定计算的收入总额减除不征税收入和投资收益的余额50%（不含）以上的企业。

（四）核算要求

企业应按照国家财务会计制度要求，对研发支出进行会计处理。研发项目立项时应设置研发支出辅助账，由企业留存备查；年末汇总分析填报研发支出辅助账汇总表，并在报送《年度财务会计报告》的同时随附注一并报送主管税务机关。研发支出辅助账、研发支出辅助账汇总表可参照本公告所附样式（见附件）编制。

（五）申报及备案管理

1. 企业年度纳税申报时，根据研发支出辅助账汇总表填报研发项目可加计扣除研发费用情况归集表（见附件），在年度纳税申报时随申报表一并报送。

2. 研发费用加计扣除实行备案管理，除“备案资料”和“主要留存备查资料”按照本公告规定执行外，其他备案管理要求按照《国家税务总局关于发布〈企业所得税优惠政策事项办理办法〉的公告》（国家税务总局公告2015年第76号）的规定执行。

3. 企业应当不迟于年度汇算清缴纳税申报时，向税务机关报送《企业所得税优惠事项备案表》和研发项目文件完成备案，并将下列资料留存备查：

（1）自主、委托、合作研究开发项目计划书和企业有权部门关于自主、委托、合作研究开发项目立项的决议文件；

（2）自主、委托、合作研究开发专门机构或项目组的编制情况和研发人员名单；

（3）经科技行政主管部门登记的委托、合作研究开发项目的合同；

（4）从事研发活动的人员和用于研发活动的仪器、设备、无形资产的费用分配说明（包括工作使用情况记录）；

（5）集中研发项目研发费决算表、集中研发项目费用分摊明细情况表和实际分享收益比例等资料；

（6）“研发支出”辅助账；

（7）企业如果已取得地市级（含）以上科技行政主管部门出具的鉴定意见，应作为资料留存备查；

（8）省税务机关规定的其他资料。

政策依据：《财政部、税务总局、科技部关于提高研究开发费用税前加计扣除比例的通知》（财税〔2018〕99 号）。

28. 企业固定资产加速折旧优惠政策有哪些规定?

现行政策将原适用于六大行业和四个领域重点行业企业的固定资产加速折旧优惠政策的适用范围扩大至全部制造业。2018 年 1 月 1 日至 2020 年 12 月 31 日，企业新购进单位价值不超过 500 万元的设备、器具可一次性在税前扣除，该政策适用于所有行业企业，已经涵盖了制造业小型微利企业的一次性税前扣除政策。在此期间，制造业企业可适用设备、器具一次性税前扣除政策，不再局限于小型微利企业新购进的单位价值不超过 100 万元的研发和生产经营共用的仪器、设备。

政策依据：《财政部、税务总局关于扩大固定资产加速折旧优惠政策适用范围的公告》（财政部、税务总局公告 2019 年第 66 号）。

29. 安全生产专用设备企业所得税优惠规定有哪些?

对企业购置并实际使用安全生产专用设备享受企业所得税抵免优惠政策的适用目录进行适当调整，统一按《安全生产专用设备企业所得税优惠目录（2018 年版）》执行。

（一）企业购置安全生产专用设备，自行判断其是否符合税收优惠政策规定条件，自行申报享受税收优惠，相关资料留存备查，税务部门依法加强后续管理。

（二）建立部门协调配合机制，切实落实安全生产专用设备税收抵免优惠政策。税务部门在执行税收优惠政策过程中，不能准确判定企业购置的专用设备是否符合相关技术指标等税收优惠政策规定条件的，可提请地方应急管理部门和驻地煤矿安全监察部门报请应急管理部，由应急管理部会同有关行业部门委托专业机构出具技术鉴定意见，相关部门应积极配合。对不符合税收优惠政策规定条件的，由税务部门按税收征收管理法及有关规定进行相应处理。

政策依据：《财政部、税务总局、应急管理部关于印发安全生产专用设备企业所得税优惠目录（2018年版）》的通知（财税〔2018〕84号），本通知自2018年1月1日起施行。企业在2018年1月1日至2018年8月31日期间购置的安全生产专用设备，符合2008年版优惠目录规定的，仍可享受税收优惠。税收优惠政策规定条件，是指2018年版优惠目录所规定的设备名称、性能参数和执行标准。《安全生产专用设备企业所得税优惠目录（2018年版）》因篇幅有限，请查阅财税〔2018〕84号文件附件。

文件废止：《安全生产专用设备企业所得税优惠目录（2008年版）》

30. 集成电路产业有关企业所得税优惠政策有哪些规定？

（一）2018年1月1日后投资新设的集成电路线宽小于130纳米，且经营期在10年以上的集成电路生产企业或项目，第一年至第二年免征企业所得税，第三年至第五年按照25%的法定税率减半征收企业所得税，并享受至期满为止。

（二）2018年1月1日后投资新设的集成电路线宽小于65纳米或投资额超过150亿元，且经营期在15年以上的集成电路生产企业或项目，第一年至第五年免征企业所得税，第六年至第十年按照25%的法定税率减半征收企业所得税，并享受至期满为止。

（三）对于按照集成电路生产企业享受本通知第一条、第二条税收优惠政策的，优惠期自企业获利年度起计算；对于按照集成电路生产项目享受上述优惠的，优惠期自项目取得第一笔生产经营收入所属纳税年度起计算。

集成电路生产企业或项目享受上述企业所得税优惠的有关管理问题，按照财税〔2016〕49号文件和税务总局关于办理企业所得税优惠政策事项的相关规定执行。

政策依据：《财政部、税务总局、国家发展改革委、工业和信息化部关于集成电路生产企业有关企业所得税政策问题的通知》（财税〔2018〕27号），本通知自2018年1月1日起执行。

1. 享受本通知第一条、第二条税收优惠政策的集成电路生产项目，其主体企业应符合集成电路生产企业条件，且能够对该项目单独进行会计核算、计算所得，并合理分摊期间费用。

2. 2017年12月31日前设立但未获利的集成电路线宽小于0.25微米或投资额超过80亿元，且经营期在15年以上的集成电路生产企业，自获利年度起第一年至第五年免征企业所得税，第六年至第十年按照25%的法定税率减半征收企业所得税，并享受至期满为止。

3. 2017年12月31日前设立但未获利的集成电路线宽小于0.8微米（含）的集成电路生产企业，自获利年度起第一年至第二年免征企业所得税，第三年至第五年按照25%的法定税率减半征收企业所得税，并享受至期满为止。

4. 享受本通知规定税收优惠政策的集成电路生产企业的范围和条件，按照《财政部、税务总局、发展改革委、工业和信息化部关于软件和集成电路产业企业所得税优惠政策有关问题的通知》（财税〔2016〕49号）第二条执行；财税〔2016〕49号文件第二条第（二）项中“具有劳动合同关系”调整为“具有劳动合同关系或劳务派遣、聘用关系”，第（三）项中汇算清缴年度研究开发费用总额占企业销售（营业）收入总额（主营业务收入与其他业务收入之和）的比例由“不低于5%”调整为“不低于2%”，同时企业应持续加强研发活动，不断提高研发能力。

第四章　个人所得税

31. 个人所得税主要减免项目有哪些?

序号	减免项目名称	政策名称
1	个人转让5年以上唯一住房免征个人所得税	《财政部、税务总局关于个人所得税若干政策问题的通知》(财税字〔1994〕20号) 《国家税务总局关于个人转让房屋有关税收征管问题的通知》(国税发〔2007〕33号)第三条。
2	随军家属从事个体经营免征个人所得税	《财政部、税务总局关于随军家属就业有关税收政策的通知》(财税〔2000〕84号)。
3	军转干部从事个体经营免征个人所得税	《财政部、税务总局关于自主择业的军队转业干部有关税收政策问题的通知》(财税〔2003〕26号)。
4	退役士兵从事个体经营减免个人所得税	《财政部、税务总局、退役军人部关于进一步扶持自主就业退役士兵创业就业有关税收政策的通知》(财税〔2019〕21号)。
5	残疾、孤老、烈属减征个人所得税	《中华人民共和国个人所得税法》(中华人民共和国主席令第9号)。
6	失业人员从事个体经营减免个人所得税	《财政部、税务总局、人力资源社会保障部、国务院扶贫办关于进一步支持和促进重点群体创业就业有关税收政策的通知》(财税〔2019〕22号)。
7	低保及零就业家庭从事个体经营减免个人所得税	《财政部、税务总局、人力资源社会保障部、国务院扶贫办关于进一步支持和促进重点群体创业就业有关税收政策的通知》(财税〔2019〕22号)。

续表

序号	减免项目名称	政策名称
8	高校毕业生从事个体经营减免个人所得税	《财政部、税务总局、人力资源社会保障部、国务院扶贫办关于进一步支持和促进重点群体创业就业有关税收政策的通知》（财税〔2019〕22 号）。
9	取消农业税从事四业所得暂免征收个人所得税	《财政部、税务总局关于农村税费改革试点地区有关个人所得税问题的通知》（财税〔2004〕30 号）。
10	对外籍技术官员取得的由北京冬奥组委、测试赛赛事组委会支付的劳务报酬免征个人所得税	《财政部、税务总局、海关总署关于北京 2022 年冬奥会和冬残奥会税收政策的通知》（财税〔2017〕60 号）。
11	符合条件的房屋赠与免征个人所得税	《财政部、税务总局关于个人无偿受赠房屋有关个人所得税问题的通知》（财税〔2009〕78 号）。
12	内地个人投资者通过沪港通投资香港联交所上市股票取得的转让差价所得，免征收个人所得税	《财政部、税务总局、证监会关于沪港股票市场交易互联互通机制试点有关税收政策的通知》（财税〔2014〕81 号）。
13	个人取得的拆迁补偿款及因拆迁重新购置安置住房，可按有关规定享受个人所得税减免	《财政部、税务总局关于棚户区改造有关税收政策的通知》（财税〔2013〕101 号）。
14	拆迁补偿款免税	《财政部、税务总局关于城镇房屋拆迁有关税收政策的通知》（财税〔2005〕45 号）。
15	储蓄存款利息免税	《财政部、税务总局关于储蓄存款利息所得有关个人所得税政策的通知》（财税〔2008〕132 号）。
16	低保家庭领取住房租赁补贴免税	《财政部、税务总局关于促进公共租赁住房发展有关税收优惠政策的通知》（财税〔2014〕52 号）。
17	地方政府债券利息免税	《财政部、税务总局关于地方政府债券利息免征所得税问题的通知》（财税〔2013〕5 号）。
18	见义勇为奖金免税	《财政部、税务总局关于发给见义勇为者的奖金免征个人所得税问题的通知》（财税字〔1995〕25 号）。
19	平潭台湾居民免税	《财政部、税务总局关于福建平潭综合实验区个人所得税优惠政策的通知》（财税〔2014〕24 号）。

续表

序号	减免项目名称	政策名称
20	高级专家延长离退休期间工薪免征个人所得税	《财政部、税务总局关于高级专家延长离休退休期间取得工资薪金所得有关个人所得税问题的通知》（财税〔2008〕7号）。
21	取消农业税从事四业所得暂免征收个人所得税	《财政部、税务总局关于个人独资企业和合伙企业投资者取得种植业、养殖业、饲养业、捕捞业所得有关个人所得税问题的批复》（财税〔2010〕96号）。
22	体彩中奖1万元以下免税	《财政部、税务总局关于个人取得体育彩票中奖所得征免个人所得税问题的通知》（财税字〔1998〕12号）。
23	发票中奖暂免征收个人所得税	《财政部、税务总局关于个人取得有奖发票奖金征免个人所得税问题的通知》（财税〔2007〕34号）。
24	外籍个人取得外商投资企业股息红利免征个人所得税	《财政部、税务总局关于个人所得税若干政策问题的通知》（财税字〔1994〕20号）。
25	外籍个人出差补贴免税	《财政部、税务总局关于个人所得税若干政策问题的通知》（财税字〔1994〕20号）。
26	符合条件的外籍专家工薪免征个人所得税	《财政部、税务总局关于个人所得税若干政策问题的通知》（财税字〔1994〕20号）。
27	高级专家延长离退休期间工薪免征个人所得税	《财政部、税务总局关于个人所得税若干政策问题的通知》（财税字〔1994〕20号）。
28	外籍个人探亲费、语言训练费、子女教育费免税	《财政部、税务总局关于个人所得税若干政策问题的通知》（财税字〔1994〕20号）。
29	举报、协查违法犯罪奖金免税	《财政部、税务总局关于个人所得税若干政策问题的通知》（财税字〔1994〕20号）。
30	转让上市公司股票免税	《财政部、税务总局关于个人转让股票所得继续暂免征收个人所得税的通知》（财税字〔1998〕61号）。
31	工伤保险免税	《财政部、税务总局关于工伤职工取得的工伤保险待遇有关个人所得税政策的通知》（财税〔2012〕40号）。
32	股权分置改革非流通股股东向流通股股东支付对价免税	《财政部、税务总局关于股权分置试点改革有关税收政策问题的通知》（财税〔2005〕103号）。

续表

序号	减免项目名称	政策名称
33	横琴、香港、澳门居民免税	《财政部、税务总局关于粤澳大湾区个人所得税优惠政策的通知》（财税〔2019〕31号）。
34	奖学金免税	《财政部、税务总局关于教育税收政策的通知》（财税〔2004〕39号）。
35	个人出租房屋减征个人所得税	《财政部、税务总局关于廉租住房经济适用住房和住房租赁有关税收政策的通知》（财税〔2008〕24号）。
36	个人出租房屋减征	《财政部、税务总局关于廉租住房经济适用住房和住房租赁有关税收政策的通知》（财税〔2008〕24号）。
37	拆迁补偿款免税	《财政部、税务总局关于棚户区改造有关税收政策的通知》（财税〔2013〕101号）。
38	前海港澳台高端人才和紧缺人才免税	《财政部、税务总局关于深圳前海深港现代服务业合作区个人所得税优惠政策的通知》（财税〔2014〕25号）。
39	生育津贴和生育医疗费免税	《财政部、税务总局关于生育津贴和生育医疗费有关个人所得税政策的通知》（财税〔2008〕8号）。
40	个人出租房屋减征个人所得税	《财政部、税务总局关于调整住房租赁市场税收政策的通知》（财税〔2000〕125号）。
41	外籍个人取得补贴免征个人所得税	《财政部、税务总局关于外籍个人取得港澳地区住房等补贴征免个人所得税的通知》（财税〔2004〕29号）。 《国家税务总局关于外籍个人取得有关补贴征免个人所得税执行问题的通知》（国税发〔1997〕54号）。
42	证券资金利息免税	《财政部、税务总局关于证券市场个人投资者证券交易结算资金利息所得有关个人所得税政策的通知》（财税〔2008〕140号）。
43	住房公积金、医疗保险金、基本养老保险金、失业保险基金个人账户存款利息所得免征个人所得税	《财政部、税务总局关于住房公积金、医疗保险金、基本养老保险金、失业保险基金个人账户存款利息所得免征个人所得税的通知》（财税字〔1999〕267号）。
44	青奥会、亚青会、东亚会税收优惠	《财政部、海关总署、税务总局关于第二届夏季青年奥林匹克运动会等三项国际综合运动会税收政策的通知》（财税〔2013〕11号）。

续表

序号	减免项目名称	政策名称
45	企业在销售商品（产品）和提供服务过程中向个人赠送礼品，符合要求的，不征收个人所得税	《财政部、税务总局关于企业促销展业赠送礼品有关个人所得税问题的通知》（财税〔2011〕50号）。
46	社会福利有奖募捐奖券中奖所得免税	《国家税务总局关于社会福利有奖募捐发行收入税收问题的通知》（国税发〔1994〕127号）。
47	远洋运输船员伙食费	《国家税务总局关于远洋运输船员工资薪金所得个人所得税费用扣除问题的通知》（国税发〔1999〕202号）。
48	安家费、退职费、退休工资、离休工资、离休生活补助费免税	《中华人民共和国个人所得税法》（中华人民共和国主席令第9号）。
49	符合条件的外交人员免征个人所得税	《中华人民共和国个人所得税法》（中华人民共和国主席令第9号）。
50	保险赔款免税	《中华人民共和国个人所得税法》（中华人民共和国主席令第9号）。
51	符合条件的津补贴免征个人所得税	《中华人民共和国个人所得税法》（中华人民共和国主席令第9号）。
52	省级、部委、军级奖金免征个人所得税	《中华人民共和国个人所得税法》（中华人民共和国主席令第9号）。
53	单位根据国家有关政策规定为在本单位任职或者受雇的全体职工缴付的年金，单位缴费部分，在计入个人账户时，个人暂不缴纳个人所得税。 个人根据国家有关政策规定缴付的年金个人缴费部分，在不超过本人缴费工资计税基数的4%标准内的部分，暂从个人当期的应纳税所得额中扣除。	《财政部、人力资源社会保障部、税务总局关于企业年金、职业年金个人所得税有关问题的通知》（财税〔2013〕103号）。

32. 新的个人所得税法实施后，继续有效的个人所得税优惠政策涉及的文件有哪些？

序号	制定机关	优惠政策文件名称	文号
1	财政部	关于外国来华工作人员缴纳个人所得税问题的通知	（80）财税字第189号
2	财政部、税务总局	关于个人所得税若干政策问题的通知	财税字〔1994〕020号
3	财政部、税务总局	关于西藏自治区贯彻施行《中华人民共和国个人所得税法》有关问题的批复	财税字〔1994〕021号
4	国家税务总局	关于印发《征收个人所得税若干问题的规定》的通知	国税发〔1994〕089号
5	国家税务总局	关于社会福利有奖募捐发行收入税收问题的通知	国税发〔1994〕127号
6	国家税务总局	关于曾宪梓教育基金会教师奖免征个人所得税的函	国税函发〔1994〕376号
7	财政部、税务总局	关于发给见义勇为者的奖金免征个人所得税问题的通知	财税字〔1995〕25号
8	国家税务总局	关于个人取得青苗补偿费收入征免个人所得税的批复	国税函发〔1995〕079号
9	财政部、税务总局	关于军队干部工资薪金收入征收个人所得税的通知	财税字〔1996〕14号
10	财政部、税务总局	关于西藏特殊津贴免征个人所得税的批复	财税字〔1996〕91号
11	财政部、税务总局	关于国际青少年消除贫困奖免征个人所得税的通知	财税字〔1997〕51号
12	国家税务总局	关于股份制企业转增股本和派发红股征免个人所得税的通知	国税发〔1997〕198号
13	财政部、税务总局	关于个人取得体育彩票中奖所得征免个人所得税问题的通知	财税字〔1998〕12号

续表

序号	制定机关	优惠政策文件名称	文号
14	财政部、税务总局	关于证券投资基金税收问题的通知	财税字〔1998〕55号
15	财政部、税务总局	关于个人转让股票所得继续暂免征收个人所得税的通知	财税字〔1998〕61号
16	国家税务总局	关于原城市信用社在转制为城市合作银行过程中个人股增值所得应纳个人所得税的批复	国税函〔1998〕289号
17	国家税务总局	关于“长江学者奖励计划”有关个人收入免征个人所得税的通知	国税函〔1998〕632号
18	财政部、税务总局	关于促进科技成果转化有关税收政策的通知	财税字〔1999〕45号
19	国家税务总局	关于个人所得税有关政策问题的通知	国税发〔1999〕58号
20	国家税务总局	关于促进科技成果转化有关个人所得税问题的通知	国税发〔1999〕125号
21	财政部、税务总局	关于住房公积金、医疗保险金、基本养老保险金、失业保险基金个人账户存款利息所得免征个人所得税的通知	财税字〔1999〕267号
22	国家税务总局	关于“特聘教授奖金”免征个人所得税的通知	国税函〔1999〕525号
23	国家税务总局	关于企业改组改制过程中个人取得的量化资产征收个人所得税问题的通知	国税发〔2000〕60号
24	财政部、税务总局	关于随军家属就业有关税收政策的通知	财税〔2000〕84号
25	财政部、税务总局	关于调整住房租赁市场税收政策的通知	财税〔2000〕125号
26	国家税务总局	关于律师事务所从业人员取得收入征收个人所得税有关业务问题的通知	国税发〔2000〕149号
27	国家税务总局	关于“长江小小科学家”奖金免征个人所得税的通知	国税函〔2000〕688号

续表

序号	制定机关	优惠政策文件名称	文号
28	国家税务总局	关于《关于个人独资企业和合伙企业投资者征收个人所得税的规定》执行口径的通知	国税函〔2001〕84号
29	财政部、税务总局	关于个人与用人单位解除劳动关系取得的一次性补偿收入征免个人所得税问题的通知	财税〔2001〕157号
30	财政部、税务总局	关于开放式证券投资基金有关税收问题的通知	财税〔2002〕128号
31	财政部、税务总局	关于自主择业的军队转业干部有关税收政策问题的通知	财税〔2003〕26号
32	国家税务总局	关于个人取得“母亲河（波司登）奖”奖金所得免征个人所得税问题的批复	国税函〔2003〕961号
33	财政部、税务总局	关于外籍个人取得港澳地区住房等补贴征免个人所得税的通知	财税〔2004〕29号
34	财政部、税务总局	关于农村税费改革试点地区有关个人所得税问题的通知	财税〔2004〕30号
35	财政部、税务总局	关于教育税收政策的通知	财税〔2004〕39号
36	国家税务总局	关于国际组织驻华机构、外国政府驻华使领馆和驻华新闻机构雇员个人所得税征收方式的通知	国税函〔2004〕808号
37	财政部、税务总局	关于城镇房屋拆迁有关税收政策的通知	财税〔2005〕45号
38	财政部、税务总局	关于股权分置试点改革有关税收政策问题的通知	财税〔2005〕103号
39	财政部、税务总局	关于基本养老保险费基本医疗保险费失业保险费住房公积金有关个人所得税政策的通知	财税〔2006〕10号
40	国家税务总局	关于陈嘉庚科学奖获奖个人取得的奖金收入免征个人所得税的通知	国税函〔2006〕561号

续表

序号	制定机关	优惠政策文件名称	文号
41	财政部、税务总局	关于单位低价向职工售房有关个人所得税问题的通知	财税〔2007〕13号
42	财政部、税务总局	关于个人取得有奖发票奖金征免个人所得税问题的通知	财税〔2007〕34号
43	财政部、税务总局	关于《建立亚洲开发银行协定》有关个人所得税问题的补充通知	财税〔2007〕93号
44	财政部、税务总局	关于高级专家延长离休退休期间取得工资薪金所得有关个人所得税问题的通知	财税〔2008〕7号
45	财政部、税务总局	关于生育津贴和生育医疗费有关个人所得税政策的通知	财税〔2008〕8号
46	财政部、税务总局	关于廉租住房经济适用住房和住房租赁有关税收政策的通知	财税〔2008〕24号
47	财政部、税务总局	关于认真落实抗震救灾及灾后重建税收政策问题的通知	财税〔2008〕62号
48	财政部、税务总局	关于储蓄存款利息所得有关个人所得税政策的通知	财税〔2008〕132号
49	财政部、税务总局	关于证券市场个人投资者证券交易结算资金利息所得有关个人所得税政策的通知	财税〔2008〕140号
50	财政部、税务总局	关于个人无偿受赠房屋有关个人所得税问题的通知	财税〔2009〕78号
51	国家税务总局	关于明确个人所得税若干政策执行问题的通知	国税发〔2009〕121号
52	国家税务总局	关于刘东生青年科学家奖和刘东生地球科学奖学金获奖者奖金免征个人所得税的通知	国税函〔2010〕74号
53	国家税务总局	关于全国职工职业技能大赛奖金免征个人所得税的通知	国税函〔2010〕78号
54	财政部、税务总局	关于个人独资企业和合伙企业投资者取得种植业、养殖业、饲养业、捕捞业所得有关个人所得税问题的批复	财税〔2010〕96号

续表

序号	制定机关	优惠政策文件名称	文号
55	国家税务总局	关于中华宝钢环境优秀奖奖金免征个人所得税问题的通知	国税函〔2010〕130号
56	财政部、税务总局	关于企业促销展业赠送礼品有关个人所得税问题的通知	财税〔2011〕50号
57	国家税务总局	关于2011年度李四光地质科学奖奖金免征个人所得税的公告	国家税务总局公告2011年第68号
58	财政部、税务总局	关于退役士兵退役金和经济补助免征个人所得税问题的通知	财税〔2011〕109号
59	国家税务总局	关于第五届黄汲清青年地质科学技术奖奖金免征个人所得税问题的公告	国家税务总局公告2012年第4号
60	国家税务总局	关于明天小小科学家奖金免征个人所得税问题的公告	国家税务总局公告2012年第28号
61	财政部、税务总局	关于工伤职工取得的工伤保险待遇有关个人所得税政策的通知	财税〔2012〕40号
62	财政部、税务总局	关于地方政府债券利息免征所得税问题的通知	财税〔2013〕5号
63	财政部、税务总局	关于棚户区改造有关税收政策的通知	财税〔2013〕101号
64	财政部、人力资源社会保障部、税务总局	关于企业年金职业年金个人所得税有关问题的通知	财税〔2013〕103号
65	财政部、税务总局	关于广东横琴新区个人所得税优惠政策的通知	财税〔2014〕23号
66	财政部、税务总局	关于福建平潭综合实验区个人所得税优惠政策的通知	财税〔2014〕24号
67	财政部、税务总局	关于深圳前海深港现代服务业合作区个人所得税优惠政策的通知	财税〔2014〕25号

续表

序号	制定机关	优惠政策文件名称	文号
68	财政部、税务总局、证监会	关于沪港股票市场交易互联互通机制试点有关税收政策的通知	财税〔2014〕81号
69	财政部、海关总署、税务总局	关于支持鲁甸地震灾后恢复重建有关税收政策问题的通知	财税〔2015〕27号
70	财政部、税务总局	关于个人非货币性资产投资有关个人所得税政策的通知	财税〔2015〕41号
71	财政部、税务总局、证监会	关于上市公司股息红利差别化个人所得税政策有关问题的通知	财税〔2015〕101号
72	财政部、税务总局	关于将国家自主创新示范区有关税收试点政策推广到全国范围实施的通知	财税〔2015〕116号
73	财政部、税务总局、证监会	关于内地与香港基金互认有关税收政策的通知	财税〔2015〕125号
74	财政部、税务总局	关于行政和解金有关税收政策问题的通知	财税〔2016〕100号
75	财政部、税务总局	关于完善股权激励和技术入股有关所得税政策的通知	财税〔2016〕101号
76	财政部、税务总局、证监会	关于深港股票市场交易互联互通机制试点有关税收政策的通知	财税〔2016〕127号
77	财政部、税务总局、民政部	关于继续实施扶持自主就业退役士兵创业就业有关税收政策的通知	财税〔2017〕46号
78	财政部、税务总局、人力资源社会保障部	关于继续实施支持和促进重点群体创业就业有关税收政策的通知	财税〔2017〕49号
79	财政部、税务总局、海关总署	关于北京2022年冬奥会和冬残奥会税收政策的通知	财税〔2017〕60号

续表

序号	制定机关	优惠政策文件名称	文号
80	财政部、税务总局、证监会	关于沪港股票市场交易互联互通机制试点有关税收政策的通知	财税〔2017〕78号
81	财政部、税务总局、证监会	关于支持原油等货物期货市场对外开放税收政策的通知	财税〔2018〕21号
82	财政部、税务总局、人力资源社会保障部、中国银行保险监督管理委员会、证监会	关于开展个人税收递延型商业养老保险试点的通知	财税〔2018〕22号
83	财政部、税务总局	关于创业投资企业和天使投资个人有关税收政策的通知	财税〔2018〕55号
84	财政部、税务总局、科技部	关于科技人员取得职务科技成果转化现金奖励有关个人所得税政策的通知	财税〔2018〕58号
85	财政部、税务总局	关于易地扶贫搬迁税收优惠政策的通知	财税〔2018〕135号
86	财政部、税务总局、证监会	关于个人转让全国中小企业股份转让系统挂牌公司股票有关个人所得税政策的通知	财税〔2018〕137号
87	财政部、税务总局、证监会	关于继续执行内地与香港基金互认有关个人所得税政策的通知	财税〔2018〕154号
88	财政部、税务总局	关于个人所得税法修改后有关优惠政策衔接问题的通知	财税〔2018〕164号

政策依据：《财政部、税务总局关于继续有效的个人所得税优惠政策目录的公告》（财政部、税务总局公告2018年第177号）。上表文件中个人所得税优惠政策继续有效，已废止或者失效的部分条款除外。

33. 个人无偿受赠房屋有关个人所得税问题有哪些?

一、以下情形的房屋产权无偿赠与，对当事双方不征收个人所得税：

（一）房屋产权所有人将房屋产权无偿赠与配偶、父母、子女、祖父母、外祖父母、孙子女、外孙子女、兄弟姐妹；

（二）房屋产权所有人将房屋产权无偿赠与对其承担直接抚养或者赡养义务的抚养人或者赡养人；

（三）房屋产权所有人死亡，依法取得房屋产权的法定继承人、遗嘱继承人或者受遗赠人。

二、纳税人在办理个人无偿赠与或受赠不动产免征个人所得税手续时，应报送《个人无偿赠与不动产登记表》、双方当事人的身份证明原件及复印件（继承或接受遗赠的，只须提供继承人或接受遗赠人的身份证明原件及复印件）、房屋所有权证原件及复印件。属于以下四类情形之一的，还应分别提交相应证明资料：

（一）离婚分割财产的，应当提交：

1. 离婚协议或者人民法院判决书或者人民法院调解书的原件及复印件；

2. 离婚证原件及复印件。

（二）亲属之间无偿赠与的，应当提交：

1. 无偿赠与配偶的，提交结婚证原件及复印件；

2. 无偿赠与父母、子女、祖父母、外祖父母、孙子女、外孙子女、兄弟姐妹的，提交户口簿或者出生证明或者人民法院判决书或者人民法院调解书或者其他部门（有资质的机构）出具的能够证明双方亲属关系的证明资料原件及复印件。

（三）无偿赠与非亲属抚养或赡养关系人的，应当提交：

人民法院判决书或者人民法院调解书或者乡镇政府或街道办事处出具的抚养（赡养）关系证明或者其他部门（有资质的机构）出具的能够证明双方抚养（赡养）关系的证明资料原件及复印件。

（四）继承或接受遗赠的，应当提交房屋产权所有人死亡证明原件及复印件。

政策依据：《国家税务总局关于加强房地产交易个人无偿赠与不动产税收管理有关问题的通知》（国税发〔2006〕144号）；《国家税务总局关于进一步简化和规范个人无偿赠与或受赠不动产免征营业税、个人所得税所需证明资料的公告》（国家税务总局公告2015年第75号）。

第五章　企业所得税与个人所得税综合优惠政策

34. 创业投资企业和天使投资个人有关税收政策规定有哪些？

主要政策规定：

一、税收政策内容

（一）公司制创业投资企业采取股权投资方式直接投资于种子期、初创期科技型企业（以下简称初创科技型企业）满2年（24个月，下同）的，可以按照投资额的70%在股权持有满2年的当年抵扣该公司制创业投资企业的应纳税所得额；当年不足抵扣的，可以在以后纳税年度结转抵扣。

（二）有限合伙制创业投资企业（以下简称合伙创投企业）采取股权投资方式直接投资于初创科技型企业满2年的，该合伙创投企业的合伙人分别按以下方式处理：

1. 法人合伙人可以按照对初创科技型企业投资额的70%抵扣法人合伙人从合伙创投企业分得的所得；当年不足抵扣的，可以在以后纳税年度结转抵扣。

2. 个人合伙人可以按照对初创科技型企业投资额的70%抵扣个人合伙人从合伙创投企业分得的经营所得；当年不足抵扣的，可以在以后纳税年度结转抵扣。

（三）天使投资个人采取股权投资方式直接投资于初创科技型企业满2年的，可以按照投资额的70%抵扣转让该初创科技型企业股权取得的应纳税所得额；当期不足抵扣的，可以在以后取得转让该初创科技型企业股权的应纳税所得额时结转抵扣。

天使投资个人投资多个初创科技型企业的，对其中办理注销清算的初创科技型企业，天使投资个人对其投资额的70%尚未抵扣完的，可自注销清算之日起36

个月内抵扣天使投资个人转让其他初创科技型企业股权取得的应纳税所得额。

二、相关政策条件

（一）初创科技型企业，应同时符合以下条件：

1. 在中国境内（不包括港、澳、台地区）注册成立、实行查账征收的居民企业；

2. 接受投资时，从业人数不超过200人，其中具有大学本科以上学历的从业人数不低于30%；资产总额和年销售收入均不超过3000万元；

3. 接受投资时设立时间不超过5年（60个月）；

4. 接受投资时以及接受投资后2年内未在境内外证券交易所上市；

5. 接受投资当年及下一纳税年度，研发费用总额占成本费用支出的比例不低于20%。

（二）享受本通知规定税收政策的创业投资企业，应同时符合以下条件：

1. 在中国境内（不含港、澳、台地区）注册成立、实行查账征收的居民企业或合伙创投企业，且不属于被投资初创科技型企业的发起人；

2. 符合《创业投资企业管理暂行办法》（发展改革委等10部门令第39号）规定或者《私募投资基金监督管理暂行办法》（证监会令第105号）关于创业投资基金的特别规定，按照上述规定完成备案且规范运作；

3. 投资后2年内，创业投资企业及其关联方持有被投资初创科技型企业的股权比例合计应低于50%。

（三）享受本通知规定的税收政策的天使投资个人，应同时符合以下条件：

1. 不属于被投资初创科技型企业的发起人、雇员或其亲属（包括配偶、父母、子女、祖父母、外祖父母、孙子女、外孙子女、兄弟姐妹，下同），且与被投资初创科技型企业不存在劳务派遣等关系；

2. 投资后2年内，本人及其亲属持有被投资初创科技型企业股权比例合计应低于50%。

（四）享受本通知规定的税收政策的投资，仅限于通过向被投资初创科技型企业直接支付现金方式取得的股权投资，不包括受让其他股东的存量股权。

三、管理事项及管理要求

（一）研发费用口径，按照《财政部、税务总局、科技部关于完善研究开发费用税前加计扣除政策的通知》（财税〔2015〕119号）等规定执行。

（二）从业人数，包括与企业建立劳动关系的职工人员及企业接受的劳务派遣人员。从业人数和资产总额指标，按照企业接受投资前连续12个月的平均数计算，不足12个月的，按实际月数平均计算。

销售收入，包括主营业务收入与其他业务收入；年销售收入指标，按照企业接受投资前连续12个月的累计数计算，不足12个月的，按实际月数累计计算。

成本费用，包括主营业务成本、其他业务成本、销售费用、管理费用、财务费用。

（三）投资额，按照创业投资企业或天使投资个人对初创科技型企业的实缴投资额确定。

合伙创投企业的合伙人对初创科技型企业的投资额，按照合伙创投企业对初创科技型企业的实缴投资额和合伙协议约定的合伙人占合伙创投企业的出资比例计算确定。合伙人从合伙创投企业分得的所得，按照《财政部、税务总局关于合伙企业合伙人所得税问题的通知》（财税〔2008〕159号）规定计算。

（四）天使投资个人、公司制创业投资企业、合伙创投企业、合伙创投企业法人合伙人、被投资初创科技型企业应按规定办理优惠手续。

（五）初创科技型企业接受天使投资个人投资满2年，在上海证券交易所、深圳证券交易所上市的，天使投资个人转让该企业股票时，按照现行限售股有关规定执行，其尚未抵扣的投资额，在税款清算时一并计算抵扣。

（六）享受本通知规定的税收政策的纳税人，其主管税务机关对被投资企业是否符合初创科技型企业条件有异议的，可以转请被投资企业主管税务机关提供相关材料。对纳税人提供虚假资料，违规享受税收政策的，应按税收征管法相关规定处理，并将其列入失信纳税人名单，按规定实施联合惩戒措施。

政策依据：《财政部、税务总局关于创业投资企业和天使投资个人有关税收政策的通知》（财税〔2018〕55号），本通知规定的天使投资个人所得税政策自2018年7月1日起执行，其他各项政策自2018年1月1日起执行。执行日期前2年内发生的投资，在执行日期后投资满2年，且符合本通知规定的其他条件的，可以适用本通知规定的税收政策。符合试点政策条件的投资额可按本通知的规定继续抵扣。

文件废止：《财政部、税务总局关于创业投资企业和天使投资个人有关税收试点政策的通知》（财税〔2017〕38号）自2018年7月1日起废止。

35. 创业投资企业和天使投资个人税收政策执行口径、程序和政策解读等是如何规定的？

主要规定如下：

一、相关政策执行口径

（一）《财政部、税务总局关于创业投资企业和天使投资个人有关税收政策的通知》（财税〔2018〕55号，以下简称《通知》）第一条所称满2年是指公司制创业投资企业（以下简称"公司制创投企业"）、有限合伙制创业投资企业（以下简称"合伙创投企业"）和天使投资个人投资于种子期、初创期科技型企业（以下简称"初创科技型企业"）的实缴投资满2年，投资时间从初创科技型企业接受投资并完成工商变更登记的日期算起。

（二）《通知》第二条第（一）项所称研发费用总额占成本费用支出的比例，是指企业接受投资当年及下一纳税年度的研发费用总额合计占同期成本费用总额合计的比例。

（三）《通知》第三条第（三）项所称出资比例，按投资满2年当年年末各合伙人对合伙创投企业的实缴出资额占所有合伙人全部实缴出资额的比例计算。

（四）《通知》所称从业人数及资产总额指标，按照初创科技型企业接受投资前连续12个月的平均数计算，不足12个月的，按实际月数平均计算。具体计算公式如下：

月平均数＝（月初数＋月末数）÷2

接受投资前连续12个月平均数＝接受投资前连续12个月平均数之和÷12

（五）法人合伙人投资于多个符合条件的合伙创投企业，可合并计算其可抵扣的投资额和分得的所得。当年不足抵扣的，可结转以后纳税年度继续抵扣；当年抵扣后有结余的，应按照企业所得税法的规定计算缴纳企业所得税。

所称符合条件的合伙创投企业既包括符合《通知》规定条件的合伙创投企业，也包括符合《国家税务总局关于有限合伙制创业投资企业法人合伙人企业所得税有关问题的公告》（国家税务总局公告2015年第81号，以下简称《公告》）

规定条件的合伙创投企业。

政策解读：

一是明确满2年的口径及投资时间计算口径。《公告》明确，《通知》第一条称满2年是指公司制创投企业、合伙创投企业、天使投资个人投资于初创科技型企业的实缴投资满2年，投资时间从初创科技型企业接受投资并完成工商变更登记的日期算起。需要注意的是，对于合伙创投企业投资初创科技型企业的，仅强调合伙创投企业投资于初创科技型企业的实缴投资满2年，取消了合伙人对该合伙创投企业的实缴出资须满2年的要求，简化了政策条件，有利于企业准确执行政策。比如，某合伙创投企业于2018年12月投资初创科技型企业，假设其他条件均符合文件规定，合伙创投企业的某个法人合伙人于2019年1月对该合伙创投企业出资，2020年12月，合伙创投企业投资初创科技型企业满2年时，该法人合伙人同样可享受税收试点政策。

二是明确研发费用总额占成本费用支出的比例，指企业接受投资当年及下一个纳税年度的研发费用总额合计占同期成本费用总额合计的比例。此口径参考了高新技术企业研发费用占比的计算方法，一定程度上降低了享受优惠的门槛，使更多的企业可以享受到政策红利。比如，某公司制创投企业于2018年5月投资初创科技型企业，假设其他条件均符合文件规定，初创科技型企业2018年发生研发费用100万元，成本费用1000万元，2018年研发费用占比10%，低于20%；2019年发生研发费用500万元，成本费用1000万元，2019年研发费用占比50%，高于20%。如要求投资当年及下一年分别满足研发费用占比高于20%的条件，则该公司制创投企业不能享受税收优惠政策。但按照《公告》明确的口径，投资当年及下一年初创科技型企业研发费用平均占比为30%［（100+500）/（1000+1000）］，该公司制创投企业可以享受税收优惠政策。

三是明确合伙创投企业合伙人出资比例的计算口径。由于合伙创投企业投资初创型科技企业的，在投资满2年的当年就可享受税收优惠政策，因此将计算出资比例的时点确定为投资满2年当年年末，对同一年满2年的投资统一计算，简化计算方法，减轻企业办税负担。

四是明确了从业人数、资产总额的计算方法。其计算方法参照了小型微利企业的计算方法，确保纳税人能准确理解政策、适用政策。

五是明确法人合伙人可合并计算抵扣。即法人合伙人投资于多家合伙创投企业，可以合并计算可抵扣的投资额和分得的所得。考虑到法人合伙人可能会投资多家符合条件的合伙创投企业，而合伙创投企业的分配可能会有所差别，有些因创业投资活动本身具有一定的风险，可能永远没有回报。因此允许合并计算抵扣，并将所有符合现行政策规定的合伙创投企业均纳入合并范围，将使法人合伙人能充分、及时抵扣，确保税收优惠政策效应得到充分发挥。

合并计算抵扣的范围既包括符合《通知》规定条件的合伙创投企业，也包括符合《国家税务总局关于有限合伙制创业投资企业法人合伙人企业所得税有关问题的公告》（国家税务总局公告2015年第81号）规定条件的合伙创投企业。①

二、办理程序和资料

（一）企业所得税

1. 公司制创投企业和合伙创投企业法人合伙人在年度申报享受优惠时，按照《国家税务总局关于发布修订后的〈企业所得税优惠政策事项办理办法〉的公告》（国家税务总局公告2018年第23号）的规定办理有关手续。

2. 合伙创投企业的法人合伙人符合享受优惠条件的，合伙创投企业应在投资初创科技型企业满2年的年度以及分配所得的年度终了后及时向法人合伙人提供《合伙创投企业法人合伙人所得分配情况明细表》（附件1）。

（二）个人所得税

1. 合伙创投企业个人合伙人

（1）合伙创投企业的个人合伙人符合享受优惠条件的，合伙创投企业应在投资初创科技型企业满2年的年度终了后3个月内，向合伙创投企业主管税务机关办理备案手续，备案时应报送《合伙创投企业个人所得税投资抵扣备案表》（附件2），同时将有关资料留存备查（备查资料同公司制创投企业）。合伙企业多次投资同一初创科技型企业的，应按年度分别备案。

（2）合伙创投企业应在投资初创科技型企业满2年后的每个年度终了后3个月内，向合伙创投企业主管税务机关报送《合伙创投企业个人所得税投资抵扣情

---

① 参见国家税务总局网站：http：//www. chinatax. gov. cn/n810341/n810760/c2651505/content. html，访问时间2019年4月24日。

况表》(附件3)。

(3) 个人合伙人在个人所得税年度申报时，应将当年允许抵扣的投资额填至《个人所得税生产经营所得纳税申报表（B表)》“允许扣除的其他费用”栏，并同时标明“投资抵扣”字样。

2. 天使投资个人

(1) 投资抵扣备案

天使投资个人应在投资初创科技型企业满24个月的次月15日内，与初创科技型企业共同向初创科技型企业主管税务机关办理备案手续。备案时应报送《天使投资个人所得税投资抵扣备案表》(附件4)。被投资企业符合初创科技型企业条件的有关资料留存企业备查，备查资料包括初创科技型企业接受现金投资时的投资合同（协议)、章程、实际出资的相关证明材料，以及被投资企业符合初创科技型企业条件的有关资料。多次投资同一初创科技型企业的，应分次备案。

(2) 投资抵扣申报

①天使投资个人转让未上市的初创科技型企业股权，按照《通知》规定享受投资抵扣税收优惠时，应于股权转让次月15日内，向主管税务机关报送《天使投资个人所得税投资抵扣情况表》(附件5)。同时，天使投资个人还应一并提供投资初创科技型企业后税务机关受理的《天使投资个人所得税投资抵扣备案表》。

其中，天使投资个人转让初创科技型企业股权需同时抵扣前36个月内投资其他注销清算初创科技型企业尚未抵扣完毕的投资额的，申报时应一并提供注销清算企业主管税务机关受理并注明注销清算等情况的《天使投资个人所得税投资抵扣备案表》，以及前期享受投资抵扣政策后税务机关受理的《天使投资个人所得税投资抵扣情况表》。

接受投资的初创科技型企业，应在天使投资个人转让股权纳税申报时，向扣缴义务人提供相关信息。

②天使投资个人投资初创科技型企业满足投资抵扣税收优惠条件后，初创科技型企业在上海证券交易所、深圳证券交易所上市的，天使投资个人在转让初创科技型企业股票时，有尚未抵扣完毕的投资额的，应向证券机构所在地主管税务机关办理限售股转让税款清算，抵扣尚未抵扣完毕的投资额。清算时，应提供投资初创科技型企业后税务机关受理的《天使投资个人所得税投资抵扣备案表》和

《天使投资个人所得税投资抵扣情况表》。

(3) 被投资企业发生个人股东变动或者个人股东所持股权变动的，应在次月15日内向主管税务机关报送含有股东变动信息的《个人所得税基础信息表（A表)》。对天使投资个人，应在备注栏标明“天使投资个人”字样。

(4) 天使投资个人转让股权时，扣缴义务人、天使投资个人应将当年允许抵扣的投资额填至《扣缴个人所得税报告表》或《个人所得税自行纳税申报表（A表)》“税前扣除项目”的“其他”栏，并同时标明“投资抵扣”字样。

(5) 天使投资个人投资的初创科技型企业注销清算的，应及时持《天使投资个人所得税投资抵扣备案表》到主管税务机关办理情况登记。

政策解读：

1. 企业所得税方面

《国家税务总局关于发布修订后的〈企业所得税优惠政策事项办理办法〉的公告》（国家税务总局公告2018年第23号）明确企业享受优惠事项采取“自行判别、申报享受、相关资料留存备查”的办理方式，不再要求企业办理备案手续。《公告》据此对公司制创投企业和合伙创投企业法人合伙人享受优惠的办理手续进行了调整，明确按照国家税务总局公告2018年第23号的规定办理相关手续。此外，为进一步简政放权，减轻纳税人负担，《公告》不再要求合伙创投企业向税务机关报送《合伙创投企业法人合伙人所得分配情况明细表》，改由合伙创投企业直接提供给法人合伙人留存备查。

2. 个人所得税方面

(1) 备案程序

①合伙创投企业个人合伙人备案。合伙创投企业个人合伙人的备案环节的相关手续，主要由合伙创投企业办理，个人无须另行办理备案手续。合伙创投企业在投资初创科技型企业满2年的年度终了3个月内，向主管税务机关报送《合伙创投企业个人所得税投资抵扣备案表》，其他资料留存备查。留存备查资料同公司制创投企业和合伙创投企业法人合伙人，包括发展改革或证监部门出具的符合创业投资企业条件的年度证明材料，初创科技型企业接受现金投资时的投资合同（协议）、章程、实际出资的相关证明材料，创业投资企业与其关联方持有初创科技型企业的股权比例的说明，被投资企业符合初创科技型企业条件的有关资料等。

②天使投资个人备案。与合伙创投企业个人合伙人不同，天使投资个人需要与初创科技型企业共同在投资初创科技型企业满24个月的次月15日内，向初创科技型企业的主管税务机关办理备案，报送《天使投资个人所得税投资抵扣备案表》。被投资企业符合初创科技型企业条件的有关资料留存企业备查，备查资料包括初创科技型企业接受现金投资时的投资合同（协议）、章程、实际出资的相关证明材料，以及被投资企业符合初创科技型企业条件的有关资料。

（2）个人享受投资抵扣政策的操作办法

①合伙创投企业个人合伙人的申报抵扣

一是合伙创投企业按年报送投资抵扣情况。合伙创投企业应在投资初创科技型企业满2年后的每个年度终了3个月内，向合伙创投企业主管税务机关报送《合伙创投企业个人所得税投资抵扣情况表》。二是个人合伙人办理年度纳税申报时扣除。合伙创投企业个人合伙人只需正常办理年度纳税申报即可享受投资抵扣。填写申报表时，需要将当年允许抵扣的投资额，填至年度申报表《个人所得税生产经营所得纳税申报表（B表）》的“允许扣除的其他费用”栏。

②天使投资个人的申报抵扣

一是转让未上市的初创科技型企业股权。天使投资个人可以在股权转让次月15日内办理投资抵扣。具体需要向主管税务机关报送《天使投资个人所得税投资抵扣情况表》和投资初创科技型企业后税务机关受理的《天使投资个人所得税投资抵扣备案表》。

二是转让投资后初创科技型企业在上交所、深交所上市的公司股票。天使投资个人在转让上市公司限售股税款清算时，办理投资抵扣。

（3）天使投资个人投资的初创科技型企业注销清算的税务处理

天使投资个人投资的初创科技型企业注销清算的，其尚未抵扣完毕的投资额，可以在36个月内转让其他符合投资抵扣条件的初创科技型企业股权时进行抵扣。具体分两步进行：

①初创科技型企业注销清算时，天使投资个人应持前期投资抵扣备案的《天使投资个人所得税投资抵扣备案表》，及时到原初创科技型企业主管税务机关办理情况登记。

②转让其他初创科技型企业股权投资抵扣时，持税务机关登记后的已注销清

算企业的《天使投资个人所得税投资抵扣备案表》和前期办理投资抵扣时税务机关受理的《天使投资个人所得税投资抵扣情况表》办理投资抵扣手续。[①]

三、其他事项

（一）税务机关在公司制创投企业、合伙创投企业合伙人享受优惠政策后续管理中，对初创科技型企业是否符合规定条件有异议的，可以转请初创科技型企业主管税务机关提供相关资料，主管税务机关应积极配合。

（二）创业投资企业、合伙创投企业合伙人、天使投资个人、初创科技型企业提供虚假情况、故意隐瞒已投资抵扣情况或采取其他手段骗取投资抵扣，不缴或者少缴应纳税款的，按税收征管法有关规定处理。

政策依据：《国家税务总局关于创业投资企业和天使投资个人税收政策有关问题的公告》（国家税务总局公告2018年第43号），本公告天使投资个人所得税有关规定自2018年7月1日起施行，其他所得税规定自2018年1月1日起施行。施行日期前2年内发生的投资，适用《通知》规定的税收政策的，按本公告规定执行。《国家税务总局关于创业投资企业和天使投资个人税收试点政策有关问题的公告》（国家税务总局公告2017年第20号）自2018年7月1日起废止，符合试点政策条件的投资额可按本公告规定继续办理抵扣。

① 参见国家税务总局网站：http：//www.chinatax.gov.cn/n810341/n810760/c2651505/content.html，访问时间2019年4月24日。

第六章　财产、行为税等

36. 企业为推进去产能、调结构，促进产业转型升级，有关房产税、城镇土地使用税优惠政策有哪些？

（一）对按照去产能和调结构政策要求停产停业、关闭的企业，自停产停业次月起，免征房产税、城镇土地使用税。企业享受免税政策的期限累计不得超过两年。

（二）按照去产能和调结构政策要求停产停业、关闭的中央企业名单由国务院国有资产监督管理部门认定发布，其他企业名单由省、自治区、直辖市人民政府确定的去产能、调结构主管部门认定发布。认定部门应当及时将认定发布的企业名单（含停产停业、关闭时间）抄送同级财政和税务部门。各级认定部门应当每年核查名单内企业情况，将恢复生产经营、终止关闭注销程序的企业名单及时通知财政和税务部门。

（三）企业享受本通知规定的免税政策，应按规定进行减免税申报，并将房产土地权属资料、房产原值资料等留存备查。

政策依据：《财政部、税务总局关于去产能和调结构房产税、城镇土地使用税政策的通知》（财税〔2018〕107 号），本通知自 2018 年 10 月 1 日至 2020 年 12 月 31 日执行。本通知发布前，企业按照去产能和调结构政策要求停产停业、关闭但涉及的房产税、城镇土地使用税尚未处理的，可按本通知执行。

37. 企业节约能源、使用新能源车船的车船税优惠政策有哪些?

优惠政策如下:

一、对节能汽车,减半征收车船税。

(一)减半征收车船税的节能乘用车应同时符合以下标准:

1. 获得许可在中国境内销售的排量为1.6升以下(含1.6升)的燃用汽油、柴油的乘用车(含非插电式混合动力、双燃料和两用燃料乘用车);

2. 综合工况燃料消耗量应符合标准。

(二)减半征收车船税的节能商用车应同时符合以下标准:

1. 获得许可在中国境内销售的燃用天然气、汽油、柴油的轻型和重型商用车(含非插电式混合动力、双燃料和两用燃料轻型和重型商用车);

2. 燃用汽油、柴油的轻型和重型商用车综合工况燃料消耗量应符合标准。

二、对新能源车船,免征车船税。

(一)免征车船税的新能源汽车是指纯电动商用车、插电式(含增程式)混合动力汽车、燃料电池商用车。纯电动乘用车和燃料电池乘用车不属于车船税征税范围,对其不征车船税。

(二)免征车船税的新能源汽车应同时符合以下标准:

1. 获得许可在中国境内销售的纯电动商用车、插电式(含增程式)混合动力汽车、燃料电池商用车;

2. 符合新能源汽车产品技术标准;

3. 通过新能源汽车专项检测,符合新能源汽车标准;

4. 新能源汽车生产企业或进口新能源汽车经销商在产品质量保证、产品一致性、售后服务、安全监测、动力电池回收利用等方面符合相关要求。

(三)免征车船税的新能源船舶应符合以下标准:船舶的主推进动力装置为纯天然气发动机。发动机采用微量柴油引燃方式且引燃油热值占全部燃料总热值的比例不超过5%的,视同纯天然气发动机。

三、符合上述标准的节能、新能源汽车,由工业和信息化部、税务总局不定期联合发布《享受车船税减免优惠的节约能源使用新能源汽车车型目录》(以下简称《目录》)予以公告。

四、汽车生产企业或进口汽车经销商(以下简称汽车企业)可通过工业和信息化部节能与新能源汽车财税优惠目录申报管理系统，自愿提交节能车型报告、新能源车型报告（报告样本见附件7、附件8），申请将其产品列入《目录》，并对申报资料的真实性负责。

工业和信息化部、税务总局委托工业和信息化部装备工业发展中心负责《目录》组织申报、宣传培训及具体技术审查、监督检查工作。工业和信息化部装备工业发展中心审查结果在工业和信息化部网站公示5个工作日，没有异议的，列入《目录》予以发布。对产品与申报材料不符、产品性能指标未达到标准或者汽车企业提供其他虚假信息，以及列入《目录》后12个月内无产量或进口量的车型，在工业和信息化部网站公示5个工作日，没有异议的，从《目录》中予以撤销。

五、船舶检验机构在核定检验船舶主推进动力装置时，对满足新能源船舶标准的，在其船用产品证书上标注“纯天然气发动机”字段；在船舶建造检验时，对船舶主推进动力装置船用产品证书上标注有“纯天然气发动机”字段的，在其检验证书服务簿中标注“纯天然气动力船舶”字段。

对使用未标记“纯天然气发动机”字段主推进动力装置的船舶，船舶所有人或者管理人认为符合本通知新能源船舶标准的，在船舶年度检验时一并向船舶检验机构提出认定申请，同时提交支撑材料，并对提供信息的真实性负责。船舶检验机构通过审核材料和现场检验予以确认，符合新能源船舶标准的，在船舶检验证书服务簿中标注“纯天然气动力船舶”字段。

纳税人凭标注“纯天然气动力船舶”字段的船舶检验证书享受车船税免税优惠。

对提供虚假信息骗取列入《目录》资格的汽车企业，以及提供虚假资料的船舶所有人或者管理人，应依照相关法律法规予以处理。

政策依据：《财政部、税务总局、工业和信息化部、交通运输部关于节能新能源车船享受车船税优惠政策的通知》（财税〔2018〕74号），本通知发布后，列入新公告的各批次《目录》（以下简称新《目录》）的节能、新能源汽车，自新《目录》公告之日起，按新《目录》和本通知相关规定享受车船税减免优惠政策。新《目录》公告前已取得的列入第一批、第二批、第三批车船税优惠车型目录的节能、新能源汽车，不论是否转让，可继续享受车船税减免优惠政策。本通知自发布之日起执行。

文件废止：新《目录》公告后，第一批、第二批、第三批车船税优惠车型目录同时废止；《财政部、税务总局工业和信息化部关于节约能源使用新能源车船车船税优惠政策的通知》（财税〔2015〕51号）以及《财政部办公厅、税务总局办公厅、工业和信息化部办公厅关于加强〈享受车船税减免优惠的节约能源、使用新能源汽车车型目录〉管理工作的通知》（财办税〔2017〕63号）同时废止。

38. 供热企业房产税、城镇土地使用税等优惠政策是如何规定的?

一、自2019年1月1日至2020年12月31日，对向居民供热收取采暖费的供热企业，为居民供热所使用的厂房及土地免征房产税、城镇土地使用税；对供热企业其他厂房及土地，应当按照规定征收房产税、城镇土地使用税。

对专业供热企业，按其向居民供热取得的采暖费收入占全部采暖费收入的比例，计算免征的房产税、城镇土地使用税。

对兼营供热企业，视其供热所使用的厂房及土地与其他生产经营活动所使用的厂房及土地是否可以区分，按照不同方法计算免征的房产税、城镇土地使用税。可以区分的，对其供热所使用厂房及土地，按向居民供热取得的采暖费收入占全部采暖费收入的比例，计算免征的房产税、城镇土地使用税。难以区分的，对其全部厂房及土地，按向居民供热取得的采暖费收入占其营业收入的比例，计算免征的房产税、城镇土地使用税。

对自供热单位，按向居民供热建筑面积占总供热建筑面积的比例，计算免征供热所使用的厂房及土地的房产税、城镇土地使用税。

二、自2019年1月1日至2020年供暖期结束，对供热企业向居民个人（以下称居民）供热取得的采暖费收入免征增值税。

向居民供热取得的采暖费收入，包括供热企业直接向居民收取的、通过其他单位向居民收取的和由单位代居民缴纳的采暖费。

免征增值税的采暖费收入，应当按照《中华人民共和国增值税暂行条例》第十六条的规定单独核算。通过热力产品经营企业向居民供热的热力产品生产企业，应当根据热力产品经营企业实际从居民取得的采暖费收入占该经营企业采暖费总收入的比例，计算免征的增值税。

供暖期，是指当年下半年供暖开始至次年上半年供暖结束的期间。

三、供热企业，是指热力产品生产企业和热力产品经营企业。热力产品生产企业包括专业供热企业、兼营供热企业和自供热单位。

四、“三北”地区，是指北京市、天津市、河北省、山西省、内蒙古自治区、辽宁省、大连市、吉林省、黑龙江省、山东省、青岛市、河南省、陕西省、甘肃省、青海省、宁夏回族自治区和新疆维吾尔自治区。

政策依据：《财政部、税务总局关于延续供热企业增值税、房产税、城镇土地使用税优惠政策的通知》（财税〔2019〕38号）。

39. 物流企业大宗商品仓储设施用地城镇土地使用税优惠政策如何规定？

（一）自2017年1月1日起至2019年12月31日止，对物流企业自有的（包括自用和出租）大宗商品仓储设施用地，减按所属土地等级适用税额标准的50%计征城镇土地使用税。

（二）物流企业，是指至少从事仓储或运输一种经营业务，为工农业生产、流通、进出口和居民生活提供仓储、配送等第三方物流服务，实行独立核算、独立承担民事责任，并在工商部门注册登记为物流、仓储或运输的专业物流企业。

（三）大宗商品仓储设施，是指同一仓储设施占地面积在6000平方米及以上，且主要储存粮食、棉花、油料、糖料、蔬菜、水果、肉类、水产品、化肥、农药、种子、饲料等农产品和农业生产资料，煤炭、焦炭、矿砂、非金属矿产品、原油、成品油、化工原料、木材、橡胶、纸浆及纸制品、钢材、水泥、有色金属、建材、塑料、纺织原料等矿产品和工业原材料的仓储设施。

仓储设施用地，包括仓库库区内的各类仓房（含配送中心）、油罐（池）、货场、晒场（堆场）、罩棚等储存设施和铁路专用线、码头、道路、装卸搬运区域等物流作业配套设施的用地。

（四）物流企业的办公、生活区用地及其他非直接从事大宗商品仓储的用地，不属于本通知规定的优惠范围，应按规定征收城镇土地使用税。

（五）非物流企业的内部仓库，不属于优惠范围，应按规定征收城镇土地使用税。

政策依据：《财政部、税务总局关于继续实施物流企业大宗商品仓储设施用地城镇土地使用税优惠政策的通知》（财税〔2017〕33号），本通知印发之日前已征的应予减免的税款，在纳税人以后应缴税款中抵减或者予以退还。符合上述减税条件的物流企业需持相关材料向主管税务机关办理备案手续。请遵照执行《财政部、税务总局关于物流企业承租用于大宗商品仓储设施的土地城镇土地使用税优惠政策的通知》（财税〔2018〕62号）。

40. 物流企业承租用于大宗商品仓储设施的土地城镇土地使用税有哪些优惠政策？

自2018年5月1日起至2019年12月31日止，对物流企业承租用于大宗商品仓储设施的土地，减按所属土地等级适用税额标准的50%计征城镇土地使用税。符合减税条件的纳税人需持相关材料向主管税务机关办理备案手续。

物流企业、大宗商品仓储设施范围及其他未尽事项，按照《财政部、税务总局关于继续实施物流企业大宗商品仓储设施用地城镇土地使用税优惠政策的通知》（财税〔2017〕33号）执行。

政策依据：《财政部、税务总局关于物流企业承租用于大宗商品仓储设施的土地城镇土地使用税优惠政策的通知》（财税〔2018〕62号）。

41. 企业改制重组有关土地增值税优惠政策有什么规定？

（一）按照《中华人民共和国公司法》的规定，非公司制企业整体改制为有限责任公司或者股份有限公司，有限责任公司（股份有限公司）整体改制为股份有限公司（有限责任公司），对改制前的企业将国有土地使用权、地上的建筑物及其附着物（以下称房地产）转移、变更到改制后的企业，暂不征土地增值税。

整体改制是指不改变原企业的投资主体，并承继原企业权利、义务的行为。

（二）按照法律规定或者合同约定，两个或两个以上企业合并为一个企业，且原企业投资主体存续的，对原企业将房地产转移、变更到合并后的企业，暂不征土地增值税。

（三）按照法律规定或者合同约定，企业分设为两个或两个以上与原企业投资主体相同的企业，对原企业将房地产转移、变更到分立后的企业，暂不征土地增值税。

（四）单位、个人在改制重组时以房地产作价入股进行投资，对其将房地产转移、变更到被投资的企业，暂不征土地增值税。

（五）上述改制重组有关土地增值税政策不适用于房地产转移任意一方为房地产开发企业的情形。

（六）企业改制重组后再转让国有土地使用权并申报缴纳土地增值税时，应以改制前取得该宗国有土地使用权所支付的地价款和按国家统一规定缴纳的有关费用，作为该企业“取得土地使用权所支付的金额”扣除。企业在改制重组过程中经省级以上（含省级）国土管理部门批准，国家以国有土地使用权作价出资入股的，再转让该宗国有土地使用权并申报缴纳土地增值税时，应以该宗土地作价入股时省级以上（含省级）国土管理部门批准的评估价格，作为该企业“取得土地使用权所支付的金额”扣除。办理纳税申报时，企业应提供该宗土地作价入股时省级以上（含省级）国土管理部门的批准文件和批准的评估价格，不能提供批准文件和批准的评估价格的，不得扣除。

（七）企业在申请享受上述土地增值税优惠政策时，应向主管税务机关提交房地产转移双方营业执照、改制重组协议或等效文件，相关房地产权属和价值证明、转让方改制重组前取得土地使用权所支付地价款的凭据（复印件）等书面材料。

（八）不改变原企业投资主体、投资主体相同，是指企业改制重组前后出资人不发生变动，出资人的出资比例可以发生变动；投资主体存续，是指原企业出资人必须存在于改制重组后的企业，出资人的出资比例可以发生变动。

政策依据：《财政部、税务总局关于继续实施企业改制重组有关土地增值税政策的通知》（财税〔2018〕57号），本通知执行期限为2018年1月1日至2020年12月31日。

42. 关于企业营业账簿印花税优惠政策有哪些？

（一）自2018年5月1日起，对按万分之五税率贴花的资金账簿减半征收印花税，对按件贴花五元的其他账簿免征印花税；

（二）自2018年1月1日至2020年12月31日，对金融机构与小型企业、微型企业签订的借款合同免征印花税。

政策依据：《财政部、税务总局关于对营业账簿减免印花税的通知》（财税〔2018〕50号）。

43. 对页岩气减征资源税的规定是什么？

自2018年4月1日至2021年3月31日，对页岩气资源税（按6%的规定税率）减征30%。

政策依据：《财政部、税务总局关于对页岩气减征资源税的通知》（财税〔2018〕26号）。

44. 对挂车减征车辆购置税是如何规定的？

自2018年7月1日至2021年6月30日，对购置挂车减半征收车辆购置税。购置日期按照《机动车销售统一发票》《海关关税专用缴款书》或者其他有效凭证的开具日期确定。

政策依据：《财政部、税务总局、工业和信息化部关于对挂车减征车辆购置税的公告》（财政部、税务总局、工业和信息化部公告2018年第69号）。

第二篇

“减税降费”热点问题解答

第一章　深化增值税改革问题解答

一、降低增值税税率

1. 自4月1日起，增值税税率是如何调整的?

答：2019年4月1日起，将制造业等行业现行16%的税率降至13%，将交通运输业、建筑业等行业现行10%的税率降至9%；保持6%一档的税率不变。

2. 自4月1日起，适用9%税率的增值税应税行为包括哪些?

答：自2019年4月1日起，增值税一般纳税人销售交通运输、邮政、基础电信、建筑、不动产租赁服务，销售不动产，转让土地使用权，销售或者进口下列货物，税率为9%：

——粮食等农产品、食用植物油、食用盐；

——自来水、暖气、冷气、热水、煤气、石油液化气、天然气、二甲醚、沼气、居民用煤炭制品；

——图书、报纸、杂志、音像制品、电子出版物；

——饲料、化肥、农药、农机、农膜；

——国务院规定的其他货物。

3. 适用6%税率的增值税应税行为包括哪些?

答：增值税一般纳税人销售增值电信服务、金融服务、现代服务（租赁服务除外）、生活服务、无形资产（不含土地使用权），税率为6%。

二、农产品进项抵扣

4. 此次深化增值税改革，对增值税一般纳税人购进农产品，原适用10%扣除率的是否有调整？

答：有调整。深化增值税改革有关政策公告规定，对增值税一般纳税人购进农产品，原适用10%扣除率的，扣除率调整为9%。

5. 对增值税一般纳税人购进用于生产或者委托加工13%税率货物的农产品，能否按10%扣除率计算进项税额？

答：可以。对增值税一般纳税人购进用于生产或者委托加工13%税率货物的农产品，按照10%扣除率计算进项税额。

6. 增值税一般纳税人购进农产品（未采用农产品增值税进项税额核定扣除试点实施办法，下同），可凭哪几种增值税扣税凭证抵扣进项税额？

答：增值税一般纳税人购进农产品，可凭增值税专用发票、海关进口增值税专用缴款书、农产品收购发票或销售发票抵扣进项税额。

7. 增值税一般纳税人购进农产品，取得流通环节小规模纳税人开具的增值税普通发票，能否用于计算可抵扣进项税额？

答：增值税一般纳税人购进农产品，取得流通环节小规模纳税人开具的增值税普通发票，不得计算抵扣进项税额。

8. 增值税一般纳税人（农产品深加工企业除外）购进农产品，从小规模纳税人处取得增值税专用发票的，如何计算进项税额？

答：增值税一般纳税人购进农产品，从按照简易计税方法依照3%征收率计算缴纳增值税的小规模纳税人取得增值税专用发票的，以增值税专用发票上注明的金额和9%的扣除率计算进项税额。

9. 增值税一般纳税人（农产品深加工企业除外）购进农产品，取得（开具）农产品销售发票或收购发票的，如何计算进项税额？

答：增值税一般纳税人购进农产品，取得（开具）农产品销售发票或收购发票的，以农产品销售发票或收购发票上注明的农产品买价和9%的扣除率计算进项税额。

10. 增值税一般纳税人从批发、零售环节购进适用免征增值税政策的蔬菜而取得的普通发票，能否作为计算抵扣进项税额的凭证？

答：增值税一般纳税人从批发、零售环节购进适用免征增值税政策的蔬菜而取得的普通发票，不得作为计算抵扣进项税额的凭证。

11. 生活服务业纳税人同时兼营农产品深加工，能否同时适用农产品加计扣除以及加计抵减政策？

答：按照《财政部、税务总局、海关总署关于深化增值税改革有关政策的公告》（财政部、税务总局、海关总署公告2019年第39号）的规定，提供生活服务的销售额占全部销售额的比重超过50%的纳税人，可以适用加计抵减政策。该纳税人如果同时兼营农产品深加工业务，其购进用于生产或者委托加工13%税率货物的农产品，可按照10%扣除率计算进项税额，并可同时适用加计抵减政策。

12. 适用农产品核定扣除方法的纳税人，在2019年4月1日以后，其适用的扣除率需要进行调整吗？

答：《农产品增值税进项税额核定扣除试点实施办法》（财税〔2012〕38号）明确规定，农产品核定扣除办法规定的扣除率为销售货物的适用税率。如果纳税人生产的货物适用税率由16%调整为13%，则其扣除率也应由16%调整为13%；如果纳税人生产的货物适用税率由10%调整为9%，则其扣除率也应由10%调整为9%。

13. 增值税一般纳税人购进农产品既用于生产销售或委托受托加工13%税率货物又用于生产销售其他货物服务的，是否需要分别核算？

答：需要分别核算。未分别核算的，统一以增值税专用发票或海关进口增值税专用缴款书上注明的增值税额为进项税额，或以农产品收购发票或销售发票上注明的农产品买价和9%的扣除率计算进项税额。

三、不动产与运输服务进项抵扣

14. 某单位2019年1月购入一层写字楼，取得增值税专用发票，当前尚有购入写字楼的不动产进项税额40%未抵扣，某单位能否在2019年4月所属期抵扣剩余的30%，在5月所属期抵扣剩余的10%？

答：不可以。纳税人在2019年3月31日前尚未抵扣的不动产进项税额的40%，自2019年4月所属期起，只能一次性转入进项税额进行抵扣。

15. 某单位2019年4月购入一层写字楼，取得增值税专用发票，购入写字楼的不动产进项税额还需要分两年抵扣吗？

答：不需要，自2019年4月1日起，增值税一般纳税人取得不动产的进项税额不再分两年抵扣，而是在购进不动产的当期一次性抵扣进项税额。

16. 某单位2018年6月购入一层写字楼，取得增值税专用发票，购入写字楼的不动产进项税额在2018年7月申报抵扣了60%，在今年哪个月份就能够申报抵扣剩下的40%？

答：尚未抵扣完毕的待抵扣进项税额，可自2019年4月税款所属期起从销项税额中抵扣。

17. 某单位2019年1月购入一层写字楼，取得增值税专用发票，当前尚有购入写字楼的不动产进项税额40%未抵扣，某单位能否在2019年8月申报抵扣剩下的40%不动产进项税额？

答：可以，尚未抵扣完毕的待抵扣进项税额，可自2019年4月税款所属期起，增值税一般纳税人自行选择申报月份从销项税额中抵扣。

18. 某单位2019年4月对原有厂房进行修缮改造，增加不动产原值超过50%，为本次修缮购进的材料、设备、中央空调等进项税额，还需要分两年抵扣吗？

答：不需要，自2019年4月1日起，增值税一般纳税人取得不动产的进项税额不再分两年抵扣。

19. 增值税一般纳税人购进国内旅客运输服务，能否抵扣进项税额？

答：可以。自2019年4月1日起，增值税一般纳税人购进国内旅客运输服务，其进项税额允许从销项税额中抵扣。

20. 增值税一般纳税人购进国际旅客运输服务，能否抵扣进项税额？

答：不能。纳税人提供国际旅客运输服务，适用增值税零税率或免税政策。相应地，购买国际旅客运输服务不能抵扣进项税额。

21. 是否只有注明旅客身份信息的客票，才能作为进项税抵扣凭证？

答：是的。按照《财政部、税务总局、海关总署关于深化增值税改革有关政策的公告》（财政部、税务总局、海关总署公告2019年第39号）的规定，目前暂允许注明旅客身份信息的航空运输电子客票行程单、铁路车票、公路和水路等其他客票，作为进项税抵扣凭证。

22. 增值税一般纳税人购进国内旅客运输服务，可以作为进项税额抵扣的凭证有哪些种类？

答：增值税一般纳税人购进国内旅客运输服务，可以作为进项税额抵扣的凭证有：增值税专用发票、增值税电子普通发票，注明旅客身份信息的航空运输电子客票行程单、铁路车票以及公路、水路等其他客票。

23. 增值税一般纳税人购进国内旅客运输服务取得增值税电子普通发票的，如何计算进项税额？

答：增值税一般纳税人购进国内旅客运输服务取得增值税电子普通发票的，

进项税额为发票上注明的税额。

24. 增值税一般纳税人购进国内旅客运输服务取得航空运输电子客票行程单的，如何计算进项税额?

答：取得注明旅客身份信息的航空运输电子客票行程单的，按照下列公式计算进项税额：

航空旅客运输进项税额 =（票价 + 燃油附加费）÷（1 +9%）×9%

25. 增值税一般纳税人购进国内旅客运输服务取得铁路车票的，如何计算进项税额?

答：取得注明旅客身份信息的铁路车票的，按照下列公式计算进项税额：

铁路旅客运输进项税额 = 票面金额 ÷（1 +9%）×9%

26. 增值税一般纳税人购进国内旅客运输服务取得公路、水路等客票的，如何计算进项税额?

答：取得注明旅客身份信息的公路、水路等客票的，按照下列公式计算进项税额：

公路、水路旅客运输进项税额 = 票面金额 ÷（1 +3%）×3%

四、加计抵减政策

27. 本次深化增值税改革新出台了增值税加计抵减政策，其具体内容是什么?

答：符合条件的从事生产、生活服务业一般纳税人按照当期可抵扣进项税额加计 10%，用于抵减应纳税额。

28. 增值税加计抵减政策执行期限是什么?

答：增值税加计抵减政策执行期限是 2019 年 4 月 1 日至 2021 年 12 月 31 日，这里的执行期限是指税款所属期。

29. 增值税加计抵减政策所称的生产、生活服务业纳税人是指哪些纳税人?

答：增值税加计抵减政策中所称的生产、生活服务业纳税人，是指提供邮政服务、电信服务、现代服务、生活服务取得的销售额占全部销售额的比重超过50%的纳税人。

30. 增值税加计抵减政策所称的邮政服务、电信服务、现代服务、生活服务具体范围是指什么?

答：邮政服务、电信服务、现代服务、生活服务具体范围，按照《销售服务、无形资产、不动产注释》（财税〔2016〕36号印发）执行。

邮政服务，是指中国邮政集团公司及其所属邮政企业提供邮件寄递、邮政汇兑和机要通信等邮政基本服务的业务活动。包括邮政普遍服务、邮政特殊服务和其他邮政服务。

电信服务，是指利用有线、无线的电磁系统或者光电系统等各种通信网络资源，提供语音通话服务，传送、发射、接收或者应用图像、短信等电子数据和信息的业务活动。包括基础电信服务和增值电信服务。

现代服务，是指围绕制造业、文化产业、现代物流产业等提供技术性、知识性服务的业务活动。包括研发和技术服务、信息技术服务、文化创意服务、物流辅助服务、租赁服务、鉴证咨询服务、广播影视服务、商务辅助服务和其他现代服务。

生活服务，是指为满足城乡居民日常生活需求提供的各类服务活动。包括文化体育服务、教育医疗服务、旅游娱乐服务、餐饮住宿服务、居民日常服务和其他生活服务。

31. 纳税人提供邮政服务、电信服务、现代服务、生活服务取得的销售额占全部销售额的比重应当如何计算?

答：2019年3月31日前设立的纳税人，其销售额比重按2018年4月至2019年3月期间的累计销售额进行计算；实际经营期不满12个月的，按实际经营期的累计销售额计算。

2019年4月1日后设立的纳税人，其销售额比重按照设立之日起3个月的累计销售额进行计算。

32. 纳税人兼有四项服务中多项应税行为的，其销售额比重应当如何计算?

答：纳税人兼有四项服务中多项应税行为的，其四项服务中多项应税行为的当期销售额应当合并计算，然后再除以纳税人当期全部的销售额，以此计算销售额的比重。

33. 提供邮政服务、电信服务、现代服务、生活服务取得的销售额占全部销售额的比重超过50%的增值税小规模纳税人，可以享受增值税加计抵减政策吗?

答：不可以，加计抵减政策是按照一般纳税人当期可抵扣的进项税额的10%计算的，只有增值税一般纳税人才可以享受增值税加计抵减政策。

34. 增值税加计抵减政策规定："纳税人确定适用加计抵减政策后，当年内不再调整"，具体是指什么?

答：是指增值税一般纳税人确定适用加计抵减政策后，一个自然年度内不再调整。下一个自然年度，再按照上一年的实际情况重新计算确定是否适用加计抵减政策。

35. 增值税加计抵减政策规定："纳税人可计提但未计提的加计抵减额，可在确定适用加计抵减政策当期一并计提"，请举例说明如何适用该规定。

答：举例而言，新设立的符合条件的纳税人可能会存在这种情况，如某纳税人2019年4月设立，2019年5月登记为一般纳税人，2019年6月若符合条件，可以确定适用加计抵减政策，可一并计提5－6月份的加计抵减额。

36. 按照现行规定不得从销项税额中抵扣的进项税额，是否可以计提加计抵减额?

答：不可以，只有当期可抵扣进项税额才能计提加计抵减额。

37. 已计提加计抵减额的进项税额，按规定作进项税额转出的，在计提加计抵减额时如何处理？

答：已计提加计抵减额的进项税额，如果发生了进项税额转出，则纳税人应在进项税额转出当期，相应调减加计抵减额。

38. 增值税加计抵减额的计算公式是什么？

答：当期计提加计抵减额 = 当期可抵扣进项税额 ×10%

当期可抵减加计抵减额 = 上期末加计抵减额余额 + 当期计提加计抵减额 – 当期调减加计抵减额

39. 增值税一般纳税人有简易计税方法的应纳税额，其简易计税方法的应纳税额可以抵减加计抵减额吗？

答：增值税一般纳税人有简易计税方法的应纳税额，不可以从加计抵减额中抵减。加计抵减额只可以抵减一般计税方法下的应纳税额。

40. 增值税一般纳税人按规定计提的当期加计抵减额，应当如何抵减应纳税额？

答：增值税一般纳税人当期应纳税额大于零时，就可以用加计抵减额抵减当期应纳税额，当期未抵减完的，结转下期继续抵减。

41. 增值税一般纳税人如果当期应纳税额等于零，则当期可抵减加计抵减额如何处理？

答：增值税一般纳税人如果当期应纳税额等于零，则当期计提的加计抵减额全部结转下期继续抵减。

42. 符合条件的增值税一般纳税人出口货物劳务、发生跨境应税行为是否适用加计抵减政策？

答：增值税一般纳税人出口货物劳务、发生跨境应税行为不适用加计抵减政策，其对应的进项税额也不能计提加计抵减额。

43. 增值税一般纳税人兼营出口货物劳务、发生跨境应税行为且无法划分不得计提加计抵减额的进项税额，应当如何处理?

答：不得计提加计抵减额的进项税额 = 当期无法划分的全部进项税额 × 当期出口货物劳务和发生跨境应税行为的销售额 ÷ 当期全部销售额

44. 加计抵减政策执行到期后，增值税一般纳税人结余未抵减完的加计抵减额如何处理?

答：加计抵减政策执行到期后，增值税一般纳税人结余的加计抵减额停止抵减。

45. 假设 A 公司是一家研发企业，于 2019 年 4 月新设立，但是 4－7 月未开展生产经营，销售额均为 0，自 8 月起才有销售额，那么 A 公司该从什么时候开始计算销售额判断是否适用加计抵减政策?

答：《财政部、税务总局、海关总署关于深化增值税改革有关政策的公告》(财政部、税务总局、海关总署公告 2019 年第 39 号）规定，2019 年 4 月 1 日后设立的纳税人，根据自设立之日起 3 个月的销售额判断当年是否适用加计抵减政策。如果纳税人前 3 个月的销售额均为 0，则应自该纳税人形成销售额的当月起计算 3 个月来判断是否适用加计抵减政策。因此，A 公司应根据 2019 年 8－10 月的销售额判断当年是否适用加计抵减政策。

46. 如果某公司 2019 年适用加计抵减政策，且截至 2019 年底还有 20 万元的加计抵减额余额尚未抵减完。2020 年该公司因经营业务调整不再适用加计抵减政策，那么这 20 万元的加计抵减额余额如何处理?

答：该公司 2020 年不再适用加计抵减政策，则 2020 年该公司不得再计提加计抵减额。但是，其 2019 年未抵减完的 20 万元，是可以在 2020 年至 2021 年度继续抵减的。

五、留抵退税

47. 与2018年相比，这次留抵退税还区分行业吗？是否所有行业都可以申请留抵退税？

答：这次留抵退税，是全面试行留抵退税制度，不再区分行业，只要增值税一般纳税人符合规定的条件，都可以申请退还增值税增量留抵税额。

48. 什么是增量留抵？为什么只对增量部分给予退税？

答：增量留抵税额，是指与2019年3月底相比新增加的期末留抵税额。对增量部分给予退税，一方面是基于鼓励企业扩大再生产的考虑，另一方面是基于财政可承受能力的考虑，若一次性将存量和增量的留抵税额全部退税，财政短期内不可承受。因而这次只对增量部分实施留抵退税，存量部分视情况逐步消化。

49. 2019年4月1日以后新设立的纳税人，如何计算增量留抵税额？

答：《财政部、税务总局、海关总署关于深化增值税改革有关政策的公告》（财政部、税务总局、海关总署公告2019年第39号）规定，增量留抵税额是指与2019年3月底相比新增加的期末留抵税额。2019年4月1日以后新设立的纳税人，2019年3月底的留抵税额为0，因此其增量留抵税额即当期的期末留抵税额。

50. 申请留抵退税的条件是什么？

答：一共有五个条件。一是从2019年4月税款所属期起，连续6个月增量留抵税额均大于零，且第六个月增量留抵税额不低于50万元；二是纳税信用等级为A级或者B级；三是申请退税前36个月未发生骗取留抵退税、出口退税或者虚开增值税专用发票情形的；四是申请退税前36个月未因偷税被税务机关处罚两次及以上；五是自2019年4月1日起未享受即征即退或先征后返（退）政策。

51. 为什么要设定连续六个月增量留抵税额大于零，且第六个月增量留抵税额不低于50万元的退税条件？

答：这主要是基于退税效率和成本效益的考虑，连续六个月增量留抵税额大于零，说明增值税一般纳税人常态化存在留抵税额，单靠自身生产经营难以在短期内消化，因而有必要给予退税；不低于50万元，是给退税数额设置的门槛，低于这个标准给予退税，会影响行政效率，也会增加纳税人的办税负担。

52. 纳税信用等级为M级的新办增值税一般纳税人是否可以申请留抵退税？

答：退税要求的条件之一是纳税信用等级为A级或者B级，纳税信用等级为M级的纳税人不符合《财政部、税务总局、海关总署关于深化增值税改革有关政策的公告》（财政部、税务总局、海关总署公告2019年第39号）规定的申请退还增量留抵税额的条件。

53. 为什么要限定申请退税前36个月未因偷税被税务机关处罚两次及以上？

答：《中华人民共和国刑法》第二百零一条第四款规定："有第一款行为，经税务机关依法下达追缴通知后，补缴应纳税款，缴纳滞纳金，已受行政处罚的，不予追究刑事责任。但是，五年内因逃避缴纳税款受过刑事处罚或者被税务机关给予二次以上行政处罚的除外"，留抵退税按照刑法标准做了规范。

54. 退税计算方面，进项构成比例是什么意思？应该如何计算？

答：进项构成比例，是指2019年4月至申请退税前一税款所属期内已抵扣的增值税专用发票（含税控机动车销售统一发票）、海关进口增值税专用缴款书、解缴税款完税凭证注明的增值税额占同期全部已抵扣进项税额的比重。计算时，需要将上述发票汇总后计算所占的比重。

55. 退税流程方面，为什么必须要在申报期内提出申请？

答：留抵税额是个时点数，会随着增值税一般纳税人每一期的申报情况发生变化，因而提交留抵退税申请必须在申报期完成，以免对退税数额计算和后续核算产生影响。

56. 申请留抵退税的增值税一般纳税人，若同时发生出口货物劳务、发生跨境应税行为，应如何申请退税?

答：增值税一般纳税人出口货物劳务、发生跨境应税行为，适用免抵退税办法的，办理免抵退税后，仍符合留抵退税规定条件的，可以申请退还留抵税额，也就是说要按照“先免抵退税，后留抵退税”的原则进行判断；同时，适用免退税办法的，相关进项税额不得用于退还留抵税额。

57. 增值税一般纳税人取得退还的留抵税额后，应如何进行核算?

答：增值税一般纳税人取得退还的留抵税额后，应相应调减当期留抵税额，并在申报表和会计核算中予以反映。

58. 增值税一般纳税人取得退还的留抵税额后，若当期又产生新的留抵，是否可以继续申请退税?

答：增值税一般纳税人取得退还的留抵税额后，又产生新的留抵，要重新按照退税资格条件进行判断。特别要注意的是，“连续六个月增量留抵税额均大于零”的条件中“连续六个月”是不可重复计算的，即此前已申请退税“连续六个月”的计算期间，不能再次计算，也就是纳税人一个会计年度中，申请退税最多两次。

59. 加计抵减额可以申请留抵退税吗?

答：加计抵减政策属于税收优惠，按照纳税人可抵扣的进项税额的10%计算，用于抵减纳税人的应纳税额。但加计抵减额并不是纳税人的进项税额，从加计抵减额的形成机制来看，加计抵减不会形成留抵税额，因而也不能申请留抵退税。

60. 增值税一般纳税人购进旅客运输服务未取得增值税专用发票，计算抵扣所形成的留抵税额可以申请退税吗?

答：从设计原理看，留抵退税对应的发票应为增值税专用发票（含税控机动车销售统一发票）、海关进口增值税专用缴款书以及解缴税款完税凭证，也就是说旅客运输服务计算抵扣的部分并不在退税的范围之内，但由于退税采用公式计算，因而上述进项税额并非直接排除在留抵退税的范围之外，而是通过增加分母比重的形式进行了排除。

六、税收征管与纳税服务

61. 营改增一般纳税人转登记日前连续12个月（以1个月为1个纳税期）或者连续4个季度（以1个季度为1个纳税期）累计销售额未超过500万元的，在2019年12月31日前，是否可选择转登记为小规模纳税人？

答：可选择转登记为小规模纳税人。

62. 我可以采取哪种方式升级税控开票软件？

答：为便利纳税人及时升级税控开票软件，税务机关提供了多种渠道供纳税人选择。一是在线升级，纳税人只要在互联网连接状态下登录税控开票软件，系统会自动提示升级，只要根据提示即可完成升级操作；二是自行下载升级，纳税人可以在税务机关或者税控服务单位的官方网站上自行下载开票软件升级包；三是点对点辅导升级，如果纳税人属于不具备互联网连接条件的特定纳税人或者在线升级过程中遇到问题，可以主动联系税控服务单位享受点对点升级辅导服务。

63. 我完成税控开票软件升级后，可以立即开具调整后税率的增值税发票吗？

答：纳税人完成税控开票软件升级后，在4月1日之后才能选择调整后税率开具增值税发票。

64. 我是增值税一般纳税人，2019年3月份发生增值税销售行为，但尚未开具增值税发票，请问我在4月1日后如需补开发票，应当按照调整前税率还是调整后税率开具发票？

答：一般纳税人在增值税税率调整前未开具增值税发票的增值税应税销售行为，需要在4月1日之后补开增值税发票的，应当按照原适用税率补开。

65. 我是增值税一般纳税人，2019 年 3 月底发生增值税销售行为，并开具增值税专用发票。4 月 3 日，购买方告知，需要将货物退回，此时，我方尚未将增值税专用发票交付给购买方。请问我应当如何开具发票？

答：一般纳税人在增值税税率调整前已按原适用税率开具的增值税发票，因发生销售折让、中止或者退回等情形需要开具红字发票的，如果购买方尚未用于申报抵扣，销售方可以在购买方将发票联及抵扣联退回后，在增值税发票管理系统中填开并上传《开具红字增值税专用发票信息表》，并按照调整前税率开具红字发票。

66. 我是一名可以享受加计抵减政策的鉴证咨询业一般纳税人，请问在 4 月 1 日后，我认证进项增值税专用发票的操作流程有没有变化？

答：没有任何变化，您可以按照现有流程扫描认证纸质发票或者在增值税发票选择确认平台进行勾选确认。

67. 某单位取得了一张票面税率栏次填写错误的增值税普通发票，应该如何处理？

答：按照《中华人民共和国发票管理办法》规定，“不符合规定的发票，不得作为财务报销凭证，任何单位和个人有权拒收”。因此，您可将已取得的发票联次退回销售方，并要求销售方重新为您开具正确的发票。

68. 我在完成税控开票软件升级后，可以立即开具调整后税率的增值税发票吗？

答：增值税发票税控开票软件对调整后税率的启用时点进行了自动控制。4 月 1 日零时前，纳税人只能选择调整前的税率开具发票；4 月 1 日零时后，才可以选择调整后的税率开具发票。

69. 我是一名增值税一般纳税人，2019 年 3 月份在销售适用 16% 税率货物时，错误选择 13% 税率开具了增值税发票。请问，我应当如何处理？

答：您应当及时在税控开票软件中作废发票或按规定开具红字发票后，重新按照正确税率开具发票。

70. 我是一名通过第三方电子发票平台开具增值税电子普通发票的纳税人，请问我应当如何确保4月1日后开具调整后税率的发票？

答：您应当及时联系第三方电子发票平台服务提供商或平台开发商对电子发票开具系统进行升级完善，确保4月1日起能够按照调整后税率开具增值税电子普通发票。

71. 2019年4月1日后，按照原适用税率补开发票的，怎么进行申报？

答：申报表调整后，纳税人申报适用16%、11%等原增值税税率应税项目时，按照申报表调整前后的对应关系，分别填写相关栏次。

72. 纳税人符合加计抵减政策条件，是否需要办理什么手续？

答：按照《财政部、税务总局、海关总署关于深化增值税改革有关政策的公告》（财政部、税务总局、海关总署公告2019年第39号）规定，适用加计抵减政策的生产、生活服务业纳税人，应在年度首次确认适用加计抵减政策时，通过电子税务局（或前往办税服务厅）提交《适用加计抵减政策的声明》。

73. 适用加计抵减政策的纳税人，怎么申报加计抵减额？

答：适用加计抵减政策的生产、生活服务业纳税人，当期按照规定可计提、调减、抵减的加计抵减额，在申报时填写在《增值税纳税申报表附列资料（四）》“二、加计抵减情况”相关栏次。

74. 纳税人当期按照规定调减加计抵减额，形成了负数怎么申报？

答：适用加计抵减政策的生产、生活服务业纳税人，当期发生了进项税额转出，按规定调减加计抵减额后，形成的可抵减额负数，应填写在《增值税纳税申报表附列资料（四）》“二、加计抵减情况”第4列“本期可抵减额”中，通过表中公式运算，可抵减额负数计入当期“期末余额”栏中。

75. 不动产实行一次性抵扣政策后，截至2019年3月税款所属期待抵扣不动产进项税额，怎样进行申报？

答：按照规定，截至2019年3月税款所属期，《增值税纳税申报表附列资料

（五）》第 6 栏“期末待抵扣不动产进项税额”的期末余额，可以自 2019 年 4 月税款所属期结转填入《增值税纳税申报表附列资料（二）》第 8b 栏“其他”中。

76. 纳税人购进国内旅客运输服务，取得增值税专用发票，按规定可抵扣的进项税额怎么申报?

答：纳税人购进国内旅客运输服务，取得增值税专用发票，按规定可抵扣的进项税额，在申报时填写在《增值税纳税申报表附列资料（二）》“（一）认证相符的增值税专用发票”对应栏次中。

77. 纳税人购进国内旅客运输服务，取得增值税电子普通发票或注明旅客身份信息的航空、铁路等票据，按规定可抵扣的进项税额怎么申报?

答：纳税人购进国内旅客运输服务，取得增值税电子普通发票或注明旅客身份信息的航空、铁路等票据，按规定可抵扣的进项税额，在申报时填写在《增值税纳税申报表附列资料（二）》第 8b 栏“其他”中。

78. 2019 年 5 月 1 日起，增值税一般纳税人在办理纳税申报时，需要填报哪几张表?

答：为进一步优化纳税服务，减轻纳税人负担，税务总局对增值税一般纳税人申报资料进行了简化，自 2019 年 5 月 1 日起，一般纳税人在办理纳税申报时，需要填报“一主表四附表”，即申报表主表和附列资料（一）、（二）、（三）、（四），《增值税纳税申报表附列资料（五）》、《营改增税负分析测算明细表》不再需要填报。

79. 适用加计抵减政策的纳税人，以前税款所属期可计提但未计提的加计抵减额，怎样进行申报?

答：适用加计抵减政策的生产、生活服务业纳税人，可计提但未计提的加计抵减额，可在确定适用加计抵减政策当期一并计提，在申报时填写在《增值税纳税申报表附列资料（四）》“二、加计抵减情况”第 2 列“本期发生额”中。

七、出口退税及其他

80. 此次深化增值税改革，出口退税率做了哪些调整？

答：16%、10%两档增值税税率下调后，出口退税率也做了相应调整，即原适用16%税率且出口退税率为16%的出口货物劳务，出口退税率调整为13%；原适用10%税率且出口退税率为10%的出口货物、跨境应税行为，出口退税率调整为9%。除上述调整外，其他退税率保持不变。

81. 调整后的出口退税率什么时间开始执行？是否设置了过渡期？

答：出口退税率调整自2019年4月1日起执行。为给出口企业消化前期购进的货物、原材料等库存留出时间，此次出口退税率调整设置了3个月的过渡期，即2019年6月30日前，企业出口货物劳务、发生跨境应税行为，可根据具体的情形适用相应的过渡期规定，过渡期后再统一按调整后的退税率执行。

82. 某货物原增值税适用税率为16%、出口退税率为13%，4月1日后退税率会调整吗？

答：本次改革，除“原适用16%税率且出口退税率为16%的出口货物劳务”及“原适用10%税率且出口退税率为10%的出口货物、跨境应税行为”外，其他货物劳务、跨境应税行为的出口退税率保持不变。因此，原“增值税适用税率为16%、出口退税率为13%”的货物，改革后适用税率降至13%，出口退税率仍保持13%不变。

83. 适用增值税免退税办法的出口企业，在2019年6月30日前出口涉及退税率调整的货物劳务，以及发生涉及退税率调整的跨境应税行为，出口退税率如何适用？

答：适用增值税免退税办法的出口企业，在2019年6月30日前（含2019年4月1日前）出口涉及退税率调整的货物劳务，以及发生涉及退税率调整的跨境应税行为，购进时已按调整前税率征收增值税的，执行调整前的出口退税率；购进时已按调整后税率征收增值税的，执行调整后的出口退税率。

84. 适用增值税免抵退税办法的出口企业，在2019年6月30日前出口涉及退税率调整的货物劳务，以及发生涉及退税率调整的跨境应税行为，适用什么出口退税率?

答：适用增值税免抵退税办法的出口企业，在2019年6月30日前出口涉及退税率调整的货物劳务，以及发生涉及退税率调整的跨境应税行为，执行调整前的出口退税率。

85. 某外贸企业在2019年4月1日前购进一批原征16%退16%的货物，但在2019年6月30日后才报关出口，适用什么出口退税率?

答：2019年6月30日后，统一执行调整后的出口退税率，因此，该批出口货物适用13%的退税率。

86. 外贸企业在4月1日前将涉及退税率调整的货物报关出口，4月1日后取得按调整后税率开具的购进货物增值税专用发票，适用什么出口退税率?

答：外贸企业在4月1日前报关出口的货物，4月1日后取得按调整后开具的购进货物增值税专用发票，在办理退税时，适用调整后的退税率。

87. 此次出口退税率调整后，退税率有几个档次?

答：本次出口退税率调整后，退税率档次由改革前的16%、13%、10%、6%、0%调整为13%、10%、9%、6%、0%，仍保持五档。

88. 过渡期内适用增值税免抵退税办法的企业出口货物劳务、发生跨境应税行为，怎么解决在计算免抵退时出现的适用税率小于出口退税率的问题?

答：过渡期内适用免抵退税办法的企业出口货物劳务、发生跨境应税行为，在计算免抵退税时，适用税率低于出口退税率的，适用税率与出口退税率之差视为零参与免抵退税计算。

89. 调整出口退税率的执行时间按什么确定?

答：调整出口退税率的执行时间及出口货物劳务、发生跨境应税行为的时间按以下规定执行：报关出口的货物劳务（保税区及经保税区出口除外），以海关出口报关单上注明的出口日期为准；非报关出口的货物劳务、跨境应税行为，以出口发票或普通发票的开具时间为准；保税区及经保税区出口的货物，以货物离境时海关出具的出境货物备案清单上注明的出口日期为准。

90. 什么是离境退税政策?

答：离境退税政策，是指境外旅客在离境口岸离境时，对其在退税商店购买的退税物品退还增值税的政策。

这里的“境外旅客”，是指在我国境内连续居住不超过183天的外国人和港澳台同胞。“离境口岸”，是指实施离境退税政策的地区正式对外开放并设有退税代理机构的口岸，包括航空口岸、水运口岸和陆地口岸。“退税物品”，是指由境外旅客本人在退税商店购买且符合退税条件的个人物品，但不包括下列物品：（一）《中华人民共和国禁止、限制进出境物品表》所列的禁止、限制出境物品；（二）退税商店销售的适用增值税免税政策的物品；（三）财政部、海关总署、税务总局规定的其他物品。

91. 哪些地区可以实施离境退税政策?

答：全国符合条件的地区，经财政部、海关总署、税务总局备案后，均可实施离境退税政策。截至目前，实施离境退税政策的地区共有26个，包括北京、上海、天津、安徽、福建、四川、厦门、辽宁、青岛、深圳、江苏、云南、陕西、广东、黑龙江、山东、新疆、河南、宁夏、湖南、甘肃、海南、重庆、河北、广西、江西。

92. 拟实施离境退税政策的地区需符合哪些条件?

答：实施离境退税政策的地区需符合以下条件：（一）该地区省级人民政府同意实施离境退税政策，提交实施方案，自行负担必要的费用支出，并为海关、税务监管提供相关条件；（二）该地区能够建立有效的部门联合工作机制，在省级人民政府统一领导下，由财政部门会同海关、税务等有关部门共同协调推进，确保本地区工作平稳有序开展；（三）使用国家税务总局商海关总署确定的跨部门、跨地区的互联互通的离境退税信息管理系统；（四）符合财政部、海关总署和国家税务总局要求的其他条件。

93. 拟实施离境退税政策的地区如何向财政部、海关总署、税务总局备案？

答：符合上述条件的地区，应由省级人民政府将包括拟实施日期、离境口岸、退税代理机构、办理退税场所、退税手续费负担机制、退税商店选择情况和离境退税信息管理系统试运行等情况的离境退税政策实施方案报财政部、海关总署和国家税务总局备案，备案后该地区即可实施离境退税政策。

94. 境外旅客购物申请离境退税需符合哪些条件？

答：（一）同一境外旅客同一日在同一退税商店购买的退税物品金额达到 500 元人民币；（二）退税物品尚未启用或消费；（三）离境日距退税物品购买日不超过 90 天；（四）所购退税物品由境外旅客本人随身携带或随行托运出境。

95. 境外旅客如何申请办理离境退税？

答：境外旅客购物离境退税的办理流程可分为旅客购物申请开单开票、海关验核确认、代理机构审核退税三个环节。

具体来说：（一）旅客购物申请开单开票：境外旅客在退税商店购买退税物品后，需要申请退税的，应当向退税商店索取境外旅客购物离境退税申请单和销售发票。（二）海关验核确认：境外旅客在离境口岸离境时，应当主动持退税物品、退税申请单、退税物品销售发票向海关申报并接受海关监管。海关验核无误后，在境外旅客购物离境退税申请单上签章。（三）代理机构审核退税：境外旅客凭护照等本人有效身份证件、海关验核签章的退税申请单、退税物品销售发票向设在办理境外旅客离境手续的离境口岸隔离区内的退税代理机构申请办理退税。退税代理机构对相关信息审核无误后，为境外旅客办理退税。

96. 2019 年深化增值税改革中，离境退税政策做了哪些调整？

答：根据今年深化增值税改革方案，增值税税率由 16% 和 10% 分别调整为 13% 和 9%。为配合税率调整，离境退税物品的退税率相应调整，针对适用税率为 9% 的物品，增加了 8% 的退税率，其他物品，仍维持 11% 的退税率。也就是说，自 2019 年 4 月 1 日起，将退税物品的退税率由原 11% 一档调整为 11% 和 8% 两档，适用税率为 13% 的退税物品，退税率为 11%；适用税率为 9% 的退税物品，退税率为8%。同时，为了最大限度保证境外旅客权益，退税率调整设置了3个月的过渡期。过渡期内，境外旅客购买的退税物品，如果已经按照调整前税率征收增值税的，仍然按照调整前11%的退税率计算退税。

97. 如何确定本次离境退税物品退税率调整的执行时间？

答：退税物品退税率执行时间，以境外旅客购买退税物品取得的增值税普通发票开具日期为准。

98. 某境外旅客3月20日到我国游玩，3月21日在北京某退税商店购买了一只皮箱，取得了退税商店当天为其开具的增值税普通发票及相应退税申请单，发票上注明皮箱税率16%。4月25日，该境外旅客离境，在为该旅客办理离境退税时，应使用哪档退税率计算皮箱退税额？

答：应按照11%的退税率计算。

99. 某境外旅客3月20日到我国游玩，3月21日在北京某退税商店购买了一批中药饮片，取得了退税商店当天为其开具的增值税普通发票及相应退税申请单，发票上注明税率10%。4月25日，该境外旅客离境，在为该旅客办理离境退税时，应使用哪档退税率计算中药饮片退税额？

答：按照过渡期内，境外旅客购买的退税物品，如果已经按照调整前税率征收增值税的，仍然执行调整前退税率的原则，应使用11%的退税率计算中药饮片的退税额。

100. 此次深化增值税改革中，增值税期末留抵退税涉及的城市维护建设税、教育费附加和地方教育附加如何计算？

答：此次深化增值税改革涉及增值税期末留抵退税也适用《财政部、税务总局关于增值税期末留抵退税有关城市维护建设税、教育费附加和地方教育附加政策的通知》（财税〔2018〕80号）规定，即对实行增值税期末留抵退税的纳税人，允许其从城市维护建设税、教育费附加和地方教育附加的计税（征）依据中扣除退还的增值税税额。

第二章　减税降费疑难问题解答

1. 《国家税务总局关于小规模纳税人免征增值税政策有关征管问题的公告》（国家税务总局2019年4号公告）第五条规定“转登记日前连续12个月（以1个月为1个纳税期）或者连续4个季度（以1个季度为1个纳税期）累计销售额未超过500万元的一般纳税人，在2019年12月31日前，可选择转登记为小规模纳税人。一般纳税人转登记为小规模纳税人的其他事宜，按照《国家税务总局关于统一小规模纳税人标准等若干增值税问题的公告》（国家税务总局公告2018年第18号）、《国家税务总局关于统一小规模纳税人标准有关出口退（免）税问题的公告》（国家税务总局公告2018年第20号）的相关规定执行。”

问：营改增一般纳税人转登记日前连续12个月（以1个月为1个纳税期）或者连续4个季度（以1个季度为1个纳税期）累计销售额未超过500万元的，在2019年12月31日前，是否可选择转登记为小规模纳税人?

答：可选择转登记为小规模纳税人。

2. 2019年可选择转登记的纳税人范围是什么?

答：转登记日前连续12个月（以1个月为1个纳税期）或者连续4个季度（以1个季度为1个纳税期）累计销售额未超过500万元的一般纳税人，在2019年12月31日前，可选择转登记为小规模纳税人。2019年可选择转登记的纳税人，涵盖包括营改增试点纳税人在内的所有增值税一般纳税人。

3. 《国家税务总局关于小规模纳税人免征增值税政策有关征管问题的公告》（国家税务总局2019年4号公告）第十条规定，为了便利纳税人开具使用发票，已经使用增值税发票管理系统开具发票的小规模纳税人，在免税标准调整后，月销售额未超过10万元的，可以继续使用现有税控设备开具发票。如果小规模纳税人已经自行开具增值税专用发票，同样可以使用现有税控设备继续开具。除上述情况和销售额标准同步调整外，小规模纳税人自行开具增值税专用发票其他事宜按照现行规定执行。

问：住宿业、鉴证咨询业、建筑业、工业以及信息传输、软件和信息技术服务业的小规模纳税人，自开专用发票的标准是否同步从月销售额超过3万元（季度销售额超过9万元）调整至月销售额超过10万元（季度销售额超过30万元）?

答：按照《国家税务总局关于扩大小规模纳税人自行开具增值税专用发票试点范围等事项的公告》（国家税务总局公告2019年第8号）规定，自2019年3月1日起，住宿业，鉴证咨询业，建筑业，工业，信息传输、软件和信息技术服务业，租赁和商务服务业，科学研究和技术服务业，居民服务、修理和其他服务业的所有小规模纳税人均可以自愿使用增值税发票管理系统自行开具增值税专用发票，不受月销售额标准的限制。

4. 《国家税务总局关于小规模纳税人免征增值税政策有关征管问题的公告》（国家税务总局2019年4号公告）第十条规定，“小规模纳税人月销售额超过10万元的，使用增值税发票管理系统开具增值税普通发票、机动车销售统一发票、增值税电子普通发票。”

问：（1）小规模纳税人月销售额超过10万元的，是否强制使用增值税发票管理系统开具增值税普通发票、机动车销售统一发票、增值税电子普通发票?（2）未使用增值税发票管理系统的小规模纳税人，月销售额不超过10万元，是否可以不使用增值税发票管理系统，而是去税务机关代开增值税普通发票?

答：（1）小规模纳税人月销售额超过10万元的，除特殊情况外，应当使用增值税发票管理系统自行开具增值税普通发票、机动车销售统一发票、增值税电子普通发票。（2）未使用增值税发票管理系统的小规模纳税人，月销售额不超过10万元，原则上不纳入增值税发票管理系统推行范围。

5. 《财政部、税务总局关于营业税改征增值税试点有关文化事业建设费政策及征收管理问题的补充通知》（财税〔2016〕60号）第三条规定，未达到增值税起征点的缴纳义务人，免征文化事业建设费。

问：增值税起征点金额是多少？是否按照国家税务总局公告2019年第4号提高到月不超过10万元（季30万元）？

答：增值税起征点，按照《中华人民共和国增值税暂行条例实施细则》和《营业税改征增值税试点实施办法》执行。

6. 《国家税务总局关于小规模纳税人免征增值税政策有关征管问题的公告》（国家税务总局2019年4号公告）第四条规定，“《中华人民共和国增值税暂行条例实施细则》第九条所称的其他个人，采取一次性收取租金形式出租不动产取得的租金收入，可在对应的租赁期内平均分摊，分摊后的月租金收入未超过10万元的，免征增值税。”“本公告自2019年1月1日起施行。《国家税务总局关于全面推开营业税改征增值税试点有关税收征收管理事项的公告》（国家税务总局公告2016年第23号）第三条第二项和第六条第四项、《国家税务总局关于明确营改增试点若干征管问题的公告》（国家税务总局公告2016年第26号）第二条、《国家税务总局关于营改增试点若干征管问题的公告》（国家税务总局公告2016年第53号）第二条和《国家税务总局关于小微企业免征增值税有关问题的公告》（国家税务总局公告2017年第52号）同时废止。”

问：以预收款形式收取租金和到期一次性收取租金是否都属于采取一次性收取租金形式出租不动产取得的租金收入，可在对应的租赁期内平均分摊，分摊后的月租金收入未超过10万元的，免征增值税？

答：以预收款形式收取租金和到期一次性收取租金都属于采取一次性收取租金形式出租不动产取得的租金收入，可在对应的租赁期内平均分摊，分摊后的月租金收入未超过10万元的，免征增值税。

7. 《国家税务总局关于小规模纳税人免征增值税政策有关征管问题的公告》（国家税务总局公告2019年第4号）关于转登记为小规模纳税人的相关新政。

问：可选择转登记为小规模纳税人的条件是什么？哪些企业可选择转登记？

答：转登记日前连续12个月（以1个月为1个纳税期）或者连续4个季度（以1个季度为1个纳税期）累计销售额未超过500万元的一般纳税人，在2019年12月31日前，可选择转登记为小规模纳税人。2019年可选择转登记的纳税人，涵盖包括营改增试点纳税人在内的所有增值税一般纳税人，只要符合转登记的条件即可选择转登记为小规模纳税人，不分行业。

8. 《国家税务总局关于小规模纳税人免征增值税政策有关征管问题的公告》（国家税务总局公告2019年第4号）第六条，现行规定应当预缴增值税小规模纳税人，月销售额未超过10万元，无需预缴。

问：季销售额未超过30万元的增值税小规模纳税人，是否需要预缴增值税？

答：《国家税务总局关于小规模纳税人免征增值税政策有关征管问题的公告》所有条款所称"月销售额未超过10万元"，不仅包括按月纳税不超过10万元，同时也包括按季纳税不超过30万元。季销售额未超过30万元的增值税小规模纳税人，无需预缴增值税。

9. 《国家税务总局关于小规模纳税人免征增值税政策有关征管问题的公告》（国家税务总局公告2019年第4号）规定了转登记日前连续12个月（以1个月为1个纳税期）或者连续4个季度（以1个季度为1个纳税期）累计销售额未超过500万元的一般纳税人，在2019年12月31日前，可选择转登记为小规模纳税人。一般纳税人转登记为小规模纳税人的其他事宜，按照《国家税务总局关于统一小规模纳税人标准等若干增值税问题的公告》（国家税务总局公告2018年第18号）、《国家税务总局关于统一小规模纳税人标准有关出口退（免）税问题的公告》（国家税务总局公告2018年第20号）的相关规定执行。

问：是否转小规模纳税人条件不再执行18号公告第一条，相当于转小

规模纳税人的条件放宽？

答：是的。

10. 月销售额未超过 10 万元的保险代理人，是否可以享受增值税免税政策？

答：是的。

11. 建筑业自开增专发票的条件是否从 9 万到 30 万？

答：建筑业的所有小规模纳税人均可以自愿使用增值税发票管理系统自行开具增值税专用发票，不受月销售额标准的限制。

12. 一般纳税人转为小规模纳税人后是否可以再转为一般纳税人？

答：根据《国家税务总局关于统一小规模纳税人标准等 - 若干增值税问题公告》（国家税务总局公告 2018 第 18 号）第八条第规定，自转登记日的下期起连续不超过 12 个月或者连续不超过四个季度的经营期内，转登记纳税人应纳销售额超过财政部、国家税务总局规定的小规模纳税人标准的，应当按照《增值税一般纳税人登记管理办法》（国家税务总局令第 43 号）的有关规定，向主管税务机关办理一般纳税人登记。转登记纳税人按规定再次登记为一般纳税人后，不得再转登记为小规模纳税人。

13. 2019 年度转登记的条件，除了累计销售额不超过 500 万元的标准以外，是否有其他限制？适用增值税差额征税政策的纳税人，累计销售额如何计算？

答：2019 年度转登记的条件，除了累计销售额不超过 500 万元的标准以外，没有其他任何限制，累计销售额的计算标准，按照《增值税一般纳税人登记管理办法》的有关规定执行，适用增值税差额征税政策的纳税人，累计销售额按差额之前的销售额计算。

14. 2018 年 5 月 1 日之后登记为一般纳税人的是否可以转登记为小规模纳税人？

答：无一般纳税人登记时间要求。转登记日前经营期不满 12 个月或者 4 个季度的，按照月（季度）平均销售额估算累计销售额，确定是否符合转登记的条件。

15. **按照现行规定需要预缴增值税的小规模纳税人，选择按季度申报，在预缴地实现的月销售额超过10万元，在预缴地预缴增值税，但季度销售额未超过30万，预缴的税款是否可以申请退还?**

答：自2019年1月1日起，按季申报的增值税小规模纳税人，凡在预缴地实现的季销售额未超过30万元的，当期无需预缴税款。已预缴税款的，可以向预缴地主管税务机关申请退还。

16. 《国家税务总局关于小规模纳税人免征增值税政策有关征管问题的公告》（国家税务总局公告2019年第4号）第八条小规模纳税人月销售未超过10万元的，当期因开具增值税专用发票已经缴纳的税款，在增值税专用发票全部联次追回或者按规定开具红字专用发票后，可以向主管税务机关申请退还。

问：如果小规模纳税人按季度申报，代开增值税专用发票当月销售额超过10万，但是当季度销售额未超过30万元，现在对代开的专用发票开具红字发票，已经缴纳的税款是否可以申请退还?

答：可以申请退还。

17. **《财政部、税务总局关于实施小微企业普惠性税收减免政策的通知》（财税〔2019〕13号）文件中第三条由省确定的关于资源税、附加税费、房产税、城镇土地使用税、印花税、耕地占用税的优惠政策何时发布？如何执行?**

答：截至2019年2月19日，全国31个省（自治区、直辖市）均已发布地方6税2费减征政策文件，政策自2019年1月1日起执行。

18. 小规模纳税人已享受《财政部、税务总局关于扩大有关政府性基金免征范围的通知》（财税〔2016〕12号）文件规定，月销售额或者营业额不超过10万元的纳税人，免征教育费加、地方教育附加的政策。《财政部、税务总局关于实施小微企业普惠性税收减免政策的通知》（财税〔2019〕13号）文件中第四条中表明相关优惠政策可叠加享受。

问：小规模纳税人如何叠加享受免征政府性基金与普惠性税收减免政策？

答：小规模纳税人符合《财政部、税务总局关于扩大有关政府性基金免征范围的通知》（财税〔2016〕12 号）文件规定的，可享受免征教育费附加、地方教育附加的政策，此时教育费附加和地方教育附加为 0，不存在与其他优惠政策叠加享受的问题。小规模纳税人在享受其他政策优惠后，还有应纳教育费附加和地方教育附加的，符合《财政部、税务总局关于实施小微企业普惠性税收减免政策的通知》（财税〔2019〕13 号）文件规定，按照各省、自治区、直辖市人民政府确定的比例享受优惠。

19. 现在针对起征点如何定义？是按次不超过 500，按月不超过 2 万；还是按次不超过 500，按月不超过 3 万；还是按照《国家税务总局关于小规模纳税人免征增值税政策有关征管问题的公告》（国家税务总局公告 2019 年第 4 号）提高至按次不超过 500，按月不超过 10 万元？

答：增值税起征点，按照《中华人民共和国增值税暂行条例实施细则》和《营业税改征增值税试点实施办法》执行

20. 对于《国家税务总局关于小规模纳税人免征增值税政策有关征管问题的公告》（国家税务总局公告 2019 年第 4 号）第三条的规定是：“按固定期限纳税的小规模纳税人可以选择以 1 个月或 1 个季度为纳税期限，一经选择，一个会计年度内不得变更。”

问：小规模纳税人何时可以选择纳税期限？

答：我们在《国家税务总局关于小规模纳税人免征增值税政策有关征管问题的公告》（国家税务总局公告 2019 年第 4 号）的政策解读中进行了举例说明，小规模纳税人因销售额和纳税期限不同，其享受免税政策的效果存在差异。因此，为确保小规模纳税人充分享受政策，《国家税务总局关于小规模纳税人免征增值税政策有关征管问题的公告》（国家税务总局公告 2019 年第 4 号）明确，按照固定期限纳税的小规模纳税人，可以根据自己的实际经营情况选择实行按月纳税或按季纳税。同时，为确保年度内纳税人的纳税期限相对稳定，也明确了纳税人一经

选择，一个会计年度内不得变更。这里的一个会计年度，是指会计上所说的1—12月，而不是自选择之日起顺延一年的意思。纳税人在每个会计年度内的任意时间均可以向主管税务机关提出，选择变更其纳税期限，但纳税人一旦选择变更纳税期限后，当年12月31日前不得再次变更。

21. 根据《国家税务总局关于小规模纳税人免征增值税政策有关征管问题的公告》（国家税务总局公告2019年第4号）第六条规定，按照现行规定应当预缴增值税税款的小规模纳税人，凡在预缴地实现的月销售额未超过10万元的，当期无需预缴税款。本公告下发前已预缴税款的，可以向预缴地主管税务机关申请退还。根据《国家税务总局关于发布〈纳税人转让不动产增值税征收管理暂行办法〉的公告》（国家税务总局2016年第14号公告）第四条规定，小规模纳税人转让其取得的不动产，除个人转让其购买的住房外，按照以下规定缴纳增值税：

（一）小规模纳税人转让其取得（不含自建）的不动产，以取得的全部价款和价外费用扣除不动产购置原价或者取得不动产时的作价后的余额为销售额，按照5%的征收率计算应纳税额。

（二）小规模纳税人转让其自建的不动产，以取得的全部价款和价外费用为销售额，按照5%的征收率计算应纳税额。

除其他个人之外的小规模纳税人，应按照本条规定的计税方法向不动产所在地主管税务机关预缴税款，向机构所在地主管税务机关申报纳税；其他个人按照本条规定的计税方法向不动产所在地主管税务机关申报纳税。

问：如果机构所在地和不动产所在地一致，是否还需要预缴？如不需预缴，是在向机构所在地申报时按第一条的规定进行减免税吗？

答：机构所在地和不动产所在地一致，如在预缴地实现的月销售额未超过10万元的，当期无需预缴税款；如超过10万元的，当期仍需预缴税款。

22. **问：（1）《国家税务总局关于小规模纳税人免征增值税政策有关征管问题的公告》（国家税务总局公告2019年第4号）中，第五条规定的转登记条件中“累计销售额未超过500万”，那么免税销售额是否计入销售额范围？（2）国家税务总局公告2019年第4号第三条规定，“三、按固定期限纳税的**

小规模纳税人可以选择以 1 个月或 1 个季度为纳税期限，一经选择，一个会计年度内不得变更。”则纳税期限变更有没有规定需要提供什么资料，还是自行联系主管税务机关变更?

答：(1) 累计销售额包括免税销售额。(2) 小规模纳税人可向主管税务机关申请变更纳税期限，无需提供资料。

23. 《国家税务总局关于小规模纳税人免征增值税政策有关征管问题的公告》(国家税务总局公告 2019 年第 4 号）第八条规定：“小规模纳税人月销售额未超过 10 万元的，当期因开具增值税专用发票已经缴纳的税款，在增值税专用发票全部联次追回或者按规定开具红字专用发票后，可以向主管税务机关申请退还。”

问：如果缴纳过税款后专票丢失，按现行规定办理了丢失手续，后续开具了红字专用发票，可以申请退还税款吗?

答：可以申请退税。

24. 《国家税务总局关于小规模纳税人免征增值税政策有关征管问题的公告》(国家税务总局公告 2019 年第 4 号）第六条、第八条、第九条产生的多缴税款可以申请抵扣税款吗?

答：小规模纳税人因国家税务总局公告 2019 年第 4 号文件第六条产生的多缴税款，可以向预缴地主管税务机关申请退还；因第八条、第九条产生的多缴税款，可以向主管税务机关申请退还。

25. 经纪代理人集中开票享受小微免征增值税的政策，增值税的免税标准是月销售额是否一并调整为不超过 10 万元（按季纳税 30 万元)?

答：是的。

26. “按月度预缴企业所得税的企业，在当年度 4 月、7 月、10 月预缴申报时，如果按照本公告第三条规定判断符合小型微利企业条件的，下一个预缴申报期起调整为按季度预缴申报，　经调整，当年度内不再变更。”

问：申报期限调整需要纳税人联系主管税务机关重新做税种认定还是由

税务机关或者系统直接修改？一年度结束后纳税人需要调整申报方式的，是否直接告知主管税务机关即可？

答：根据企业所得税法实施条例的有关规定，企业所得税分月或者分季预缴，由税务机关具体核定。纳税人在4、7、10月申报时，符合小型微利企业条件的，系统将提示按季预征，以后预征将主动调整为按季预征。年度结束后，如上一年度为小微企业，将继续按季预征；如不是小微企业，原则上在小微企业扩大优惠力度期限内，不再调整纳税期限。

27. 根据《国家税务总局关于实施小型微利企业普惠性所得税减免政策有关问题的公告》（国家税务总局公告2019年第2号）第四条“当年度此前期间因不符合小型微利企业条件而多预缴的企业所得税税款，可在以后季度应预缴的企业所得税税款中抵减”。

问：纳税人可以选择退税吗？

答：根据《企业所得税汇算清缴管理办法》和《国家税务总局关于实施小型微利企业普惠性所得税减免政策有关问题的公告》（国家税务总局公告2019年第2号）的相关规定，当年度此前期间因不符合小型微利企业条件而预缴的企业所得税税款，可在以后季度应预缴的企业所得税税款中抵减，不足抵减的在汇算清缴时按有关规定办理退税，或者经纳税人同意后抵缴其下一年度应缴企业所得税税款。

28. **保险、证券代理人月销售额未超过10万元（季度未超过30万元）的，能否享受小规模纳税人免征增值税政策？**

答：可以享受。

29. 关于《国家税务总局关于小规模纳税人免征增值税政策有关征管问题的公告》（国家税务总局公告2019年第4号）规定：“六、按照现行规定应当预缴增值税税款的小规模纳税人，凡在预缴地实现的月销售额未超过10万元的，当期无需预缴税款。本公告下发前已预缴税款的，可以向预缴地主管税务机关申请退还。”

问：针对建筑行业，经营地主管税务机关如何判定预缴税款时实现的收入是多少？纳税人需要自行据实判定并对其真实性负责吗？税务机关是否会

以跨区域涉税事项报告表上的金额作为依据?

答：按照现行规定应当预缴增值税税款的纳税人，在预缴时，应填写《增值税预缴税款表》。纳税人应对其填报内容的真实性负责，并在该表格中“填表人申明”栏签字确认。

30. 关于保险营销员、证券经纪人取得的佣金收入预扣预缴方式，根据《财政部、税务总局关于个人所得税法修改后有关优惠政策衔接问题的通知》（财税〔2018〕164 号）规定：“三、关于保险营销员、证券经纪人佣金收入的政策。保险营销员、证券经纪人取得的佣金收入，属于劳务报酬所得，以不含增值税的收入减除 20% 的费用后的余额为收入额，收入额减去展业成本以及附加税费后，并入当年综合所得，计算缴纳个人所得税。保险营销员、证券经纪人展业成本按照收入额的 25% 计算。扣缴义务人向保险营销员、证券经纪人支付佣金收入时，应按照《个人所得税扣缴申报管理办法（试行）》（国家税务总局公告 2018 年第 61 号）规定的累计预扣法计算预扣税款。”

问：《个人所得税扣缴申报管理办法（试行）》（国家税务总局公告 2018 年第 61 号）规定的累计预扣法是针对工资薪金的，劳务报酬没有累计预扣法，则财税〔2018〕164 号规定的保险营销员、证券经纪人取得的佣金收入扣缴方法是按照工资薪金适用累计预扣法还是按照劳务报酬按次或者按月预扣预缴税款?

答：根据《财政部、税务总局关于个人所得税法修改后有关优惠政策衔接问题的通知》（财税〔2018〕164 号）文件规定，对保险营销员、证券经纪人取得的佣金收入，扣缴单位应当按照累计预扣法计算预扣个人所得税。结合个人所得税法及其实施条例有关规定，累计预扣法预扣预缴个人所得税的具体计算公式为：本期应预扣预缴税额 =（累计预扣预缴应纳税所得额 × 预扣率 − 速算扣除数）− 累计减免税额 − 累计已预扣预缴税额，累计预扣预缴应纳税所得额 = 累计收入额 − 累计减除费用 − 累计其他扣除，其中，收入额按照不含增值税的收入减除 20% 的费用后的余额计算；累计减除费用按照 5000 元/月乘以纳税人当年截至本月在本单位的从业月份数计算；其他扣除按照展业成本、附加税费和依法确定的其他扣除之和计算，其中展业成本按照收入额的 25% 计算。上述公式中的预扣率、速算扣除数，比照《个人所得税扣缴申报管理办法（试行）》（国家税务总局公告2018年第61号）所附的《个人所得税预扣率表一》执行。

31. 小规模纳税人月销售额未超过10万元开具发票税率是显示实际征收率还是显示＊＊＊？

答：月销售额未超过10万元的小规模纳税人代开增值税普通发票时，税率栏次显示“＊＊＊”号，代开增值税专用发票时，税率栏次显示应税行为对应的征收率；月销售额未超过10万元的小规模纳税人自行开具增值税普通发票时，税率栏次显示应税行为对应的征收率。

32. 根据《国家税务总局关于统一小规模纳税人标准等若干增值税问题的公告》（国家税务总局公告2018年第18号）八、自转登记日的下期起连续不超过12个月或者连续不超过4个季度的经营期内，转登记纳税人应税销售额超过财政部、国家税务总局规定的小规模纳税人标准的，应当按照《增值税一般纳税人登记管理办法》（国家税务总局令第43号）的有关规定，向主管税务机关办理一般纳税人登记。

问：（1）自转登记日的下期起连续12个月如何理解？（2）是否包含转登记日之前月份的销售额？

答：（1）如果某一般纳税人自2019年3月转登记为小规模纳税人，自转登记日下期起连续12个月，是指2019年4月－2020年3月。（2）不包括。

33. 按照现行规定应当预缴增值税税款的小规模纳税人，凡在预缴地实现的月销售额未超过10万元的，当期无需预缴税款。本公告下发前已预缴税款的，可以向预缴地主管税务机关申请退还。

问：（1）建筑业，在同一个区域有多个项目，每个项目不超10万，但是总销售额超10万，以哪个为标准？（2）小规模纳税人异地提供建筑服务，自开专用发票，但月销售额不超10万，是否需要在预缴地预缴税款？

答：（1）按照预缴地各个项目总销售额确定。（2）不需要

34. 小规模纳税人2019年1月份销售额未超过10万元（以1个季度为1个纳税期的，2019年第一季度销售额未超过30万元），但当期因代开普通发票已经缴纳

的税款，可以在办理纳税申报时向主管税务机关申请退还。

问：符合小微标准的企业，代开普票的时候不征收税款，还是先征收申报后再申请退税？

答：代开普票时征收，申报后如果符合小微企业条件，可以申请退税。

35. 按月度预缴企业所得税的企业，在当年度4月份预缴申报时，符合小型微利企业条件，按规定调整为按季度预缴申报。

问：次年度所得税预缴申报期限怎么执行？是默认继续按月预缴申报，还是如企业不自行提出申请，则一直按照按季度预缴申报？

答：企业本年度调整为按季度预缴申报后，次年度及以后年度原则上继续默认为按季度预缴申报。

36. 按月度预缴申报企业所得税的企业按规定调整为季度预缴申报的，是否需要企业单独提出申请，还是自行改为按季度预缴申报即可？

答：根据企业所得税法实施条例的有关规定，企业所得税分月或者分季预缴，由税务机关具体核定。纳税人在4、7、10月申报时，符合小型微利企业条件的，系统将提示按季预征。申报期结束后，主管税务机关将根据申报情况筛查需要调整纳税期限的纳税人，并联系纳税人办理调整事项；纳税人也可联系主管税务机关进行调整。

37. 小微企业的从业人数，包括与企业建立劳动关系的职工人数和企业接受的劳务派遣用工人数。劳务派遣单位的从业人数，是否含已派出人员？

答：鉴于劳务派遣用工已计入接受劳务派遣企业从业人数，为避免再重复计算，劳务派遣单位的从业人数，不包含已派出人员。

38. 企业所得税汇总纳税的企业，小型微利企业标准中的从业人数、资产总额是否包括分支机构的部分？

答：现行企业所得税实行法人税制，企业应以法人为主体，计算从业人数、资产总额等指标，即汇总纳税企业的从业人数、资产总额包括分支机构。

39. 自然人与保险公司签订长期代理合同，且不属于一次性取得收入的，是否可视为按期纳税的纳税人，按规定适用小微企业增值税优惠政策？

答：如果按月发放并开具发票，可以按照小微企业增值税优惠政策执行。

40. “曾在2018年选择过转登记的纳税人，在2019年仍可选择转登记；但是，2019年选择转登记的，再次登记为一般纳税人后，不得再转登记为小规模纳税人。”对此应如何理解？

答：纳税人在2019年内只能选择转登记1次，增值税一般纳税人在2019年选择转登记为小规模纳税人之后，如果符合一般纳税人登记的条件自行或者按要求登记为一般纳税人后，即使符合年销售额不超过500万的条件，在2019年度内不得再次转登记为小规模纳税人。

41. 《国家税务总局关于小规模纳税人免征增值税政策有关征管问题的公告》（国家税务总局公告2019年第4号）规定：“八、小规模纳税人月销售额未超过10万元的，当期因开具增值税专用发票已经缴纳的税款，在增值税专用发票全部联次追回或者按规定开具红字专用发票后，可以向主管税务机关申请退还。”

问：“联次追回或者按规定开具红字专用发票”是指必须在当期进行处理申请退还，还是后期也可以进行处理申请退还？

答：后期也可以处理。

42. 《国家税务总局关于小规模纳税人免征增值税政策有关征管问题的公告》（国家税务总局公告2019年第4号）规定：“十、已经使用增值税发票管理系统的小规模纳税人，月销售额未超过10万元的，可以继续使用现有税控设备开具发票；……”

问：如果未超过10万元的，是不是可以不使用税控开具发票？因文件中说的可以继续使用税款设备，如果纳税人不想使用是否可以选择不用税控设备？

答：可以。

43. 《国家税务总局关于小规模纳税人免征增值税政策有关征管问题的公告》（国家税务总局公告 2019 年第 4 号）规定："十、已经使用增值税发票管理系统的小规模纳税人，月销售额未超过 10 万元的，……已经自行开具增值税专用发票的，可以继续自行开具增值税专用发票，并就开具增值税专用发票的销售额计算缴纳增值税。"

问：如果选择不使用税控设备开具发票，纳税人是否可以到税务机关开具增值税专用发票?

答：试点行业小规模纳税人可以选择使用增值税发票管理系统自行开具增值税专用发票，或者向税务机关申请代开。选择自行开具增值税专用发票的小规模纳税人，税务机关不再为其代开。

44. 如果转登记纳税人为出口企业，在一般纳税人期间出口适用增值税退（免）税政策的货物劳务、发生适用增值税零税率跨境应税行为在其转登记为小规模纳税人后应该如何处理?

答：如果转登记纳税人为出口企业，那么该出口企业在一般纳税人期间出口适用增值税退（免）税政策的货物劳务、发生适用增值税零税率跨境应税行为（以下称"出口货物劳务、服务"），在其转登记为小规模纳税人后，仍然可以继续按照现行规定申报和办理退（免）税相关事项。具体事宜仍按照《国家税务总局关于统一小规模纳税人标准有关出口退（免）税问题的公告》（国家税务总局公告 2018 年第 20 号）规定执行。自转登记日下期起，该转登记纳税人出口货物劳务、服务，应当适用增值税免税政策。

45. 关于增值税申报表填写口径有何调整?

答：适用增值税差额征税政策的小规模纳税人，以差额后的销售额确定是否可以享受《国家税务总局关于小规模纳税人免征增值税政策有关征管问题的公告》（国家税务总局公告 2019 年第 4 号）规定的免征增值税政策。《增值税纳税申报表（小规模纳税人适用）》中的"免税销售额"相关栏次，填写差额后的销售额。

46. 增值税申报有何变化?

答：小规模纳税人在增值税申报的过程中，申报系统将增加一些申报提示信息，帮助纳税人判断是否可以享受免征增值税政策，以确保优惠政策应享尽享。小规模纳税人当期发生销售不动产行为的，在申报时申报系统会提示纳税人录入本期销售不动产的销售额，并根据纳税人录入的数据，帮助其判断是否可以享受免征增值税政策。

47. 企业所得税预缴申报表的填报有什么注意事项?

答：为落实小型微利企业普惠性所得税减免政策，国家税务总局对《中华人民共和国企业所得税月（季）度预缴纳税申报表（A类，2018年版）》等部分表单样式及填报说明进行了修订，增加了从业人数、资产总额等数据项，并将升级优化税收征管系统，力争帮助企业精准享受优惠政策。在填报预缴申报表时，以下两个方面应当重点关注：一是关注“应纳税所得额”和“减免所得税额”两个项目的填报。“应纳税所得额”是判断企业是否符合小型微利企业条件和分档适用“减半再减半”“减半征税”等不同政策的最主要指标，这个行次一定要确保填写无误。“减免所得税额”是指企业享受普惠性所得税减免政策的减免所得税金额，这个行次体现了企业享受税收优惠的直接成效。企业所得税实行核定应纳所得税额征收的企业，如果符合小型微利企业条件的，其税收减免不通过填报纳税申报表的方式实现，而是通过直接调减定额的方式实现。但是，这些企业应在纳税申报表中根据税务机关核定时的情况，正确选择填报“小型微利企业”项目。二是关注预缴申报表中新增“按季度填报信息”部分有关项目的填报。“按季度填报信息”整合了除应纳税所得额以外的小型微利企业条件指标，其数据填报质量直接关系着小型微利企业判断结果的准确与否。因此，所有企业均需要准确填写该部分内容。对于查账征收企业和核定应税所得率征收的企业，按季度预缴的，应在申报预缴当季度税款时，填报“按季度填报信息”的全部项目；按月度预缴的，仅在申报预缴当季度最后一个月的税款时，填报“按季度填报信息”的全部项目。“按季度填报信息”中的“小型微利企业”项目，是对企业是否为小型微利企业的判断结果的展示。除企业所得税实行核定应纳所得税额征收方式的企业外，其他企业需要根据本期及以前各期纳税申报表中的“从业人数”“资产总额”等项目的填报情况，结合本期纳税人申报表中

“应纳税所得额”和“国家限制或禁止行业”的填报情况进行综合判断。

48. 增值税小规模纳税人减征地方税种和附加政策在纳税申报上有何要求?

答：为了便利纳税人享受优惠政策，本次减征优惠实行自行申报享受方式，不需额外提交资料。纳税人只要在申报表中勾选是否享受增值税小规模纳税人减征政策有关选项，系统自动计算减征金额，纳税人确认即可。

49. 《国家税务总局关于小规模纳税人免征增值税政策有关征管问题的公告》（国家税务总局公告 2019 年第 4 号）第一条第二款规定：“小规模纳税人发生增值税应税销售行为，合计月销售额超过 10 万元，但扣除本期发生的销售不动产的销售额后未超过 10 万元的，其销售货物、劳务、服务、无形资产取得的销售额免征增值税。”

问：国家税务总局公告 2019 年第 4 号第一条规定是否只针对按月纳税的小规模纳税人? 本期怎么理解? 是否为本月? 第一条中的合计月销售额未超过 10 万元（以 1 个季度为 1 个纳税期的，季度销售额未超过 30 万元，下同）该下同是代表按季为未超 30 万，还是表示“合计月销售额未超过 10 万元”的包括按月和按季两种情况? 对于“下同”怎么理解? 4 号公告是对财税〔2019〕13 号的细化，所以“合计月销售额未超过 10 万元（以 1 个季度为 1 个纳税期的，季度销售额未超过 30 万元，下同）”指的就是《财政部、税务总局关于实施小微企业普惠性税收减免政策的通知》（财税〔2019〕13 号）第一条的规定“对月销售额 10 万元以下（含本数）的增值税小规模纳税人，免征增值税。”如果按季纳税，月销售额超过 30 万。扣除销售不动产的销售额后不达 30 万的部分可以免征?

答：为简化表述，4 号公告第一条就将免税标准统一表述为“月销售额未超过 10 万元”。需要说明的是，4 号公告所有条款所称“月销售额未超过 10 万元”，不仅包括按月纳税不超过 10 万元，同时也包括按季纳税不超过 30 万元。按月申报的本期指本月，按季申报的本期指本季度。下同指下文中提及的月销售额未超过 10 万元包含以 1 个季度为 1 个纳税期的，季度销售额未超过 30 万元情况。按季纳税的纳税人，季度销售额超过 30 万元、但扣除销售不动产的销售额后不达 30 万的，免征增值税。

第三章　个人所得税专项附加扣除问题解答

（一）子女教育

1. 子女教育的扣除主体是谁？

答：子女教育的扣除主体是子女的法定监护人，包括生父母、继父母、养父母，父母之外的其他人担任未成年人的法定监护人的，比照执行。

2. 监护人不是父母可以扣除吗？

答：可以，前提是确实担任未成年人的监护人。

3. 子女的范围包括哪些？

答：子女包括婚生子女、非婚生子女、养子女、继子女。也包括未成年但受到本人监护的非子女。

4. 子女教育的扣除标准是多少？

答：按照每个子女每年 12000 元（每月 1000 元）的标准定额扣除。

5. 子女教育的扣除在父母之间如何分配？

答：父母可以选择由其中一方按扣除标准的 100% 扣除，即一人每月 1000 元扣除，也可以选择由双方分别按扣除标准的 50% 扣除，即一人每月 500 元扣除。只有这两种分配方式，纳税人可以根据情况自行选择。

6. 子女教育的扣除分配选定之后可以变更吗?

答：子女教育的扣除分配，可以选择由父母一方扣除或者双方平摊扣除，选定扣除方式后在一个纳税年度内不能变更。

7. 在民办学校接受教育可以享受子女教育扣除吗?

答：可以。无论子女在公办学校或民办学校接受教育，纳税人都可以享受扣除。

8. 在境外学校接受教育可以享受扣除吗?

答：可以。无论子女在境内学校或境外学校接受教育，纳税人都可以享受扣除。

9. 子女教育专项附加扣除的扣除方式是怎样的?

答：子女教育专项附加扣除采取定额扣除方式，符合条件的纳税人可以按照每名子女每月 1000 元的标准扣除。

10. 纳税人享受子女教育专项附加扣除，需要保存哪些资料?

答：纳税人子女在境内接受教育的，享受子女教育专项扣除不需留存任何资料。纳税人子女在境外接受教育的，应当留存境外学校录取通知书、留学签证等相关教育的证明资料备查。

11. 有多子女的父母，可以对不同的子女选择不同的扣除方式吗?

答：可以。有多子女的父母，可以对不同的子女选择不同的扣除方式，即对子女甲可以选择由一方按照每月 1000 元的标准扣除，对子女乙可以选择由双方分别按照每月 500 元的标准扣除。

12. 对于存在离异重组等情况的家庭子女而言，该如何享受政策?

答：具体扣除方法由父母双方协商决定，一个孩子扣除总额不能超过 1000 元/月，扣除人不能超过 2 个。

13. 我不是孩子亲生父母，但是承担了他的抚养和教育义务，这种情况下我可以享受子女教育扣除吗？

答：一般情况下，父母负有抚养和教育未成年子女的义务，可依法享受子女教育扣除；对情况特殊、未由父母抚养和教育的未成年子女，相应的义务会转移到其法定监护人身上。因此，假如您是孩子的法定监护人，对其负有抚养和教育的义务，您就可以依法申报享受子女教育扣除。

14. 前两年在中国读书，后两年在国外读书，现在填写信息选择中国还是境外？证书由境外发放，没有学籍号，怎样填写信息，是否可以扣除？

答：目前，子女教育允许扣除境内外教育支出，继续教育专项附加扣除仅限于境内教育，不包括境外教育。如符合子女教育扣除的相关条件，子女前两年在国内读书，父母作为纳税人请按照规定填写子女接受教育的相关信息；后两年在境外接受教育，无学籍的，可以按照接受境外教育相关规定填报信息，没有学籍号可以不填写，但纳税人应当按规定留存相关证书、子女接受境内外合作办学的招生简章、出入境记录等。

15. 残障儿童接受的特殊教育，父母是否可以扣除子女教育？

答：特殊教育属于九年一贯制义务教育，同时拥有学籍，因此可以按照子女教育扣除。

16. 本科毕业之后，准备考研究生的期间，父母是否可以扣除子女教育？

答：不可以，该生已经本科毕业，未实际参与全日制学历教育，尚未取得研究生学籍，不符合《暂行办法》相关规定。研究生考试通过入学后，可以享受高等教育阶段子女教育。

17. 子女6月高中毕业，9月上大学，7－8月能不能享受子女教育扣除？

答：可以扣除。对于连续性的学历（学位）教育，升学衔接期间属于子女教育期间，可以申报扣除子女教育专项附加扣除。

18. 大学期间参军，学校保留学籍，是否可以按子女教育扣除？

答：服兵役是公民的义务，大学期间参军是积极响应国家的号召，休学保留学籍期间，属于高等教育阶段，可以申报扣除子女教育专项附加扣除。

19. 参加“跨校联合培养”需要到国外读书几年，是否可以按照子女教育扣除？

答：一般情况下，参加跨校联合培养的学生，原学校保留学生学籍，父母可以享受子女教育附加扣除。

（二）继续教育

20. 继续教育专项附加扣除的扣除范围是怎么规定的？

答：纳税人在中国境内接受学历（学位）继续教育的支出，在学历（学位）教育期间按照每月400元定额扣除。同一学历继续教育的扣除期限不能超过48个月。纳税人接受技能人员职业资格继续教育、专业技术人员职业资格继续教育支出，在取得相关证书的当年，按照3600元定额扣除。

21. 继续教育专项附加扣除的扣除标准是怎么规定的？

答：继续教育专项附加扣除的扣除标准是：

（1）纳税人在中国境内接受学历（学位）继续教育的支出，在学历（学位）教育期间按照每月400元定额扣除。

（2）纳税人接受技能人员职业资格继续教育、专业技术人员职业资格继续教育支出，在取得相关证书的当年，按照3600元定额扣除。

22. 继续教育专项附加扣除该如何申报？

答：对技能人员职业资格和专业技术人员职业资格继续教育，采取凭证书信息定额扣除方式。纳税人在取得证书后向扣缴义务人提供姓名、纳税识别号、证书编号等信息，由扣缴义务人在预扣预缴环节扣除。也可以在年终向税务机关提供资料，通过汇算清缴享受扣除。

对学历继续教育，采取凭学籍、考籍信息定额扣除方式。纳税人向扣缴义务人提供姓名、纳税识别号、学籍、考籍等信息，由扣缴义务人在预扣预缴环节扣除，也可以在年终向税务机关提供资料，通过汇算清缴享受扣除。

23. 学历（学位）继续教育支出，可在多长期限内扣除?

答：在中国境内接受学历（学位）继续教育入学的当月至学历（学位）继续教育结束的当月，但同一学历（学位）继续教育的扣除期限最长不得超过48个月。

24. 纳税人因病、因故等原因休学且学籍继续保留的休学期间，以及施教机构按规定组织实施的寒暑假是否连续计算?

答：学历（学位）继续教育的扣除期限最长不得超过48个月。48个月包括纳税人因病、因故等原因休学且学籍继续保留的休学期间，以及施教机构按规定组织实施的寒暑假期连续计算。

25. 纳税人享受继续教育专项附加扣除需保存哪些资料?

答：纳税接受学历继续教育，不需保存相关资料。纳税人接受技能人员职业资格继续教育、专业技术人员职业资格继续教育的，应当留存相关证书等资料备查。

26. 没有证书的兴趣培训费用可扣除吗?

答：目前，继续教育专项附加扣除的范围限定学历继续教育、技能人员职业资格继续教育和专业技术人员职业资格继续教育的支出，上述培训之外的花艺等兴趣培训不在扣除范围内。

27. 纳税人终止继续教育是否需要报告?

答：纳税人终止学历继续教育的，应当将相关变化信息告知扣缴义务人或税务机关。

28. 如果纳税人在接受学历继续教育的同时取得技能人员职业资格证书或者专业技术人员职业资格证书的，如何享受继续教育扣除？

答：根据《个人所得税专项附加扣除暂行办法》，纳税人接受学历继续教育，可以按照每月 400 元的标准扣除，全年共计 4800 元；在同年又取得技能人员职业资格证书或者专业技术人员职业资格证书的，且符合扣除条件的，可按照 3600 元的标准定额扣除。但是，只能同时享受一个学历（学位）继续教育和一个职业资格继续教育。因此，对同时符合此类情形的纳税人，该年度可叠加享受两个扣除，当年其继续教育共计可扣除 8400 元（4800 + 3600）。

29. 继续教育专项附加扣除的扣除主体是谁？

答：继续教育的扣除主体以纳税人本人为主。大学本科及以下的学历继续教育可以由接受教育的本人扣除，暂可以由其父母按照子女教育扣除，但对于同一教育事项，不得重复扣除。

30. 如果在国外进行的学历继续教育，或者是拿到了国外颁发的技能证书，能否享受每月 400 元或每年 3600 元的扣除？

答：根据《暂行办法》规定，纳税人在中国境内接受的学历（学位）继续教育支出，以及接受技能人员职业资格继续教育、专业技术人员职业资格继续教育支出可以扣除。由于您在国外接受的学历继续教育和国外颁发的技能证书，不符合“中国境内”的规定，不能享受专项附加扣除政策。

31. 我现在处于本硕博连读的博士阶段，父母已经申报享受了子女教育。我博士读书时取得律师资格证书，可以申报扣除继续教育吗？

答：如您有综合所得（比如稿酬或劳务报酬等），一个纳税年度内，在取得证书的当年，可以享受职业资格继续教育扣除（3600 元/年）。

32. 我参加了学历（学位）教育，最后没有取得学历（学位）证书，是否可以享受继续教育扣除？

答：参加学历（学位）继续教育，按照实际受教育时间，享受每月 400 元的扣除。不考察最终是否取得证书，最多扣除48个月。

33. 参加自学考试，纳税人应当如何享受扣除?

答：按照《高等教育自学考试暂行条例》的有关规定，高等教育自学考试应考者取得一门课程的单科合格证书后，省考委即应为其建立考籍管理档案。具有考籍管理档案的考生，可以按照《暂行办法》的规定，享受继续教育专项附加扣除。

34. 纳税人参加夜大、函授、现代远程教育、广播电视大学等学习，是否可以按照继续教育扣除?

答：纳税人参加夜大、函授、现代远程教育、广播电视大学等教育，所读学校为其建立学籍档案的，可以享受学历（学位）继续教育扣除。

35. 同时接受多个学历继续教育或者取得多个专业技术人员职业资格证书，是否均需要填写?

答：对同时接受多个学历继续教育，或者同时取得多个职业资格证书的，只需填报其中一个即可。但如果同时存在学历继续教育、职业资格继续教育两类继续教育情形，则每一类都要填写。

（三）大病医疗

36. 大病医疗专项附加扣除的扣除方式是怎样的?

答：在一个纳税年度内，纳税人发生的与基本医保相关的医药费用支出，扣除医保报销后个人负担（指医保目录范围内的自付部分）累计超过15000元的部分，由纳税人在办理年度汇算清缴时，在80000元限额内据实扣除。

37. 大病医疗专项附加扣除何时扣除?

答：在次年3月1日至6月30日汇算清缴时扣除。

38. 纳税人配偶、子女的大病医疗支出是否可以在纳税人税前扣除?

答：纳税人发生的医药费用支出可以选择由本人或其配偶一方扣除；未成年子女发生的医药费用支出可以选择由其父母一方扣除。

纳税人及其配偶、未成年子女发生的医药费用支出，可按规定分别计算扣除额。

39. 纳税人父母的大病医疗支出，是否可以在纳税人税前扣除?

答：目前未将纳税人父母纳入大病医疗扣除范围。

40. 享受大病医疗专项附加扣除时，纳税人需要注意什么?

答：纳税人日常看病时，应当留存医药服务收费及医保报销相关票据原件（或者复印件）等资料备查，同时，可以通过医疗保障部门的医疗保障管理信息系统查询本人上一年度医药费用情况。纳税人在年度汇算清缴时填报相关信息申请退税。

41. 夫妻同时有大病医疗支出，想全部都在男方扣除，扣除限额是16万吗?

答：夫妻两人同时有符合条件的大病医疗支出，可以选择都在男方扣除，扣除限额分别计算，每人最高扣除限额为8万元，合计最高扣除限额为16万元。

42. 大病医疗支出中，纳税人年末住院，第二年年初出院，这种跨年度的医疗费用，如何计算扣除额?是分两个年度分别扣除吗?

答：纳税人年末住院，第二年年初出院，一般是在出院时才进行医疗费用的结算。纳税人申报享受大病医疗扣除，以医疗费用结算单上的结算时间为准，因此该医疗支出属于是第二年的医疗费用，到2019年结束时，如果达到大病医疗扣除的“起付线”，可以在2020年汇算清缴时享受扣除。

43. 在私立医院就诊是否可以享受大病医疗扣除?

答：对于纳入医疗保障结算系统的私立医院，只要纳税人看病的支出在医保系统可以体现和归集，则纳税人发生的与基本医保相关的支出，可以按照规定享受大病医疗扣除。

44. 如何理解大病医疗专项附加扣除的“起付线”和扣除限额的关系?

答：根据《暂行办法》规定，纳税人发生的与基本医保相关的医药费用支出，扣除医保报销后个人负担（指医保目录范围内的自付部分）累计超过1.5万元的部分，在8万元限额内据实扣除。上述所称的1.5万是“起付线”，8万是限额。

（四）住房贷款利息

45. 住房贷款利息专项附加扣除的扣除范围是什么?

答：纳税人本人或其配偶单独或共同使用商业银行或住房公积金个人住房贷款为本人或其配偶购买中国境内住房，发生的首套住房贷款利息支出。

46. 住房贷款利息专项附加扣除的标准是怎么规定的?

答：在实际发生贷款利息的年度，按照每月1000元标准定额扣除，扣除期限最长不超过240个月。纳税人只能享受一次首套住房贷款的利息扣除。

47. 住房贷款利息专项附加扣除的扣除主体是谁?

答：经夫妻双方约定，可以选择由其中一方扣除，具体扣除方式在一个纳税年度内不能变更。

48. 住房贷款利息专项附加扣除的扣除方式是怎样的?

答：住房贷款利息专项附加扣除采取定额扣除方式。

49. 住房贷款利息专项附加扣除享受的时间范围?

答：纳税人的住房贷款利息扣除期限最长不能超过240个月，240个月后不能享受附加扣除。对于2019年之后还处在还款期，只要符合条件，就可以扣除。

50. 夫妻双方婚前都有住房贷款，婚后怎么享受住房贷款利息专项附加扣除？

答：夫妻双方婚前分别购买住房发生的首套住房贷款，其贷款利息支出，婚后可以选择其中一套购买的住房，由购买方按扣除标准的100%扣除，也可以由夫妻双方对各自购买的住房分别按扣除标准的50%，具体扣除方式在一个年度内不得变更。

51. 住房贷款利息和住房租金扣除可以同时享受吗？

不可以。纳税人及其配偶在一个纳税年度内不能同时分别享受住房贷款利息和住房租金专项附加扣除。

52. 首套房的贷款还清后，贷款购买第二套房屋时，银行仍旧按照首套房贷款利率发放贷款，首套房没有享受过扣除，第二套房屋是否可以享受住房贷款利息扣除？

答：根据《暂行办法》相关规定，如纳税人此前未享受过住房贷款利息扣除，那么其按照首套住房贷款利率贷款购买的第二套住房，可以享受住房贷款利息扣除。

53. 我有一套住房，是公积金和商贷的组合贷款，公积金中心按首套贷款利率发放，商业银行贷款按普通商业银行贷款利率发放，是否可以享受住房贷款利率扣除？

答：一套采用组合贷款方式购买的住房，如公积金中心或者商业银行其中之一，是按照首套房屋贷款利率发放的贷款，则可以享受住房贷款利息扣除。

54. 父母和子女共同购房，房屋产权证明、贷款合同均登记为父母和子女，住房贷款利息专项附加扣除如何享受？

答：父母和子女共同购买一套房子，不能既由父母扣除，又由子女扣除，应该由主贷款人扣除。如主贷款人为子女的，由子女享受贷款利息专项附加扣除；主贷款人为父母中一方的，由父母任一方享受贷款利息扣除。

55. 父母为子女买房，房屋产权证明登记为子女，贷款合同的贷款人为父母，住房贷款利息支出的扣除如何享受?

答：从实际看，房屋产权证明登记主体与贷款合同主体完全没有交叉的情况很少发生。如确有此类情况，按照《暂行办法》规定，只有纳税人本人或者配偶使用住房贷款为本人或者其配偶购买中国境内住房，发生的首套住房贷款利息支出可以扣除。本例中，父母所购房屋是为子女购买的，不符合上述规定，父母和子女均不可以享受住房贷款利息扣除。

56. 丈夫婚前购买的首套住房，婚后由丈夫还贷，首套住房利息是否只能由丈夫扣除? 妻子是否可以扣除?

答：按照《暂行办法》规定，经夫妻双方约定，可以选择由夫妻中一方扣除，具体扣除方式在一个纳税年度内不能变更。

57. 如何理解纳税人只能享受一次住房贷款利息扣除?

答：只要纳税人申报扣除过一套住房贷款利息，在个人所得税专项附加扣除的信息系统里存有扣除住房贷款利息的记录，无论扣除时间长短、也无论该住房的产权归属情况，纳税人就不得再就其他房屋享受住房贷款利息扣除。

58. 享受住房贷款利息专项附加扣除，房屋证书号码是房屋所有权证/不动产权证上哪一个号码?

答：为房屋所有权证或不动产权证上载明的号码。如，京（2018）朝阳不动产权第0000000号，或者苏房地（宁）字（2017）第000000号。如果还没取得房屋所有权证或者不动产权证，但有房屋买卖合同、房屋预售合同的，填写合同上的编号。

59. 个人填报住房贷款相关信息时，“是否婚前各自首套贷款，且婚后分别扣除50%”是什么意思? 我该如何填写该栏?

答：如夫妻双方婚前各自有一套符合条件的住房贷款利息的，填写本栏。无此情形的，无须填写。

如夫妻婚后选择其中一套住房，由购买者按扣除标准100%扣除的，则购买者需填写本栏并选择“否”。另一方应当在同一月份变更相关信息、停止申报扣除。

如夫妻婚后选择对各自购买的住房分别按扣除标准的50%扣除的，则夫妻双方均需填写本栏并选择“是”。

60. 我刚办的房贷期限是30年，我现在扣完子女教育和赡养老人就不用缴税了，我可以选择过两年再开始办理房贷扣除吗？

答：住房贷款利息支出扣除实际可扣除时间为，贷款合同约定开始还款的当月至贷款全部归还或贷款合同终止的当月，扣除期限最长不得超过240个月。因此，在不超过240个月以内，您可以根据个人情况办理符合条件的住房贷款利息扣除。

（五）住房租金

61. 住房租金专项附加扣除的扣除范围是怎么规定的？

答：纳税人及配偶在主要工作城市没有自有住房而发生的住房租金支出，可以按照规定进行扣除。

62. 住房租金专项附加扣除中的主要工作城市是如何定义的？

答：主要工作城市是指纳税人任职受雇的直辖市、计划单列市、副省级城市、地级市（地区、州、盟）全部行政区域范围。无任职受雇单位的，为综合所得汇算清缴地的税务机关所在城市。

63. 住房租金专项附加扣除的扣除标准是怎么规定的？

答：住房租金专项附加扣除按照以下标准定额扣除：

（一）直辖市、省会（首府）城市、计划单列市以及国务院确定的其他城市，扣除标准为每月1500元；

（二）除上述所列城市以外，市辖区户籍人口超过100万的城市，扣除标准为每月 1100 元；市辖区人口不超过 100 万（含）的城市，扣除标准为每月 800 元。纳税人的配偶在纳税人的主要工作城市有自有住房的，视同纳税人在主要工作城市有自有住房。市辖区户籍人口，以国家统计局公布的数据为准。

64. 住房租金专项附加扣除的扣除主体是谁?

答：住房租金支出由签订租赁住房合同的承租人扣除。夫妻双方主要工作城市相同的，只能由一方（即承租人）扣除住房租金支出。夫妻双方主要工作城市不相同的，且各自在其主要工作城市都没有住房的，可以分别扣除住房租金支出。夫妻双方不得同时分别享受住房贷款利息扣除和住房租金扣除。

65. 纳税人享受住房租金专项附加扣除应该留存哪些资料?

答：纳税人应当留存住房租赁合同、协议等有关资料备查。

66. 夫妻双方无住房，两人主要工作城市不同，各自租房，如何扣除?

答：夫妻双方主要工作城市不同，且都无住房，可以分别扣除。

67. 住房贷款利息和住房租金扣除可以同时享受吗?

答：不可以。住房贷款利息和住房租金只能二选一。如果对于住房贷款利息进行了抵扣，就不能再对住房租金进行抵扣。反之亦然。

68. 纳税人首次享受住房租金扣除的时间是什么时候?

答：纳税人首次享受住房租赁扣除的起始时间为租赁合同约定起租的当月，截止日期是租约结束或者在主要工作城市已有住房。

69. 合租住房可以分别扣除住房租金支出吗?

答：住房租金支出由签订租赁合同的承租人扣除。因此，合租租房的个人（非夫妻关系），若都与出租方签署了规范租房合同，可根据租金定额标准各自扣除。

70. 员工宿舍可以扣除租金支出吗？

答：如果个人不付租金，不得扣除。如果本人支付租金，可以扣除。

71. 某些行业员工流动性比较大，一年换几个城市租赁住房，或者当年度一直外派并在当地租房子，如何申报住房租金专项附加扣除？

答：对于为外派员工解决住宿问题的，不应扣除住房租金。对于外派员工自行解决租房问题的，对于一年内多次变换工作地点的，个人应及时向扣缴义务人或者税务机关更新专项附加扣除相关信息，允许一年内按照更换工作地点的情况分别进行扣除。

72. 个人的工作城市与实际租赁房屋地不一致，是否符合条件扣除住房租赁支出？

答：纳税人在主要工作城市没有自有住房而实际租房发生的住房租金支出，可以按照实际工作地城市的标准定额扣除住房租金。

73. 我是铁路职工，主要工作地在上海和杭州，上海公司提供住宿，杭州自己租房且无自有住房，杭州的房租是否可以专项附加扣除？

答：根据《暂行办法》规定，纳税人及其配偶在纳税人主要工作城市没有自有住房的，纳税人发生的住房租金支出可以扣除。如果您和您配偶均在杭州没有自有住房，而杭州又是您主要工作城市的，杭州的房租可以扣除。

74. 公租房是公司与保障房公司签的协议，但员工是需要付房租的，这种情况下员工是否可以享受专项附加扣除，这种需要保留什么资料留存备查呢？

答：纳税人在主要工作城市没有自有住房而发生的住房租金支出，可以按照标准定额扣除。员工租用公司与保障房公司签订的保障房，并支付租金的，可以申报扣除住房租金专项附加扣除。纳税人应当留存与公司签订的公租房合同或协议等相关资料备查。

75. 纳税人公司所在地为保定，被派往分公司北京工作，纳税人及其配偶在北京都没有住房，由于工作原因在北京租房，纳税人是否可以享受住房租金扣除项目，按照哪个城市的标准扣除?

答：符合条件的纳税人在主要工作地租房的支出可以享受住房租金扣除。主要工作地指的是纳税人的任职受雇所在地，如果任职受雇所在地与实际工作地不符的，以实际工作地为主要工作城市。按照纳税人陈述的情形，纳税人当前的实际工作地（主要工作地）是北京市，应当按照北京市的标准享受住房租金扣除。

76. 我年度中间换租造成中间有重叠租赁月份的情况，如何填写相关信息?

答：纳税人年度中间月份更换租赁住房、存在租赁期有交叉情形的，纳税人在填写租赁日期时应当避免日期有交叉。

如果此前已经填报过住房租赁信息的，只能填写新增租赁信息，且必须晚于上次已填报的住房租赁期止所属月份。确需修改已填报信息的，需联系扣缴义务人在扣缴客户端修改。

（六）赡养老人

77. 赡养老人专项附加扣除的扣除范围是怎么规定的?

答：纳税人赡养年满 60 岁父母以及子女均已去世的年满 60 岁祖父母、外祖父母的赡养支出，可以税前扣除。

78. 赡养老人专项附加扣除的扣除标准是怎么规定的?

答：纳税人为独生子女的，按照每月 2000 元的标准定额扣除。纳税人为非独生子女的，应当与其兄弟姐妹分摊每月 2000 元的扣除额度，分摊的扣除额最高不得超过每月 1000 元。

79. 赡养老人专项附加扣除的分摊方式有哪几种?

答：赡养老人专项附加扣除的分摊方式包括由赡养人均摊或约定分摊，也可以由被赡养人指定分摊。采取指定分摊或者约定分摊方式的，每一纳税人分摊的扣除额最高不得超过每月 1000 元，并签订书面分摊协议。指定分摊与约定分摊不一致的，以指定分摊为准。

80. 赡养老人专项附加扣除的扣除方式是怎样的？

答：赡养老人专项附加扣除采取定额标准扣除方式。

81. 赡养老人专项附加扣除的扣除主体是谁？

答：赡养老人专项附加扣除的扣除主体包括：一是负有赡养义务的所有子女。《婚姻法》规定：婚生子女、非婚生子女、养子女、继子女有赡养扶助父母的义务。二是祖父母、外祖父母的子女均已经去世，负有赡养义务的孙子女、外孙子女。

82. 纳税人父母年龄均超过 60 周岁，在进行赡养老人扣除时，是否可以按照两倍标准扣除？

答：不能。扣除标准是按照每个纳税人有两位赡养老人测算的。只要父母其中一位达到 60 岁就可以享受扣除，不按照老人人数计算。

83. 由于纳税人的叔叔伯伯无子女，纳税人实际承担对叔叔伯伯的赡养义务，是否可以扣除赡养老人支出？

答：不可以。被赡养人是指年满 60 岁的父母，以及子女均已去世的年满 60 岁的祖父母、外祖父母。

84. 赡养老人的分摊扣除，是否需要向税务机关报送协议？

答：纳税人之间赡养老人支出采用分摊扣除的，如果是均摊，兄弟姐妹之间不需要再签订书面协议，也无需向税务机关报送。如果采取约定分摊或者老人指定分摊的方式，需要签订书面协议，书面协议不需要向税务机关或者扣缴义务人报送，自行留存备查。

85. 赡养岳父岳母或公婆的费用是否可以享受个人所得税附加扣除？

答：不可以。被赡养人是指年满 60 岁的父母，以及子女均已去世的年满 60 岁的祖父母、外祖父母。

86. 父母均要满 60 岁，还是只要一位满 60 岁即可?

答：父母中有一位年满 60 周岁的，纳税人可以按照规定标准扣除。

87. 独生子女家庭，父母离异后再婚的，如何享受赡养老人专项附加扣除?

答：对于独生子女家庭，父母离异后重新组建家庭，在新组建的两个家庭中，只要父母中一方没有纳税人以外的其他子女进行赡养，则纳税人可以按照独生子女标准享受每月 2000 元赡养老人专项附加扣除。除上述情形外，不能按照独生子女享受扣除。在填写专项附加扣除信息表时，纳税人需注明与被赡养人的关系。

88. 双胞胎是否可以按照独生子女享受赡养老人扣除?

答：双胞胎不可以按照独生子女享受赡养老人扣除。双胞胎兄弟姐妹需要共同赡养父母，双胞胎中任何一方都不是父母的唯一赡养人，因此每个子女不能独自 2000 元的扣除额度。

89. 生父母有两个子女，将其中一个过继给养父母，养父母家没有其他子女，被过继的子女属于独生子女吗? 留在原家庭的孩子，属于独生子女吗?

答：被过继的子女，在新家庭中属于独生子女。留在原家庭的孩子，如没有兄弟姐妹与其一起承担赡养生父母的义务，也可以按照独生子女标准享受扣除。

90. 非独生子女的兄弟姐妹都已去世，是否可以按独生子女赡养老人扣除 2000 元/月?

答：一个纳税年度内，如纳税人的其他兄弟姐妹均已去世，其可在第二年按照独生子女赡养老人标准 2000 元/月扣除。如纳税人的兄弟姐妹在 2019 年 1 月 1 日以前均已去世，则选择按“独生子女”身份享受赡养老人扣除标准；如纳税人已按“非独生子女”身份填报，可修改已申报信息，1 月按非独生子女身份扣除少享受的部分，可以在下月领工资时补扣除。

91. 子女均已去世的年满 60 岁的祖父母、外祖父母，孙子女、外孙子女能否按照独生子女扣除，如何判断?

答：只要祖父母、外祖父母中的任何一方，没有纳税人以外的其他孙子女、外孙子女共同赡养，则纳税人可以按照独生子女扣除。如果还有其他的孙子女、外孙子女与纳税人共同赡养祖父母、外祖父母，则纳税人不能按照独生子女扣除。

92. 两个子女中的一个无赡养父母的能力，是否可以由余下那名子女享受2000元扣除标准?

答：不可以。按照《暂行办法》规定，纳税人为非独生子女的，在兄弟姐妹之间分摊2000元/月的扣除额度，每人分摊的额度不能超过每月1000元，不能由其中一人单独享受全部扣除。

93. 非独生子女，父母指定或兄弟协商，是否可以最高某一个子女可以扣2000元?

答：根据《个人所得税专项附加扣除暂行办法》规定，纳税人为非独生子女的，由其与兄弟姐妹分摊每月2000元的扣除额度，每人分摊的额度不能超过每月1000元。因此，非独生子女是不能通过父母指定或兄弟协商享受2000元扣除标准的。

94. 赡养老人扣除应当填报和报送什么资料?

答：享受赡养老人扣除，只需填报相关信息即可，无需报送资料。填报的信息包括：是否为独生子女、月扣除金额、被赡养人姓名及身份证件类型和号码、与纳税人关系；此外，有共同赡养人的，还要填报分摊方式、共同赡养人姓名及身份证件类型和号码等信息。

（七）通用类

95. 我们一家人都在农村务农，是不是不能享受专项附加扣除? 我能够享受哪些方面的税收优惠?

答：根据修改后的税法规定，纳税人取得工资薪金、劳务报酬、稿酬、特许权使用费等综合所得，可以减除专项附加扣除。如果纳税人从事个体经营，同时没有这些综合所得的，也可以享受专项附加扣除。现在很多人进城打工，也有工资收入，可以享受专项附加扣除。

纳税人在农村务农，没有综合所得，如果从事种植业、养殖业、饲养业和捕捞业取得的所得，国家是予以免征个人所得税的。

96. 符合扣除条件的纳税人，什么时候可以办理专项附加扣除?

答：除大病医疗外，其他5项专项附加扣除，只要纳税人在纳税年度内符合其中的一项或多项扣除条件时，就可以向工资薪金的扣缴单位填报相关信息，享受专项附加扣除。大病医疗，或者纳税人年度内未享受或未足额享受的，可在次年3月1日至6月30日办理综合所得汇算清缴时向税务机关填报相关专项附加扣除信息、享受扣除优惠。

97. 2019年1月1日起就可以享受专项附加扣除信息，可是还有一些填报事项不明确或其他原因，来不及报送专项附加扣除信息怎么办?

答：对部分专项附加扣除事项不确定，或是其他原因，未能在2019年1月份，或符合专项附加扣除条件的当月报送专项附加扣除信息的，可以在相关事项确定后，再填报相关扣除信息；对之前符合条件应当享受而未享受的，可以在该纳税年度剩余月份补充享受。也可以在次年3月1日至6月30日内，通过向税务机关办理综合所得汇算清缴申报时办理扣除。

第三篇

“减税降费”税收优惠政策法规汇编

第一章　增值税与综合规定

1. 财政部、税务总局、海关总署关于深化增值税改革有关政策的公告

（2019 年 3 月 20 日　财政部、税务总局、海关总署公告 2019 年第 39 号）

为贯彻落实党中央、国务院决策部署，推进增值税实质性减税，现将 2019 年增值税改革有关事项公告如下：

一、增值税一般纳税人（以下称纳税人）发生增值税应税销售行为或者进口货物，原适用 16% 税率的，税率调整为 13%；原适用 10% 税率的，税率调整为 9%。

二、纳税人购进农产品，原适用 10% 扣除率的，扣除率调整为 9%。纳税人购进用于生产或者委托加工 13% 税率货物的农产品，按照 10% 的扣除率计算进项税额。

三、原适用 16% 税率且出口退税率为 16% 的出口货物劳务，出口退税率调整为 13%；原适用 10% 税率且出口退税率为 10% 的出口货物、跨境应税行为，出口退税率调整为 9%。

2019 年 6 月 30 日前（含 2019 年 4 月 1 日前），纳税人出口前款所涉货物劳务、发生前款所涉跨境应税行为，适用增值税免退税办法的，购进时已按调整前税率征收增值税的，执行调整前的出口退税率，购进时已按调整后税率征收增值税的，执行调整后的出口退税率；适用增值税免抵退税办法的，执行调整前的出口退税率，在计算免抵退税时，适用税率低于出口退税率的，适用税率与出口退

税率之差视为零参与免抵退税计算。

出口退税率的执行时间及出口货物劳务、发生跨境应税行为的时间，按照以下规定执行：报关出口的货物劳务（保税区及经保税区出口除外），以海关出口报关单上注明的出口日期为准；非报关出口的货物劳务、跨境应税行为，以出口发票或普通发票的开具时间为准；保税区及经保税区出口的货物，以货物离境时海关出具的出境货物备案清单上注明的出口日期为准。

四、适用13%税率的境外旅客购物离境退税物品，退税率为11%；适用9%税率的境外旅客购物离境退税物品，退税率为8%。

2019年6月30日前，按调整前税率征收增值税的，执行调整前的退税率；按调整后税率征收增值税的，执行调整后的退税率。

退税率的执行时间，以退税物品增值税普通发票的开具日期为准。

五、自2019年4月1日起，《营业税改征增值税试点有关事项的规定》（财税〔2016〕36号印发）第一条第（四）项第1点、第二条第（一）项第1点停止执行，纳税人取得不动产或者不动产在建工程的进项税额不再分2年抵扣。此前按照上述规定尚未抵扣完毕的待抵扣进项税额，可自2019年4月税款所属期起从销项税额中抵扣。

六、纳税人购进国内旅客运输服务，其进项税额允许从销项税额中抵扣。

（一）纳税人未取得增值税专用发票的，暂按照以下规定确定进项税额：

1. 取得增值税电子普通发票的，为发票上注明的税额；

2. 取得注明旅客身份信息的航空运输电子客票行程单的，为按照下列公式计算进项税额：

航空旅客运输进项税额 =（票价 + 燃油附加费）÷（1 +9%）×9%

3. 取得注明旅客身份信息的铁路车票的，为按照下列公式计算的进项税额：

铁路旅客运输进项税额 = 票面金额 ÷（1 +9%）×9%

4. 取得注明旅客身份信息的公路、水路等其他客票的，按照下列公式计算进项税额：

公路、水路等其他旅客运输进项税额 = 票面金额 ÷（1 +3%）×3%

（二）《营业税改征增值税试点实施办法》（财税〔2016〕36号印发）第二十七条第（六）项和《营业税改征增值税试点有关事项的规定》（财税〔2016〕36号印发）第二条第（一）项第5点中“购进的旅客运输服务、贷款服务、餐饮服务、居民日常服务和娱乐服务”修改为“购进的贷款服务、餐饮服务、居民日常服务和娱乐服务”。

七、自2019年4月1日至2021年12月31日，允许生产、生活性服务业纳税人按照当期可抵扣进项税额加计10%，抵减应纳税额（以下称加计抵减政策）。

（一）本公告所称生产、生活性服务业纳税人，是指提供邮政服务、电信服务、现代服务、生活服务（以下称四项服务）取得的销售额占全部销售额的比重超过50%的纳税人。四项服务的具体范围按照《销售服务、无形资产、不动产注释》（财税〔2016〕36号印发）执行。

2019年3月31日前设立的纳税人，自2018年4月至2019年3月期间的销售额（经营期不满12个月的，按照实际经营期的销售额）符合上述规定条件的，自2019年4月1日起适用加计抵减政策。

2019年4月1日后设立的纳税人，自设立之日起3个月的销售额符合上述规定条件的，自登记为一般纳税人之日起适用加计抵减政策。

纳税人确定适用加计抵减政策后，当年内不再调整，以后年度是否适用，根据上年度销售额计算确定。

纳税人可计提但未计提的加计抵减额，可在确定适用加计抵减政策当期一并计提。

（二）纳税人应按照当期可抵扣进项税额的10%计提当期加计抵减额。按照现行规定不得从销项税额中抵扣的进项税额，不得计提加计抵减额；已计提加计抵减额的进项税额，按规定作进项税额转出的，应在进项税额转出当期，相应调减加计抵减额。计算公式如下：

当期计提加计抵减额 = 当期可抵扣进项税额 × 10%

当期可抵减加计抵减额 = 上期末加计抵减额余额 + 当期计提加计抵减额 − 当期调减加计抵减额

（三）纳税人应按照现行规定计算一般计税方法下的应纳税额（以下称抵减前的应纳税额）后，区分以下情形加计抵减：

1. 抵减前的应纳税额等于零的，当期可抵减加计抵减额全部结转下期抵减；

2. 抵减前的应纳税额大于零，且大于当期可抵减加计抵减额的，当期可抵减加计抵减额全额从抵减前的应纳税额中抵减；

3. 抵减前的应纳税额大于零，且小于或等于当期可抵减加计抵减额的，以当期可抵减加计抵减额抵减应纳税额至零。未抵减完的当期可抵减加计抵减额，结转下期继续抵减。

（四）纳税人出口货物劳务、发生跨境应税行为不适用加计抵减政策，其对应的进项税额不得计提加计抵减额。

纳税人兼营出口货物劳务、发生跨境应税行为且无法划分不得计提加计抵减额的进项税额，按照以下公式计算：

不得计提加计抵减额的进项税额 = 当期无法划分的全部进项税额 × 当期出口货物劳务和发生跨境应税行为的销售额 ÷ 当期全部销售额

（五）纳税人应单独核算加计抵减额的计提、抵减、调减、结余等变动情况。骗取适用加计抵减政策或虚增加计抵减额的，按照《中华人民共和国税收征收管理法》等有关规定处理。

（六）加计抵减政策执行到期后，纳税人不再计提加计抵减额，结余的加计抵减额停止抵减。

八、自 2019 年 4 月 1 日起，试行增值税期末留抵税额退税制度。

（一）同时符合以下条件的纳税人，可以向主管税务机关申请退还增量留抵税额：

1. 自 2019 年 4 月税款所属期起，连续六个月（按季纳税的，连续两个季度）增量留抵税额均大于零，且第六个月增量留抵税额不低于 50 万元；

2. 纳税信用等级为 A 级或者 B 级；

3. 申请退税前 36 个月未发生骗取留抵退税、出口退税或虚开增值税专用发票情形的；

4. 申请退税前 36 个月未因偷税被税务机关处罚两次及以上的；

5. 自 2019 年 4 月 1 日起未享受即征即退、先征后返（退）政策的。

（二）本公告所称增量留抵税额，是指与 2019 年 3 月底相比新增加的期末留抵税额。

（三）纳税人当期允许退还的增量留抵税额，按照以下公式计算：

允许退还的增量留抵税额 = 增量留抵税额 × 进项构成比例 ×60%

进项构成比例，为 2019 年 4 月至申请退税前一税款所属期内已抵扣的增值税专用发票（含税控机动车销售统一发票）、海关进口增值税专用缴款书、解缴税款完税凭证注明的增值税额占同期全部已抵扣进项税额的比重。

（四）纳税人应在增值税纳税申报期内，向主管税务机关申请退还留抵税额。

（五）纳税人出口货物劳务、发生跨境应税行为，适用免抵退税办法的，办理免抵退税后，仍符合本公告规定条件的，可以申请退还留抵税额；适用免退税办法的，相关进项税额不得用于退还留抵税额。

（六）纳税人取得退还的留抵税额后，应相应调减当期留抵税额。按照本条规定再次满足退税条件的，可以继续向主管税务机关申请退还留抵税额，但本条第（一）项第1点规定的连续期间，不得重复计算。

（七）以虚增进项、虚假申报或其他欺骗手段，骗取留抵退税款的，由税务机关追缴其骗取的退税款，并按照《中华人民共和国税收征收管理法》等有关规定处理。

（八）退还的增量留抵税额中央、地方分担机制另行通知。

九、本公告自2019年4月1日起执行。

特此公告。

2. 国家税务总局
关于深化增值税改革有关事项的公告

（2019年3月21日　国家税务总局公告2019年第14号）

现将深化增值税改革有关事项公告如下：

一、增值税一般纳税人（以下称纳税人）在增值税税率调整前已按原16%、10%适用税率开具的增值税发票，发生销售折让、中止或者退回等情形需要开具红字发票的，按照原适用税率开具红字发票；开票有误需要重新开具的，先按照原适用税率开具红字发票后，再重新开具正确的蓝字发票。

二、纳税人在增值税税率调整前未开具增值税发票的增值税应税销售行为，需要补开增值税发票的，应当按照原适用税率补开。

三、增值税发票税控开票软件税率栏次默认显示调整后税率，纳税人发生本公告第一条、第二条所列情形的，可以手工选择原适用税率开具增值税发票。

四、税务总局在增值税发票税控开票软件中更新了《商品和服务税收分类编码表》，纳税人应当按照更新后的《商品和服务税收分类编码表》开具增值税发票。

五、纳税人应当及时完成增值税发票税控开票软件升级和自身业务系统调整。

六、已抵扣进项税额的不动产，发生非正常损失，或者改变用途，专用于简易计税方法计税项目、免征增值税项目、集体福利或者个人消费的，按照下列公式计算不得抵扣的进项税额，并从当期进项税额中扣减：

不得抵扣的进项税额 = 已抵扣进项税额 × 不动产净值率

不动产净值率 = （不动产净值 ÷ 不动产原值） ×100%

七、按照规定不得抵扣进项税额的不动产，发生用途改变，用于允许抵扣进项税额项目的，按照下列公式在改变用途的次月计算可抵扣进项税额。

可抵扣进项税额 = 增值税扣税凭证注明或计算的进项税额 × 不动产净值率

八、按照《财政部、税务总局、海关总署关于深化增值税改革有关政策的公告》（财政部、税务总局、海关总署公告 2019 年第 39 号）规定，适用加计抵减政策的生产、生活性服务业纳税人，应在年度首次确认适用加计抵减政策时，通过电子税务局（或前往办税服务厅）提交《适用加计抵减政策的声明》（见附件）。适用加计抵减政策的纳税人，同时兼营邮政服务、电信服务、现代服务、生活服务的，应按照四项服务中收入占比最高的业务在《适用加计抵减政策的声明》中勾选确定所属行业。

九、本公告自 2019 年 4 月 1 日起施行。《不动产进项税额分期抵扣暂行办法》（国家税务总局公告 2016 年第 15 号发布）同时废止。

附件：适用加计抵减政策的声明（略）

- **链接：相关政策解读**

关于《国家税务总局关于深化增值税改革有关事项的公告》的解读[①]

一、公告出台背景

《财政部、税务总局、海关总署关于深化增值税改革有关政策的公告》（财政部、税务总局、海关总署公告 2019 年第 39 号，以下简称 39 号公告）出台后，纳

---

① 参见国家税务总局：http：//www.chinatax.gov.cn/n810341/n810760/c4160254/content.html，访问时间 2019 年 4 月 26 日。

税人开具发票衔接、不动产一次性抵扣、适用加计抵减政策所需填报资料等问题，需要进一步明确，因此出台该公告。

二、2019 年 4 月 1 日降低增值税税率政策实施后，纳税人发生销售折让、中止或者退回等情形的，如何开具红字发票及蓝字发票？

本公告第一条明确，增值税一般纳税人在增值税税率调整前已按原 16%、10% 适用税率开具的增值税发票，发生销售折让、中止或者退回等情形需要开具红字发票的，按照原适用税率开具红字发票；开票有误需要重新开具的，先按照原适用税率开具红字发票后，再重新开具正确的蓝字发票。

需要说明的是，如纳税人此前已按原 17%、11% 适用税率开具了增值税发票，发生销售折让、中止或者退回等情形需要开具红字发票的，应按照《国家税务总局关于统一小规模纳税人标准等若干增值税问题的公告》（国家税务总局公告 2018 年第 18 号，以下简称 18 号公告）相关规定执行。

三、2019 年 4 月 1 日降低增值税税率政策实施后，纳税人需要补开增值税发票的，如何处理？

本公告第二条明确，纳税人在增值税税率调整前未开具增值税发票的增值税应税销售行为，需要补开增值税发票的，应当按照原 16%、10% 适用税率补开。

需要说明的是，如果纳税人还存在 2018 年税率调整前未开具增值税发票的应税销售行为，需要补开增值税发票的，可根据 18 号公告相关规定，按照原 17%、11% 适用税率补开。

四、自 2019 年 4 月 1 日起，纳税人购入不动产，持有期间用途发生改变的，进项税额应如何处理？

本公告第六条明确，已抵扣进项税额的不动产，发生非正常损失，或者改变用途，专用于简易计税方法计税项目、免征增值税项目、集体福利或者个人消费的，按照下列公式计算不得抵扣的进项税额，并从当期进项税额中扣减：

不得抵扣的进项税额 = 已抵扣进项税额 × 不动产净值率

不动产净值率 =（不动产净值 ÷ 不动产原值）×100%

本公告第七条明确，按照规定不得抵扣进项税额的不动产，发生用途改变，用于允许抵扣进项税额项目的，按照下列公式在改变用途的次月计算可抵扣进项税额。

可抵扣进项税额 = 增值税扣税凭证注明或计算的进项税额 × 不动产净值率

五、此次税率调整，适用加计抵减政策的纳税人，需要提供什么资料？

本公告第八条明确，按照39号公告规定，适用加计抵减政策的生产、生活性服务业纳税人，应在年度首次确认适用加计抵减政策时，通过电子税务局（或前往办税服务厅）提交《适用加计抵减政策的声明》。适用加计抵减政策的纳税人，同时兼营邮政服务、电信服务、现代服务、生活服务的，应按照四项服务中收入占比最高的业务在《适用加计抵减政策的声明》中勾选确定所属行业。

需要说明的是，按照39号公告规定，纳税人确定适用加计抵减政策，以后年度是否继续适用，需要根据上年度销售额计算确定。已经提交《适用加计抵减政策的声明》并享受加计抵减政策的纳税人，在2020年、2021年，是否继续适用，应分别根据其2019年、2020年销售额确定，如果符合规定，需再次提交《适用加计抵减政策的声明》。

3. 国家税务总局
关于调整增值税纳税申报有关事项的公告

（2019年3月21日　国家税务总局公告2019年第15号）

为贯彻落实党中央、国务院关于减税降费的决策部署，进一步优化纳税服务，减轻纳税人负担，现将调整增值税纳税申报有关事项公告如下：

一、根据国务院关于深化增值税改革的决定，修订并重新发布《增值税纳税申报表（一般纳税人适用）》《增值税纳税申报表附列资料（一）》《增值税纳税申报表附列资料（二）》《增值税纳税申报表附列资料（三）》《增值税纳税申报表附列资料（四）》。

二、截至2019年3月税款所属期，《国家税务总局关于全面推开营业税改征增值税试点后增值税纳税申报有关事项的公告》（国家税务总局公告2016年第13号）附件1中《增值税纳税申报表附列资料（五）》第6栏“期末待抵扣不动产进项税额”的期末余额，可以自本公告施行后结转填入《增值税纳税申报表附列资料（一）》第8b栏“其他”。

三、本公告施行后，纳税人申报适用16%、10%等原增值税税率应税项目时，按照申报表调整前后的对应关系，分别填写相关栏次。

四、修订后的《增值税纳税申报表（一般纳税人适用）》及其附列资料见附件1，相关填写说明见附件2。

五、本公告自2019年5月1日起施行，国家税务总局公告2016年第13号附件1中《增值税纳税申报表附列资料（五）》《国家税务总局关于营业税改征增值税部分试点纳税人增值税纳税申报有关事项调整的公告》（国家税务总局公告2016年第30号）、《国家税务总局关于调整增值税纳税申报有关事项的公告》（国家税务总局公告2017年第19号）、《国家税务总局关于调整增值税纳税申报有关事项的公告》（国家税务总局公告2018年第17号）同时废止。

特此公告。

附件：1.《增值税纳税申报表（一般纳税人适用）》及其附列资料

2.《增值税纳税申报表（一般纳税人适用）》及其附列资料填写说明

- **链接：相关政策解读**

关于《国家税务总局关于调整增值税纳税申报有关事项的公告》的解读[①]

为贯彻落实党中央、国务院关于减税降费的决策部署，进一步优化纳税服务，减轻纳税人负担，国家税务总局制发《国家税务总局关于调整增值税纳税申报有关事项的公告》（以下简称公告），现将公告解读如下：

一、增值税纳税申报表调整情况

（一）调整部分申报表附列资料表式内容

一是将原《增值税纳税申报表附列资料（一）》中的第1栏、第2栏项目名称分别调整为“13%税率的货物及加工修理修配劳务”和“13%税率的服务、不

① 参见国家税务总局：http：//www.chinatax.gov.cn/n810341/n810760/c4160719/content.html，访问时间2019年4月26日。

动产和无形资产”；删除第3栏“13%税率”；第4a栏、第4b栏序号分别调整为第3栏、第4栏，项目名称分别调整为“9%税率的货物及加工修理修配劳务”和“9%税率的服务、不动产和无形资产”。

二是将原《增值税纳税申报表附列资料（二）》（以下简称《附列资料（二）》）中的第10栏项目名称调整为“（四）本期用于抵扣的旅客运输服务扣税凭证”；第12栏“当期申报抵扣进项税额合计”计算公式调整为“12 =1 +4 +11”。

三是将原《增值税纳税申报表附列资料（三）》中的第1栏、第2栏项目名称分别调整为“13%税率的项目”和“9%税率的项目”。

四是在原《增值税纳税申报表附列资料（四）》表式内容中，增加“二、加计抵减情况”相关栏次。

（二）废止部分申报表附列资料

一是废止原《增值税纳税申报表附列资料（五）》（以下简称《附列资料（五）》）。

二是废止原《营改增税负分析测算明细表》。

纳税人自2019年5月1日起无需填报上述两张附表。

二、本公告施行后需注意的事项

（一）纳税人申报适用16%、10%等原增值税税率应税项目时，按照申报表调整前后的对应关系，分别填写相关栏次。

（二）截至2019年3月税款所属期，《附列资料（五）》第6栏“期末待抵扣不动产进项税额”的期末余额，可以自本公告施行后结转填入《附列资料（二）》第8b栏“其他”。

4. 国家税务总局关于取消一批税务证明事项的决定

（2019年3月8日　国家税务总局令第46号）

为贯彻落实党中央、国务院关于减税降费和减证便民决策部署，税务总局决定再取消12项（附件所列1—12项）税务证明事项，自公布之日起施行。所涉及的规章、规范性文件，按程序修改后另行公布。

根据《财政部、税务总局、科技部、教育部关于科技企业孵化器、大学科技园和众创空间税收政策的通知》（财税〔2018〕120 号）、《财政部、税务总局、中央宣传部关于继续实施文化体制改革中经营性文化事业单位转制为企业若干税收政策的通知》（财税〔2019〕16 号）、《财政部、税务总局、退役军人部关于进一步扶持自主就业退役士兵创业就业有关税收政策的通知》（财税〔2019〕21 号）有关规定，另有 3 项税务证明事项（附件所列 13—15 项）已自 2019 年 1 月 1 日起停止执行，现一并予以公布。

各级税务机关应当认真落实 2018 年底公布取消 20 项和本次公布取消 15 项税务证明事项的有关要求，不得保留或变相保留，并积极回应企业和人民群众关切，进一步减少涉税资料报送，确保纳税人有实实在在的获得感。

附件

取消的税务证明事项目录（共计 15 项）

序号	证明名称	证明用途	取消后的办理方式
1	纳税困难证明	受严重自然灾害影响纳税困难的纳税人办理减免车船税时，需提供纳税人遭受自然灾害影响纳税困难的相关证明材料。	不再提交。税务机关根据实际需要可以采取告知承诺、主动核查、部门间信息共享等替代方式办理。
2	退税商店符合有关条件的证明	符合条件且有意向备案的企业向省税务局办理退税商店备案时，需提供主管税务机关出具的其具有增值税一般纳税人资格、纳税信用等级在 B 级以上、已经安装并使用增值税发票系统升级版的书面证明。	不再提交。改为部门内部核查。

续表

序号	证明名称	证明用途	取消后的办理方式
3	资源税管理证明	开采销售规定范围内应税矿产品的单位和个人，在销售其矿产品时，应当向当地主管税务机关申请开具“资源税管理证明”，作为销售矿产品已申报纳税免予扣缴税款的依据。购货方（扣缴义务人）在收购矿产品时，应主动向销售方（纳税人）索要“资源税管理证明”，扣缴义务人据此不代扣资源税。	税务机关不再开具或索要资源税管理证明，并通过以下措施强化监管： （1）进一步加强开采地源泉控管，对已纳入开采地正常税务管理或者在销售矿产品时开具增值税发票的纳税人，实行纳税人自主申报，不采用代扣代缴的征管方式。 （2）对于部分零散税源，确有必要的，可采用委托代征等替代管理方式。 （3）加强与矿产资源管理等部门的信息共享，加强资源税源头控管和风险防控。
4	有权继承或接受遗赠的公证证明	纳税人办理个人无偿受赠不动产免征个人所得税手续时，属于继承或接受遗赠的，需提供经公证的有权继承或接受遗赠的证明资料。	取消公证要求。有关材料报送比照《国家税务总局关于土地价款扣除时间等增值税征管问题的公告》（国家税务总局公告2016年第86号）第六条执行。
5	购车单位或人员身份证明	纳税人办理节约能源、使用新能源的车船减免车船税备案时，需提供购车单位或人员身份证明。	不再提交。
6	残疾人证明	残疾人个人提供加工、修理修配劳务，以及为社会提供服务，办理免征增值税备案时，需提供残疾人证明。	不再提交。改为纳税人自行留存备查。
7	外交机构、人员身份证明	外国驻华使领馆、国际组织驻华代表机构及其有关人员办理其所有的车船免征车船税备案时，需提供单位及人员身份证明。	不再提交。

续表

序号	证明名称	证明用途	取消后的办理方式
8	批准经营融资租赁业务证明	经人民银行等部门批准从事融资租赁业务的试点纳税人中的一般纳税人，办理其提供有形动产融资租赁服务和有形动产融资性售后回租服务，对其增值税实际税负超过3%的部分实行增值税即征即退备案时，需提供人民银行等部门批准经营融资租赁业务证明。	不再提交。改为纳税人自行留存备查。
9	从事电影制片、发行、放映批文	从事电影制片、发行、放映的电影集团公司（含成员企业）、电影制片厂及其他电影企业，办理取得的销售电影拷贝（含数字拷贝）收入、转让电影版权（包括转让和许可使用）收入、电影发行收入以及在农村取得的电影放映收入免征增值税优惠备案时，需提供广播电影电视行政主管部门（包括中央、省、地市及县级）批准其从事电影制片、发行、放映的批文。	不再提交。改为纳税人自行留存备查。
10	捕捞、养殖船证明	纳税人办理捕捞、养殖渔船免征车船税备案时，需提供由渔业船舶管理部门出具的捕捞、养殖船证明。	不再提交。
11	车船产权证	11.1　纳税人办理捕捞、养殖渔船免征车船税备案时，需提供渔船产权证明。	不再提交。
		11.2　纳税人办理军队、武警专用车船免征车船税备案时，需提供车船产权证。	不再提交。
		11.3　纳税人办理警用车船免征车船税备案时，需提供车船产权证。	不再提交。

续表

序号	证明名称	证明用途	取消后的办理方式
12	总分机构证明	纳税人办理增值税、消费税汇总纳税时，需提供批准设立分支机构的文件，以及分支机构或集团子公司所在地市场监管部门出具的总分机构关系证明。	不再提交。改为纳税人自行留存备查批准设立分支机构的文件，无需由市场监管部门另外出具证明。
13	科技企业孵化器、大学科技园证明	纳税人办理科技企业孵化器、国家大学科技园按规定免征房产税、城镇土地使用税、增值税备案时，需提供国务院科技、教育行政主管部门出具的证明材料。	不再提交。通过政府部门间信息共享替代。
14	转制证明	经认定的转制文化企业，办理免征增值税、房产税备案时，需提供转制方案批复函；企业营业执照；核销事业编制、注销事业单位法人的证明；按企业办法参加社会保险制度的有关材料；相关部门对引入非公有资本和境外资本、变更资本结构的批准文件。	不再提交。改为纳税人自行留存备查。
15	退出现役证	自主就业退役士兵从事个体经营，以及企业招用自主就业退役士兵的，办理减免增值税、城市维护建设税、教育费附加、个人所得税备案时，需提供退役士兵的《中国人民解放军义务兵退出现役证》或《中国人民解放军士官退出现役证》。	不再提交。改为纳税人自行留存备查。

● 链接：相关政策解读

关于《国家税务总局关于取消一批税务证明事项的决定》的解读[①]

一、制定《决定》的背景

根据《国务院办公厅关于做好证明事项清理工作的通知》（国办发〔2018〕47号）有关要求，国家税务总局对税务证明事项进行了全面清理，并于2018年底公布取消了20项税务证明事项。2019年，国家税务总局认真贯彻落实党中央、国务院关于减税降费和减证便民决策部署，将取消税务证明事项作为增进减税降费便利化重要措施，研究决定再取消12项税务证明事项，另有3项税务证明事项已根据有关政策规定自2019年1月1日起停止执行，一并予以公布。

二、《决定》有关考虑及主要内容

（一）取消税务证明事项的主要考虑

取消税务证明事项，是税务部门贯彻落实党中央、国务院关于减税降费和减证便民的部署要求，积极回应企业和人民群众关切的重要举措。通过着力精简纳税困难证明、公证证明等与企业生产经营和人民群众日常生活紧密相关的证明材料，进一步减少涉税资料报送，减轻纳税人负担，有利于深化税务系统"放管服"改革，优化税收营商环境，为市场主体增便利、添活力。

（二）取消的12项税务证明事项

此次决定取消的12项税务证明事项，从涉税领域来看，涉及出口退税1项、征收管理2项、税收优惠9项；从证明性质来看，涉及主体（身份）证明4项、资质证明3项、权属证明1项、客观事实证明4项；从证明来源看，需要专门为办理税务事项另行从第三方取得证明材料的共5项（纳税困难证明、资源税管理证明、继承权公证证明等），需要提供法定证照等已有材料的共7项（残疾人证、车船产权证等）。

---

① 参见国家税务总局：http：//www.chinatax.gov.cn/n810341/n810760/c4108725/content.html，访问时间2019年4月26日。

（三）根据有关政策规定已停止执行的3项税务证明事项

根据有关政策规定已停止执行，此次一并公布的3项税务证明事项均为税收优惠事项，具体如下：

1. 根据财政部、国家税务总局、科技部、教育部联合发布的《关于科技企业孵化器、大学科技园和众创空间税收政策的通知》（财税〔2018〕120号），“纳税人办理科技企业孵化器、国家大学科技园按规定免征房产税、城镇土地使用税、增值税备案时，需提供国务院科技、教育行政主管部门出具的证明材料”税务证明事项已经取消，取消后替代方式是部门间信息共享。新政策自2019年1月1日起执行。

2. 根据财政部、国家税务总局、中央宣传部联合发布的《关于继续实施文化体制改革中经营性文化事业单位转制为企业若干税收政策的通知》（财税〔2019〕16号），“经认定的转制文化企业，办理免征增值税、房产税备案时，需提供转制方案批复函；企业营业执照；核销事业编制、注销事业单位法人的证明；按企业办法参加社会保险制度的有关材料；相关部门对引入非公有资本和境外资本、变更资本结构的批准文件”税务证明事项已经取消，取消后的替代方式是纳税人自行留存备查法定证照等已有材料。新政策自2019年1月1日起执行。

3. 根据财政部、国家税务总局、退役军人部联合发布的《关于进一步扶持自主就业退役士兵创业就业有关税收政策的通知》（财税〔2019〕21号），“自主就业退役士兵从事个体经营，以及企业招用自主就业退役士兵的，办理减免增值税、城市维护建设税、教育费附加、个人所得税备案时，需提供退役士兵的《中国人民解放军义务兵退出现役证》或《中国人民解放军士官退出现役证》”税务证明事项已经取消，取消后替代方式是纳税人自行留存备查有关证件。新政策自2019年1月1日起执行。

按照《国务院办公厅关于做好证明事项清理工作的通知》（国办发〔2018〕47号）关于“已取消的证明事项要及时通过互联网等向社会公布目录并做好宣传解读工作”的规定，此次一并公布上述3项根据有关政策规定已停止执行的税务证明事项。

（四）取消税务证明事项后的替代措施

15项税务证明事项取消后，均不需要再提供相关证明材料。其中，部分事项通过部门内部核查替代；部分事项通过部门间信息共享替代；部分事项改为纳税人自行出具有关材料；部分事项改为纳税人自行留存有关法定证照，以备税务机关事后核查。

三、《决定》施行日期

《决定》附件所列1—12项税务证明事项自《决定》公布之日起停止执行，所涉及的规章、规范性文件，按程序修改后另行发布；《决定》附件所列13—15项税务证明事项，自2019年1月1日起停止执行。

5. 国家税务总局关于做好2019年深化增值税改革工作的通知

（2019年3月5日 税总发〔2019〕32号）

国家税务总局各省、自治区、直辖市和计划单列市税务局，国家税务总局驻各地特派员办事处：

今天，李克强总理在《政府工作报告》中提出了2019年深化增值税改革的具体安排和工作要求。考虑到实施时间较紧，任务很重，既涉及税务机关的准备，又涉及相关服务单位的支持，也需要广大纳税人的配合，为确保降低增值税税率等各项改革措施如期落实到位、落地生根，现就有关工作事项通知如下：

一、提高认识，加强领导，汇集改革合力

（一）提高政治站位

深化增值税改革是2019年实施更大规模减税降费的“重头戏”，是减轻企业负担、激发市场活力的重大举措，是完善税制、优化收入分配格局的重要改革，是宏观政策支持稳增长、保就业、调结构的重大抉择。各级税务机关要充分认识深化增值税改革的重大意义，切实把思想和行动统一到党中央、国务院的决策部署上来，从讲政治的高度，把贯彻落实好深化增值税改革、切实减轻实体经济税收负担，摆在重中之重的位置，实打实、硬碰硬，不折不扣狠抓落实，让企业和人民群众有实实在在的获得感。

（二）加强组织领导

此次改革时间紧、任务重、要求高。各级税务机关要切实加强组织领导，进一步增强工作的主动性、前瞻性、协调性，着力构建一竿子到底抓落实的工作机制。一把手要负总责，以实施减税降费工作领导小组为依托，紧紧围绕减税目标，统筹研究、注重集成、周密部署、迅速行动，倒排工期，明确责任分工，梳理任务清单，紧扣时间节点，对标对表加以推进。各级领导班子要强化责任担当，分管领导要亲自组织，亲自研究，亲自部署，不折不扣把深化增值税改革各项措施按时保质落实到位。

（三）严格工作标准

此次改革，除了降低增值税税率之外，还将配套增加抵扣等政策措施。各级税务机关要充分认识改革任务落实的艰巨性、紧迫性，进一步弘扬中国税务精神和营改增精神，确立更高的思想认识标准、政策落实标准、征管核算标准、服务宣传标准、督查督办标准，精准对标，深挖潜力，加强制度创新、服务创新、管理创新和技术创新，按照简明易行好操作的要求，细化实化操作办法，增强工作的科学性、针对性、实效性。

（四）坚持协调联动

深化增值税改革措施政策性强、涉及面广，落实落地需要各方面积极参与，协同推进，形成政府主导、部门合作、内部联动、社会协同的良好局面。各级税务机关要主动向地方党委、政府汇报，积极争取在调整预算时充分考虑增值税税率下调带来的减收因素，合理确定税费收入预算水平。要加强与行业主管部门、行业协会的沟通协作，及时了解行业动向，全面掌握减税成效。要主动向有关监督部门汇报减税降费政策落实情况，积极争取指导，认真改进工作。

二、突出重点，有序推进，做实改革举措

（五）夯实征管基础

各级税务机关要围绕深化增值税改革在征管方面带来的变化和提出的要求，打牢征管基础。税务总局负责完成金税三期、增值税发票管理、出口退税管理等信息系统的优化完善、联调测试及维护升级。各地应及时做好电子税务局的改造升级，以及与金税三期系统的联调测试和上线工作，重点关注申报表栏次和填写规则变化对相关系统的影响，切实做到网上申报与申报比对的有序衔接，保障系统稳定高效运行。

（六）深入培训辅导

增值税改革政策出台后，各级税务机关要把加强培训辅导摆在重要位置，组织开展好税务系统内部和面向纳税人的辅导培训。税务总局将组织“一竿子插到底”的视频培训，相关业务部门要及时做好热点问题、疑难问题的审核工作，统一办税服务厅、12366 热线等渠道的咨询解答口径。各级税务机关要结合当地实际，对纳税人进行全覆盖、分阶段、强重点的政策培训和有针对性的操作培训，提高宣传辅导的精准度。特别要做好新旧政策衔接的辅导工作，帮助纳税人准确适用政策，确保政策平稳有序过渡。

（七）优化纳税服务

各级税务机关要落实深化“放管服”改革要求，进一步牢固树立以纳税人为中心的理念，针对纳税人办税过程中的痛点和堵点，问计问需于纳税人，综合施策，注重体验，出台服务举措，创新服务手段，努力提供更优质、更便捷的纳税服务。税务总局将指导各地优化纳税服务，紧扣纳税人诉求，回应纳税人关切。各级税务机关要确保政策施行后，纳税人能够及时、准确、顺利地开具增值税发票；同时，各级税务机关要加强对税控服务单位的指导和监管，做好开票系统升级完善工作，做好纳税人配合的宣传解释工作，及时解决纳税人遇到的问题，切实提高服务质量，严禁借系统升级之机违规收费。

（八）抓好宣传引导

各级税务机关要加强和规范政策解读，深入做好改革宣传工作，积极应用新媒体、移动终端等渠道，从纳税人视角开展宣传，增强纳税人改革获得感，要及时回应社会关切，正确引导舆论，营造良好改革氛围。

三、压实责任，严明纪律，确保改革成效

（九）严肃工作纪律

深化增值税改革是党中央、国务院作出的重大决策部署，各级税务机关要牢固树立落实减税降费政策既是政治任务，又是硬任务的理念，严明工作纪律，严实工作作风，严肃工作态度，确保各项工作部署扎实有序推进、各项改革举措不折不扣落实，使广大纳税人充分享受改革红利。对改革任务落实不力的，特别是对造成社会不良影响的，要依法依纪严肃追责问责。

（十）统筹督查检查

税务总局已将改革相关重点工作纳入督查督办和绩效考评，各级税务机关也要参照全面推开营改增和2018年深化增值税改革三项措施的好经验、好做法，对改革工作逐项梳理，逐项分解，明确责任部门和责任人员，完善督查和考评内容，细化考评指标，严格绩效考评，确保一督到底、全面覆盖、不留死角。对督查发现的问题要查深查透、即查即改，切实做到真督真查、真促真改。稽查部门要及时查处、精准打击改革推行后发现的虚开增值税发票等税收违法行为，切实防范税收风险，规范税收秩序，为深化增值税改革保驾护航。

（十一）深化效应分析

各级税务机关要围绕改革成效，高标准做精统计核算，夯实数据质量。税务总局已制定改革后续统计核算和效应分析方案，将对省税务局使用分析平台开展减税统计核算和效应分析工作作出部署、提出要求。省税务局要建立数据采集、审核校验、汇总上报、核算分析的全环节工作机制，注重收集鲜活案例，扎实做好数据统计，打造减税核算的“铁账本”。

（十二）注重示范带动

各级税务机关要结合本地实际，及时总结经验，排查问题，不断改进和提升工作质效。对具有复制推广意义的经验做法，各地要及时层报至税务总局（货物劳务税司）。税务总局将通过适当方式予以推介，更好地发挥典型示范带动作用。

6. 国家税务总局、人力资源社会保障部、国务院扶贫办、教育部关于实施支持和促进重点群体创业就业有关税收政策具体操作问题的公告

（2019年2月26日　国家税务总局公告2019年第10号）

为贯彻落实《财政部、税务总局、人力资源社会保障部、国务院扶贫办关于进一步支持和促进重点群体创业就业有关税收政策的通知》（财税〔2019〕22号）精神，现就具体操作问题公告如下：

一、重点群体个体经营税收政策

（一）申请

1. 建档立卡贫困人口从事个体经营的，向主管税务机关申报纳税时享受优惠。

2. 登记失业半年以上的人员，零就业家庭、享受城市居民最低生活保障家庭劳动年龄的登记失业人员，以及毕业年度内高校毕业生，可持《就业创业证》（或《就业失业登记证》，下同）、个体工商户登记执照（未完成“两证整合”的还须持《税务登记证》）向创业地县以上（含县级，下同）人力资源社会保障部门提出申请。县以上人力资源社会保障部门应当按照财税〔2019〕22号文件的规定，核实其是否享受过重点群体创业就业税收优惠政策。对符合财税〔2019〕22号文件规定条件的人员在《就业创业证》上注明“自主创业税收政策”或“毕业年度内自主创业税收政策”。

（二）税款减免顺序及额度

重点群体从事个体经营的，按照财税〔2019〕22号文件第一条的规定，在年度减免税限额内，依次扣减增值税、城市维护建设税、教育费附加、地方教育附加和个人所得税。城市维护建设税、教育费附加、地方教育附加的计税依据是享受本项税收优惠政策前的增值税应纳税额。

纳税人的实际经营期不足1年的，应当以实际月数换算其减免税限额。换算公式为：减免税限额 = 年度减免税限额 ÷ 12 × 实际经营月数。

纳税人实际应缴纳的增值税、城市维护建设税、教育费附加、地方教育附加和个人所得税小于减免税限额的，以实际应缴纳的增值税、城市维护建设税、教育费附加、地方教育附加和个人所得税税额为限；实际应缴纳的增值税、城市维护建设税、教育费附加、地方教育附加和个人所得税大于减免税限额的，以减免税限额为限。

（三）税收减免管理

登记失业半年以上的人员，零就业家庭、城市低保家庭的登记失业人员，以及毕业年度内高校毕业生享受本项税收优惠的，由其留存《就业创业证》（注明“自主创业税收政策”或“毕业年度内自主创业税收政策”）备查，建档立卡贫困人口无需留存资料备查。

二、企业招用重点群体税收政策

（一）申请

享受招用重点群体就业税收优惠政策的企业，持下列材料向县以上人力资源社会保障部门递交申请：

1. 招用人员持有的《就业创业证》（建档立卡贫困人口不需提供）。

2. 企业与招用重点群体签订的劳动合同（副本），企业依法为重点群体缴纳的社会保险记录。通过内部信息共享、数据比对等方式审核的地方，可不再要求企业提供缴纳社会保险记录。

县以上人力资源社会保障部门接到企业报送的材料后，重点核实以下情况：

1. 招用人员是否属于享受税收优惠政策的人员范围，以前是否已享受过重点群体创业就业税收优惠政策。

2. 企业是否与招用人员签订了1年以上期限劳动合同，并依法为招用人员缴纳社会保险。

核实后，对持有《就业创业证》的重点群体，在其《就业创业证》上注明"企业吸纳税收政策"；对符合条件的企业核发《企业吸纳重点群体就业认定证明》。

招用人员发生变化的，应向人力资源社会保障部门办理变更申请。

本公告所称企业是指属于增值税纳税人或企业所得税纳税人的企业等单位。

（一）税款减免顺序及额度

1. 纳税人按本单位招用重点群体的人数及其实际工作月数核算本单位减免税总额，在减免税总额内每月依次扣减增值税、城市维护建设税、教育费附加和地方教育附加。城市维护建设税、教育费附加、地方教育附加的计税依据是享受本项税收优惠政策前的增值税应纳税额。

纳税人实际应缴纳的增值税、城市维护建设税、教育费附加和地方教育附加小于核算的减免税总额的，以实际应缴纳的增值税、城市维护建设税、教育费附加、地方教育附加为限；实际应缴纳的增值税、城市维护建设税、教育费附加和地方教育附加大于核算的减免税总额的，以核算的减免税总额为限。纳税年度终了，如果纳税人实际减免的增值税、城市维护建设税、教育费附加和地方教育附加小于核算的减免税总额，纳税人在企业所得税汇算清缴时，以差额部分扣减企业所得税。当年扣减不完的，不再结转以后年度扣减。

享受优惠政策当年，重点群体人员工作不满 1 年的，应当以实际月数换算其减免税总额。

减免税总额 = Σ每名重点群体人员本年度在本企业工作月数 ÷ 12 × 具体定额标准

2. 第 2 年及以后年度当年新招用人员、原招用人员及其工作时间按上述程序和办法执行。计算每名重点群体人员享受税收优惠政策的期限最长不超过 36 个月。

（三）税收减免管理

企业招用重点群体享受本项优惠的，由企业留存以下材料备查：

1. 享受税收优惠政策的登记失业半年以上的人员，零就业家庭、城市低保家庭的登记失业人员，以及毕业年度内高校毕业生的《就业创业证》（注明“企业吸纳税收政策”）。

2. 县以上人力资源社会保障部门核发的《企业吸纳重点群体就业认定证明》。

3.《重点群体人员本年度实际工作时间表》（见附件）。

三、凭《就业创业证》享受上述优惠政策的人员，按以下规定申领《就业创业证》

（一）失业人员在常住地公共就业服务机构进行失业登记，申领《就业创业证》。对其中的零就业家庭、城市低保家庭的登记失业人员，公共就业服务机构应在其《就业创业证》上予以注明。

（二）毕业年度内高校毕业生在校期间凭学生证向公共就业服务机构申领《就业创业证》，或委托所在高校就业指导中心向公共就业服务机构代为申领《就业创业证》；毕业年度内高校毕业生离校后可凭毕业证直接向公共就业服务机构按规定申领《就业创业证》。

四、税收优惠政策管理

（一）严格各项凭证的审核发放。任何单位或个人不得伪造、涂改、转让、出租相关凭证，违者将依法予以惩处；对出借、转让《就业创业证》的人员，主管人力资源社会保障部门要收回其《就业创业证》并记录在案；对采取上述手段已经获取减免税的企业和个人，主管税务机关要追缴其已减免的税款，并依法予以处理。

（二）《就业创业证》采用实名制，限持证者本人使用。创业人员从事个体经营的，《就业创业证》由本人保管；被用人单位招用的，享受税收优惠政策期间，证件由用人单位保管。《就业创业证》由人力资源社会保障部统一样式，各省、自治区、直辖市人力资源社会保障部门负责印制，作为审核劳动者就业失业状况和享受政策情况的有效凭证。

（三）《企业吸纳重点群体就业认定证明》由人力资源社会保障部统一样式，各省、自治区、直辖市人力资源社会保障部门统一印制，统一编号备案，相关信息由当地人力资源社会保障部门按需提供给税务部门。

（四）县以上人力资源社会保障、税务部门及扶贫办要建立劳动者就业信息交换和协查制度。人力资源社会保障部建立全国《就业创业证》查询系统（http：//jyjc. mohrss. gov. cn），供各级人力资源社会保障、财政、税务部门查询《就业创业证》信息。国务院扶贫办建立全国统一的全国扶贫开发信息系统，供各级扶贫办、人力资源社会保障、财政、税务部门查询建档立卡贫困人口身份等相关信息。

（五）各级税务机关对《就业创业证》或建档立卡贫困人口身份有疑问的，可提请同级人力资源社会保障部门、扶贫办予以协查，同级人力资源社会保障部门、扶贫办应根据具体情况规定合理的工作时限，并在时限内将协查结果通报提请协查的税务机关。

五、本公告自2019年1月1日起施行。《国家税务总局、财政部、人力资源社会保障部、教育部、民政部关于继续实施支持和促进重点群体创业就业有关税收政策具体操作问题的公告》（国家税务总局公告2017年第27号）同时废止。

特此公告。

附件：重点群体人员本年度实际工作时间表（样表）

附件

重点群体人员本年度实际工作时间表（样表）

企业名称（盖章）：　　　　　　　　　　　　　　　　　　年度：

序号	招用人员姓名	身份证号码	证件编号	类型（1）（2）（3）（4）	在本企业工作时间（单位：月）

注：

1. 类型包括：

（1）纳入全国扶贫开发信息系统的农村建档立卡贫困人员；

（2）在人力资源社会保障部门公共就业服务机构登记失业半年以上人员；

（3）零就业家庭、享受城市居民最低生活保障家庭劳动年龄内的登记失业人员；

（4）毕业年度内高校毕业生。

2. 上述（1）类人员不需填写证件编号，其他类型人员填写《就业创业证》编号。

● 链接：相关政策解读

关于《国家税务总局、人力资源社会保障部、国务院扶贫办、教育部关于实施支持和促进重点群体创业就业有关税收政策具体操作问题的公告》的解读[①]

近日，国家税务总局、人力资源社会保障部、国务院扶贫办、教育部印发了《关于实施支持和促进重点群体创业就业有关税收政策具体操作问题的公告》（国

① 参见国家税务总局：http://www.chinatax.gov.cn/n810341/n810760/c4092033/content.html，访问时间2019年4月26日。

家税务总局公告2019年第10号，以下简称《公告》)。现解读如下:

一、背景情况

就业是13亿多人口最大的民生，也是经济发展最基本的支撑。党中央、国务院坚持把就业放在经济社会发展的优先位置。为进一步支持和促进重点群体创业就业，财政部、国家税务总局、人力资源社会保障部、国务院扶贫办联合印发了《关于进一步支持和促进重点群体创业就业有关税收政策的通知》(财税〔2019〕22号)，调整和完善了相关政策内容:

一是提高扣减标准。将登记失业半年以上的人员，零就业家庭、享受城市居民最低生活保障家庭劳动年龄内的登记失业人员，高校毕业生，农村建档立卡贫困人口等重点群体从事个体经营扣减税款的标准由每户每年8000元提高到每户每年12000元。将企业招用重点群体人员扣减标准由每人每年4000元提高到每人每年6000元。

二是取消行业限制。将享受优惠的招用重点群体就业企业的行业范围由商贸企业、服务型企业、劳动就业服务企业中的加工型企业和街道社区具有加工性质的小型企业实体，放宽到所有增值税纳税人或企业所得税纳税人的企业等单位，为各市场主体吸纳就业提供统一的税收政策。

二、享受优惠政策方式

《公告》明确了个体经营和企业招用重点群体适用税收优惠政策的方式:

(一) 个体经营享受税收优惠

建档立卡贫困人口从事个体经营的，自行申报纳税并享受税收优惠。

登记失业半年以上的人员，零就业家庭、城市低保家庭的登记失业人员，以及毕业年度内高校毕业生，可持《就业创业证》(或《就业失业登记证》，下同)、个体工商户登记执照(未完成“两证整合”的还须持《税务登记证》)向创业地县以上(含县级，下同)人力资源社会保障部门提出申请。符合条件的人员从事个体经营的，自行申报纳税并享受税收优惠。

(二) 企业吸纳重点群体就业享受税收优惠

享受招用重点群体就业税收优惠政策的企业，向县以上人力资源社会保障部门递交申请。人力资源社会保障部门经核实后，对持有《就业创业证》的重点群体，在其《就业创业证》上注明“企业吸纳税收政策”；对符合条件的企业核发《企业吸纳重点群体就业认定证明》。

符合条件的企业自行申报纳税并享受税收优惠。

三、管理方式

《公告》将优惠政策管理方式由备案改为备查：

建档立卡贫困人口从事个体经营享受优惠的，直接向主管税务机关申报纳税时享受优惠，无备查材料留存；登记失业半年以上的人员，零就业家庭、享受城市居民最低生活保障家庭劳动年龄内的登记失业人员，高校毕业生从事个体经营享受优惠的，留存《就业创业证》备查；招用重点群体就业的企业享受优惠的，留存《就业创业证》《企业吸纳重点群体就业认定证明》《重点群体人员本年度实际工作时间表》备查。

7. 财政部、税务总局、中央宣传部关于继续实施文化体制改革中经营性文化事业单位转制为企业若干税收政策的通知

（2019 年 2 月 16 日　财税〔2019〕16 号）

各省、自治区、直辖市、计划单列市财政厅（局）、党委宣传部，新疆生产建设兵团财政局，国家税务总局各省、自治区、直辖市、计划单列市税务局：

为贯彻落实《国务院办公厅关于印发文化体制改革中经营性文化事业单位转制为企业和进一步支持文化企业发展两个规定的通知》（国办发〔2018〕124 号）有关规定，进一步深化文化体制改革，继续推进国有经营性文化事业单位转企改制，现就继续实施经营性文化事业单位转制为企业的税收政策有关事项通知如下：

一、经营性文化事业单位转制为企业，可以享受以下税收优惠政策：

（一）经营性文化事业单位转制为企业，自转制注册之日起五年内免征企业所得税。2018 年 12 月 31 日之前已完成转制的企业，自 2019 年 1 月 1 日起可继续免征五年企业所得税。

（二）由财政部门拨付事业经费的文化单位转制为企业，自转制注册之日起五年内对其自用房产免征房产税。2018 年 12 月 31 日之前已完成转制的企业，自

2019 年 1 月 1 日起对其自用房产可继续免征五年房产税。

（三）党报、党刊将其发行、印刷业务及相应的经营性资产剥离组建的文化企业，自注册之日起所取得的党报、党刊发行收入和印刷收入免征增值税。

（四）对经营性文化事业单位转制中资产评估增值、资产转让或划转涉及的企业所得税、增值税、城市维护建设税、契税、印花税等，符合现行规定的享受相应税收优惠政策。

上述所称“经营性文化事业单位”，是指从事新闻出版、广播影视和文化艺术的事业单位。转制包括整体转制和剥离转制。其中，整体转制包括：（图书、音像、电子）出版社、非时政类报刊出版单位、新华书店、艺术院团、电影制片厂、电影（发行放映）公司、影剧院、重点新闻网站等整体转制为企业；剥离转制包括：新闻媒体中的广告、印刷、发行、传输网络等部分，以及影视剧等节目制作与销售机构，从事业体制中剥离出来转制为企业。

上述所称“转制注册之日”，是指经营性文化事业单位转制为企业并进行企业法人登记之日。对于经营性文化事业单位转制前已进行企业法人登记，则按注销事业单位法人登记之日，或核销事业编制的批复之日（转制前未进行事业单位法人登记的）确定转制完成并享受本通知所规定的税收优惠政策。

上述所称“2018 年 12 月 31 日之前已完成转制”，是指经营性文化事业单位在 2018 年 12 月 31 日及以前已转制为企业、进行企业法人登记，并注销事业单位法人登记或批复核销事业编制（转制前未进行事业单位法人登记的）。

本通知下发之前已经审核认定享受《财政部、国家税务总局、中宣部关于继续实施文化体制改革中经营性文化事业单位转制为企业若干税收政策的通知》（财税〔2014〕84 号）税收优惠政策的转制文化企业，可按本通知规定享受税收优惠政策。

二、享受税收优惠政策的转制文化企业应同时符合以下条件：

（一）根据相关部门的批复进行转制。

（二）转制文化企业已进行企业法人登记。

（三）整体转制前已进行事业单位法人登记的，转制后已核销事业编制、注销事业单位法人；整体转制前未进行事业单位法人登记的，转制后已核销事业编制。

（4）已同在职职工全部签订劳动合同，按企业办法参加社会保险。

（5）转制文化企业引入非公有资本和境外资本的，须符合国家法律法规和政策规定；变更资本结构依法应经批准的，需经行业主管部门和国有文化资产监管部门批准。

本通知适用于所有转制文化单位。中央所属转制文化企业的认定，由中央宣传部会同财政部、税务总局确定并发布名单；地方所属转制文化企业的认定，按照登记管理权限，由地方各级宣传部门会同同级财政、税务部门确定和发布名单，并按程序抄送中央宣传部、财政部和税务总局。

已认定发布的转制文化企业名称发生变更的，如果主营业务未发生变化，可持同级文化体制改革和发展工作领导小组办公室出具的同意变更函，到主管税务机关履行变更手续；如果主营业务发生变化，依照本条规定的条件重新认定。

三、经认定的转制文化企业，应按有关税收优惠事项管理规定办理优惠手续，申报享受税收优惠政策。企业应将转制方案批复函，企业营业执照，同级机构编制管理机关核销事业编制、注销事业单位法人的证明，与在职职工签订劳动合同、按企业办法参加社会保险制度的有关材料，相关部门对引入非公有资本和境外资本、变更资本结构的批准文件等留存备查，税务部门依法加强后续管理。

四、未经认定的转制文化企业或转制文化企业不符合本通知规定的，不得享受相关税收优惠政策。已享受优惠的，主管税务机关应追缴其已减免的税款。

五、对已转制企业按照本通知规定应予减免的税款，在本通知下发以前已经征收入库的，可抵减以后纳税期应缴税款或办理退库。

六、本通知规定的税收政策执行期限为 2019 年 1 月 1 日至 2023 年 12 月 31 日。企业在 2023 年 12 月 31 日享受本通知第一条第（一）、（二）项税收政策不满五年的，可继续享受至五年期满为止。

《财政部、国家税务总局、中宣部关于继续实施文化体制改革中经营性文化事业单位转制为企业若干税收政策的通知》（财税〔2014〕84 号）自 2019 年 1 月 1 日起停止执行。

8. 财政部、税务总局关于继续实施支持文化企业发展增值税政策的通知

（2019 年 2 月 13 日　财税〔2019〕17 号）

各省、自治区、直辖市、计划单列市财政厅（局），新疆生产建设兵团财政局，国家税务总局各省、自治区、直辖市、计划单列市税务局：

为贯彻落实《国务院办公厅关于印发文化体制改革中经营性文化事业单位转制为企业和进一步支持文化企业发展两个规定的通知》（国办发〔2018〕124 号）有关规定，进一步深化文化体制改革，促文化企业发展，现就继续实施支持文化企业发展的增值税政策通知如下：

一、对电影主管部门（包括中央、省、地市及县级）按照各自职能权限批准从事电影制片、发行、放映的电影集团公司（含成员企业）、电影制片厂及其他电影企业取得的销售电影拷贝（含数字拷贝）收入、转让电影版权（包括转让和许可使用）收入、电影发行收入以及在农村取得的电影放映收入，免征增值税。一般纳税人提供的城市电影放映服务，可以按现行政策规定，选择按照简易计税办法计算缴纳增值税。

二、对广播电视运营服务企业收取的有线数字电视基本收视维护费和农村有线电视基本收视费，免征增值税。

三、本通知执行期限为 2019 年 1 月 1 日至 2023 年 12 月 31 日。《财政部、税务总局关于继续执行有线电视收视费增值税政策的通知》（财税〔2017〕35 号）同时废止。《财政部、税务总局关于继续实施支持文化企业发展若干税收政策的通知》（财税〔2014〕85 号）自 2019 年 1 月 1 日起停止执行。

文化企业按照本通知规定应予减免的增值税税款，在本通知下发以前已经征收入库的，可抵减以后纳税期应缴税款或办理退库。

9. 财政部、海关总署、税务总局关于2019年度种子种源免税进口计划的通知

（2019年2月11日 财关税〔2019〕7号）

农业农村部、林草局，各省、自治区、直辖市、计划单列市财政厅（局）、税务局，新疆生产建设兵团财政局，海关总署广东分署、各直属海关：

"十三五"期间继续对进口种子（苗）、种畜（禽）、鱼种（苗）和种用野生动植物种源免征进口环节增值税。农业农村部2019年度种子（苗）、种畜（禽）、鱼种（苗）免税进口计划，以及国家林业和草原局2019年度种子（苗）和种用野生动植物种源免税进口计划已经核定（见附件1、2、3）。请按照《财政部、海关总署、国家税务总局关于"十三五"期间进口种子种源税收政策管理办法的通知》（财关税〔2016〕64号）有关规定执行。

特此通知。

附件：1. 农业农村部2019年度种子（苗）种畜（禽）鱼种（苗）免税进口计划（略）

2. 国家林业和草原局2019年度种子（苗）免税进口计划（略）

3. 国家林业和草原局2019年度种用野生动植物种源免税进口计划（略）

10. 国家税务总局关于建立小微企业涉税诉求和意见快速响应机制的通知

（2019年1月29日 税总函〔2019〕40号）

国家税务总局各省、自治区、直辖市和计划单列市税务局，国家税务总局驻各地特派员办事处，局内各单位：

为深入贯彻习近平总书记在民营企业座谈会上的重要讲话精神以及党中央、

国务院深化“放管服”改革和支持小微企业发展的新要求，落实好小微企业普惠性税收减免政策，持续优化税收营商环境，税务总局决定在普遍适用的纳税人需求管理基础上，建立小微企业涉税诉求和意见快速响应机制（以下简称“快速响应机制”）。现将有关事项通知如下：

一、工作目标

在全国税务系统建立以小微企业为主要服务对象的涉税诉求和意见快速响应机制，针对小微企业涉税诉求和意见，迅速研究提出针对性措施，有效帮助小微企业便利办税，切实维护小微企业合法权益，促进小微企业主动纳税遵从，助力小微企业健康发展。

二、工作原则

（一）依法治税，规范服务。在依法治税、依法服务的前提下，建立小微企业快速响应机制，及时响应小微企业关切，增强小微企业诉求和意见处理的规范性。

（二）优质便捷，精准高效。以税收大数据为支撑，尽可能利用现代信息技术手段，建立集成化、链条化、流程化的小微企业诉求和意见管理模式，提高小微企业诉求和意见响应效率。

（三）部门合作，统筹协调。以快速响应为目标，建立纵向联动、横向互动的工作机制，强化部门协作配合，减少流转处理环节，进一步提高面向小微企业的纳税服务质效。

（四）分级负责，闭环管理。坚持“谁负责、谁主办”“谁主办、谁反馈”的原则，对小微企业涉税诉求和意见实行属地管理、分级负责、分类处理，确保响应及时有效。

三、受理类别和渠道

（一）小微企业诉求和意见类别：1. 政策落实类；2. 执法规范类；3. 纳税服务类；4. 信息化建设类；5. 法律救济类；6. 其他。

（二）小微企业诉求和意见接收渠道：1. 12366 纳税服务热线；2. 12366 纳税服务平台；3. 税务网站；4. 其他渠道。

四、工作流程

快速响应机制主要工作流程包括受理登记、快速办理、及时反馈、定期回访和统计分析等环节。

（一）受理登记

各级税务机关对收集的小微企业诉求和意见应进行受理登记，并实行台账管理。

1. 受理登记的内容。登记内容包括纳税人名称（姓名）、有效联系方式、诉求和意见、受理时间、受理单位、受理人等。

2. 受理登记的要求。税务机关收到小微企业的诉求和意见后，由首次受理企业诉求的部门对诉求和意见进行登记；受理登记后，应在1个工作日内，将登记内容转交本级纳税服务部门汇总。受理部门对能当场办理或答复的，应当场办理或答复；因情况复杂不能当场办理或答复的，应将相关情况告知小微企业，并按照快速办理流程办理；因涉及其他部门不能当场办理或答复的，应将转交情况告知小微企业。纳税服务部门汇总诉求内容后，及时根据诉求内容转交相关部门办理。

（二）快速办理

小微企业涉税诉求和意见办理应当按照分类分级的原则，压缩办理时限，提高办理流转效率。

1. 限时办理。要加快办理速度，对合理诉求和意见限时办理，在直接受理或收到纳税服务部门转交诉求和意见后5个工作日内办结；对存在困难确实不能在规定期限内办理的，经分管局领导批准，可以适当延长，但最长不得超过10个工作日，并说明原因。对小微企业提出的政策建议、系统优化等短期内无法解决的诉求，税务部门应详细记录诉求内容，待后期条件成熟时解决。纳税人提出行政复议诉求的，按照行政复议相关要求办理。

2. 联合办理。对涉及税政、征管等多个部门的诉求和意见，各部门应在收到诉求和意见后5个工作日内办结。对存在困难不能在规定期限内办理的，经本级税务机关主要领导批准，可以适当延长办理时限，并向纳税人说明原因。

3. 分级办理。各级税务机关依照本级职责办理小微企业诉求和意见，对超出本级职责范围的诉求和意见，由办理部门直接上报上级主管部门或转交下级主管部门办理。

（三）及时反馈

各级税务机关对小微企业诉求和意见办理结果，按照“谁主办、谁反馈”的原则，小微企业诉求和意见办理完成后，由主办部门在1个工作日内将结果反馈给小微企业，同时推送到本级纳税服务部门。

（四）定期回访

各级税务机关纳税服务部门要对提出诉求的小微企业定期开展回访，及时掌握税务机关对小微企业诉求和意见响应情况，确保快速响应机制落到实处。

（五）统计分析

各级税务机关纳税服务部门要定期对系统内的受理、办理、反馈情况进行统计分析，梳理小微企业的共性诉求和意见，查找关键突出问题，及时发现工作中存在的短板弱项，采取有效措施，促进税收工作持续改进。

五、工作要求

（一）高度重视，提高认识

小微企业涉及面广、诉求量大，做好小微企业诉求和意见管理工作，是贯彻落实好党中央、国务院推出的支持民营经济和小微企业决策部署的必然要求，对增强小微企业税收获得感、提高纳税人满意度、构建和谐征纳关系和优化税收营商环境意义重大。各级税务机关要从讲政治的高度重视此项工作，确保小微企业各项税收减免政策落实落细落好。

（二）协调配合，形成合力

各级税务机关要明确责任、细化分工，建立横向互动、纵向联动的工作机制，细化工作要求，规范工作流程，提高工作效率，推进税收管理和服务水平不断提升。纳税服务部门牵头组织，设立专门岗位，相关部门协同配合；要积极探索行业协会、商会等新渠道，充分调动社会组织力量，共同落实好快速响应机制。

（三）强化督导，跟踪问效

各级税务机关要建立纳税人诉求和意见台账，持续跟踪，限时办结，及时反馈，对账销号。同时要加强督导和检查，定期通报，确保快速响应机制落地生效。

11. 国家税务总局关于深入贯彻落实减税降费政策措施的通知

（2019 年 1 月 21 日　税总发〔2019〕13 号）

国家税务总局各省、自治区、直辖市和计划单列市税务局，国家税务总局驻各地特派员办事处，局内各单位：

为深入贯彻党中央、国务院决策部署，确保减税降费政策措施落地生根，促进经济社会持续健康发展，现就有关工作通知如下：

一、提高思想认识，积极主动作为

减税降费是深化供给侧结构性改革的重要举措，对减轻企业负担、激发微观主体活力、促进经济增长具有重要作用。近年来，党中央、国务院部署实施了一系列力度大、内容实、范围广的减税降费政策措施，有力促进了创业创新，有效推动了经济社会发展。继续加大减税降费力度特别是加大对小微企业和实体经济的税收支持力度，关系到经济持续平稳运行和社会就业稳定，对进一步把握好重要战略机遇期，实现经济高质量发展具有重要意义。

近年来，各级税务机关按照党中央、国务院决策部署，认真落实各项减税降费政策，持续改进纳税服务，为释放减税降费政策红利、不断优化税收营商环境作出了积极努力，取得了积极成效。但也要看到，当前我国经济下行压力加大，特别是实体经济发展仍面临较多困难，全社会对进一步加大减税降费力度还有很多期盼。民之所盼，政之所向。党中央、国务院决定实施更大规模的减税降费措施，近日国务院常务会议已推出一批小微企业普惠性减税政策。各级税务机关要切实把思想和行动统一到党中央、国务院的决策部署上来，从讲政治的高度，从保持经济持续健康发展和社会大局稳定的高度，进一步增强落实好减税降费措施的政治责任感和工作主动性，确保各项政策措施不折不扣落实到位，确保企业和人民群众有实实在在的获得感。

二、切实加强领导，狠抓责任落实

各级税务机关要按照全国税务工作会议的部署，把落实好减税降费政策措施作为今年税收工作的主题，摆在重中之重的突出位置，统筹谋划、周密部署、迅速行动，把这个责任坚决扛起来，把这项任务坚决落到地。税务总局已成立实施减税降费工作领导小组，下设办公室（收入规划核算司牵头）、政策制定组（政策法规司牵头）、征管核算组（收入规划核算司、征管和科技发展司牵头）、督察督办组（督察内审司牵头）、服务宣传组（纳税服务司、税收宣传中心牵头）等工作组，统筹抓好减税降费政策措施的落实。各级税务机关都要比照成立抓落实的工作机制，由一把手负总责，抽调精干力量，组成专门班子，明确责任主体，梳理任务清单，紧扣时间节点，对标对表开展好每一项工作，确保实而又实、细而又细地将减税降费政策措施实施前的各项准备、运行中的管理服务、落实后的效应分析等工作抓到位、抓出成效。

三、抓紧政策研究，尽早推进实施

在落实好已出台的小微企业普惠性减税等政策措施的基础上，税务总局配合有关部门抓紧研究完善降低增值税税率、降低社保费费率等实施方案，努力做到实打实、硬碰硬，提高政策的科学性和普惠性，积极推动相关政策尽早公布实施。各省税务机关要配合财政部门积极研究对增值税小规模纳税人在50%幅度内减征相关地方税种和附加的政策方案，主动向省级人民政府请示汇报，按要求及时制发操作文件并抓好后续落实，相关情况要及时向税务总局报告。省以下税务机关要密切跟踪小微企业普惠性减税等政策措施实施情况，完善税收政策执行情况反馈机制，及时反映政策执行中存在的问题和意见建议；要围绕进一步加大减税降费力度，深入开展调查研究，积极主动提出切实可行、简明易行的意见建议，促进减税降费政策措施不断完善，政策实施效果更给力、更有感。

四、强化宣传辅导，有效引导预期

各级税务机关要围绕确保减税降费政策措施为纳税人和缴费人普遍所知、普遍所用，着力强化宣传辅导，让市场主体实实在在感受到党中央、国务院减税降费的力度，进一步增强信心、激发活力，在全社会推动形成稳定积极的预期。要创新方式、加大力度，通过税务机关网站、微信、微博、移动客户端、12366纳税服务热线、印发宣传资料等方式开展多渠道、广覆盖的减税降费政策宣传。税务总局将通过政策解读视频会等方式面向税务系统和纳税人、缴费人开展“一竿子贯到底”的减税降费相关政策专题辅导，并将减税降费作为2019年税收宣传月的重点内容。省以下税务机关要通过纳税人学堂、上门辅导、专题宣讲等方式开展面对面的政策辅导。政策辅导既要百分之百全面覆盖，又要点对点精准“滴灌”；既要面向企业财务人员，又要面向企业法人代表；既要讲解政策实体性内容，又要讲解办税缴费流程、申报表填报等程序性内容，帮助纳税人、缴费人明晰政策口径和适用标准，确保准确理解和充分享受。

五、优化管理服务，增进办税便利

各级税务机关要牢固树立以纳税人和缴费人为中心的服务理念，持续优化管理服务措施。税务总局和各级税务机关要深入研究并不断优化便利纳税人和缴费人享受减税降费政策的举措，该简化的程序一律简化，能精简的资料一律精简，尽快实施扩大税收优惠备案改备查范围、加快税务证明事项清理、推进涉税资料清单管理等措施，确保落实减税降费政策措施提质增效。省以下税务机关要结合当地实际，积极主动推出管理服务创新举措，充分发挥计算机自动识别、政策提示、标准判定、协助计税（费）等功能，进一步提升纳税人和缴费人享受减税降费政策的良好体验。要严格按照税务总局工作要求，采取有力措施全面准确掌握纳税人规模、税种、行业、经济类型等基础信息，确保基础数据质量，增强管理服务的针对性。主管税务机关应当及时审核纳税人申报数据，辅导纳税人准确申报，不断提高减免税申报质量。办税服务厅要全面落实首问责任、限时办结、预约办税、延时服务、导税服务和“最多跑一次”等各项服务制度，确保对纳税人和缴费人的问题及时解答、事项及时办理，以更高的便利度和满意度，为纳税人和缴费人带来更强的获得感。

当前，各级税务机关要围绕更好服务小微企业发展、落实好小微企业普惠性减税政策，合理调配办税资源。税务总局专门设立小微企业服务处，负责集中受理和协调解决中小微企业涉税诉求。各省税务机关也要指定专门部门、安排专人负责中小微企业服务工作。要在办税服务厅设置小微企业优惠政策落实咨询服务岗，确保小微企业涉税诉求有处提、疑惑有人解、事项有人办。

六、加强统计核算，深化效应分析

各级税务机关要认真做好减税降费政策措施落实情况的统计核算和效应分析工作，务必做到“心中有数”“底账清晰”。税务总局将建立健全小微企业普惠性减税等政策措施实施情况的统计核算办法，从统一各个层级、各个地区、每个税种、每项政策的统计核算口径开始，建立包括申报数据采集、审核校验、汇总上报、核算分析等各环节在内，自上而下、整齐划一、清清爽爽的统计核算分析体系，不断提高核算的全面性、精准性、时效性，确保按期生成减免税统计核算数据，客观反映减免税效果。省税务机关要对减免税数据进行日常会审，全面提升减免税统计数据的质量和时效；要积极主动开展减税政策实施情况评估，及时上报政策运行情况及经济效应分析。要优化完善征管系统统计核算功能，开展统计核算时要特别注意避免给纳税人增添不必要的负担，凡是能够通过申报表提取或系统生成的数据，一律不得要求纳税人另行填报。

七、积极争取支持，凝聚工作合力

实施减税降费需要各方面的积极参与和共同推动。各级税务机关要加强向地方党委、政府的汇报和与财政等部门的沟通，争取地方在编制和调整预算时充分考虑实施减税降费政策的因素，合理确定税费收入预算。要主动向有关监督部门介绍减税降费政策落实情况，积极争取指导，认真改进工作，确保得到多方理解和支持。当前，要根据小微企业普惠性减税政策自 2019 年 1 月 1 日起实施的要求，加强与财政、人民银行等部门的沟通协调，切实做好纳税人已缴税款的退库工作。

八、抓好督促考评，务求落地生根

各级税务机关要在统筹规范督查检查考核工作的基础上，将小微企业普惠性减税等政策措施落实情况纳入绩效管理，科学编制考评指标，严格实施考评督促，并通过执法督察等方式促进减税降费政策措施更好地落实落地。税务总局 2019 年上半年将以小微企业普惠性减税政策落实情况为重点，组织开展减税降费工作督导督查。省以下税务机关也要层层传导压力、落实责任，一级一级抓好贯彻落实，切实加强对辖区内小微企业普惠性减税等政策措施落实情况的督查，做到一督到底、全面覆盖、不留死角。对政策执行中发现的问题要不回避、不护短，该反映的及时全面反映，能解决的及时研究解决，应整改的抓紧即查即改。同时，要积极配合好有关部门组织开展的督查工作，如实反映情况，自觉接受监督，推进各项减税降费政策措施落地生根。

九、严肃工作纪律，确保工作质效

各级税务机关要牢固树立落实好减税降费政策措施是硬任务的理念，坚持把纪律规矩挺在前面，严明工作要求，扛牢压实责任，确保各项减税降费政策措施不折不扣地落实到位，确保纳税人和缴费人“应知尽知”“应会尽会”“应享尽享”。对政策落实不力、统计把关不严以及在宣传辅导、管理服务等工作中有重大疏漏，造成不良影响的单位和个人，要依规依纪严肃追责问责，以最严肃的纪律确保党中央、国务院减税降费决策部署得到最严格的贯彻落实。

12. 国家税务总局关于增值税小规模纳税人地方税种和相关附加减征政策有关征管问题的公告

（2019 年 1 月 19 日　国家税务总局公告 2019 年第 5 号）

根据《财政部、税务总局关于实施小微企业普惠性税收减免政策的通知》（财税〔2019〕13 号），现就增值税小规模纳税人地方税种和相关附加减征政策有关征管问题公告如下：

一、关于申报表的修订

修订《资源税纳税申报表》《城市维护建设税、教育费附加、地方教育附加申报表》《房产税纳税申报表》《城镇土地使用税纳税申报表》《印花税纳税申报（报告）表》《耕地占用税纳税申报表》，增加增值税小规模纳税人减征优惠申报有关数据项目，相应修改有关填表说明（具体见附件）。

二、关于纳税人类别变化时减征政策适用时间的确定

缴纳资源税、城市维护建设税、房产税、城镇土地使用税、印花税、耕地占用税、教育费附加和地方教育附加的增值税一般纳税人按规定转登记为小规模纳税人的，自成为小规模纳税人的当月起适用减征优惠。增值税小规模纳税人按规定登记为一般纳税人的，自一般纳税人生效之日起不再适用减征优惠；增值税年应税销售额超过小规模纳税人标准应当登记为一般纳税人而未登记，经税务机关通知，逾期仍不办理登记的，自逾期次月起不再适用减征优惠。

三、关于减征优惠的办理方式

纳税人自行申报享受减征优惠，不需额外提交资料。

四、关于纳税人未及时享受减征优惠的处理方式

纳税人符合条件但未及时申报享受减征优惠的，可依法申请退税或者抵减以后纳税期的应纳税款。

五、施行时间

本公告自2019年1月1日起施行。本公告修订的表单自各省（自治区、直辖市）人民政府确定减征比例的规定公布当日正式启用。各地启用本公告修订的表单后，不再使用《国家税务总局关于发布修订后的〈资源税纳税申报表〉的公告》（国家税务总局公告2016年第38号）中的《资源税纳税申报表》主表、《国家税务总局关于发布〈耕地占用税管理规程（试行）〉的公告》（国家税务总局公告2016年第2号，国家税务总局公告2018年第31号修改）中的《耕地占用税纳税申报表》。

特此公告。

附件：1. 资源税纳税申报表（略）

2. 城市维护建设税、教育费附加、地方教育附加申报表（略）

3. 房产税纳税申报表（略）

4. 城镇土地使用税纳税申报表（略）

5. 印花税纳税申报（报告）表（略）

6. 耕地占用税纳税申报表（略）

- **链接：相关政策解读**

关于《国家税务总局关于增值税小规模纳税人地方税种和相关附加减征政策有关征管问题的公告》的解读[①]

为落实《财政部、国家税务总局关于实施小微企业普惠性税收减免政策的通知》（财税〔2019〕13号，以下简称《通知》），国家税务总局发布《关于增值税小规模纳税人地方税种和相关附加减征政策有关征管问题的公告》（以下简称《公告》）。现解读如下：

---

① 参见国家税务总局：http：//www.chinatax.gov.cn/n810341/n810760/c4014913/content.html，访问时间2019年4月26日。

一、制定《公告》背景

为贯彻习近平总书记关于减税降费工作的重要指示精神，落实党中央、国务院关于支持小微企业发展的决策部署，财政部、税务总局联合下发了《通知》，明确由省、自治区、直辖市人民政府根据本地区实际情况，以及宏观调控需要确定，对增值税小规模纳税人可以在50%的税额幅度内减征资源税、城市维护建设税、房产税、城镇土地使用税、印花税、耕地占用税和教育费附加、地方教育附加。为确保广大增值税小规模纳税人能够及时、准确、便利享受减征优惠政策，税务总局制发本《公告》。

二、《公告》主要内容

（一）关于申报表的修订

本次共修订资源税、城市维护建设税、房产税、城镇土地使用税、印花税、耕地占用税、教育费附加和地方教育附加涉及的6张表单及填表说明。

一是落实政策要求，补充数据项目。考虑政策落地、便捷识别和计算税款的需要，在资源税、城市维护建设税、印花税、耕地占用税和教育费附加、地方教育附加涉及的4张纳税申报表主表上设置“本期是否适用增值税小规模纳税人减征政策”“减征比例”“本期增值税小规模纳税人减征额”3个项目。在房产税、城镇土地使用税（以下简称房土税）涉及的2张纳税申报表主表上设置“本期是否适用增值税小规模纳税人减征政策”“减征比例”“本期增值税小规模纳税人减征额”“本期适用增值税小规模纳税人减征政策起始时间”“本期适用增值税小规模纳税人减征政策终止时间”5个项目。

二是优化表单设计，减轻填报负担。本着减轻纳税人填报负担的原则，科学设计填报项目。上述项目中，“本期是否适用增值税小规模纳税人减征政策”项目为纳税人自主勾选项目。“减征比例”和“本期增值税小规模纳税人减征额”2个项目为系统后台配置和自动生成数据，不需要纳税人填报。房土税纳税申报表主表中“本期适用增值税小规模纳税人减征政策起始时间”“本期适用增值税小规模纳税人减征政策终止时间”2个项目为纳税人类别发生变化时需填报项目，不发生变化，则无须填报。

同时，在6张表单的填表说明中对补充数据项目进行了说明，对关联数据项目“本期应补（退）税额”说明进行了相应修改。

（二）关于纳税人类别变化时减征政策适用时间的确定

为避免纳税人和税务机关对纳税人类型发生变化时享受减征优惠的具体时间产生理解歧义，根据《增值税一般纳税人登记管理办法》（国家税务总局令第43号公布）和《国家税务总局关于统一小规模纳税人标准等若干增值税问题的公告》（国家税务总局公告2018年第18号），本着有利于纳税人和简化申报的原则，明确了有关规定。

缴纳资源税、城市维护建设税、房产税、城镇土地使用税、印花税、耕地占用税、教育费附加和地方教育附加的增值税一般纳税人按规定转登记为小规模纳税人的，自成为小规模纳税人的当月起适用减征优惠。增值税小规模纳税人按规定登记为一般纳税人的，自一般纳税人生效之日起不再适用减征优惠；增值税年应税销售额超过小规模纳税人标准应当登记为一般纳税人而未登记，经税务机关通知，逾期仍不办理登记的，自逾期次月起不再适用减征优惠。

（三）关于减征优惠办理方式

深入贯彻“放管服”改革要求，减轻纳税人报送资料负担，《公告》规定，本次减征优惠实行自行申报享受方式，不需额外提交资料。纳税人只要在申报表中勾选是否享受增值税小规模纳税人减征政策选项，系统自动计算减征金额，纳税人确认即可。

（四）关于纳税人未及时享受减征优惠的处理方式

《通知》规定，政策自2019年1月1日起执行。为确保纳税人足额享受减征优惠，《公告》规定，纳税人符合条件但未及时申报享受减征优惠的，可依法申请退税或者抵减以后纳税期的应纳税款。

三、申报服务

税务机关将根据本次申报表修订情况，进一步升级和优化税收征管系统，通过信息推送、自动计算、自动成表等功能，提高政策落实的精准性、便利性，减轻纳税人的填报负担。

四、施行时间

《公告》是与《通知》相配套的征管办法，自2019年1月1日起施行。鉴于各省（自治区、直辖市）人民政府确定减征比例的时点不同，《公告》明确，修订的表单自各省（自治区、直辖市）人民政府确定减征比例的规定公布当日正式启用。

13. 国家税务总局关于小规模纳税人免征增值税政策有关征管问题的公告

（2019年1月19日 国家税务总局公告2019年第4号）

按照《财政部、税务总局关于实施小微企业普惠性税收减免政策的通知》（财税〔2019〕13号）的规定，现将小规模纳税人月销售额10万元以下（含本数）免征增值税政策若干征管问题公告如下：

一、小规模纳税人发生增值税应税销售行为，合计月销售额未超过10万元（以1个季度为1个纳税期的，季度销售额未超过30万元，下同）的，免征增值税。

小规模纳税人发生增值税应税销售行为，合计月销售额超过10万元，但扣除本期发生的销售不动产的销售额后未超过10万元的，其销售货物、劳务、服务、无形资产取得的销售额免征增值税。

二、适用增值税差额征税政策的小规模纳税人，以差额后的销售额确定是否可以享受本公告规定的免征增值税政策。

《增值税纳税申报表（小规模纳税人适用）》中的“免税销售额”相关栏次，填写差额后的销售额。

三、按固定期限纳税的小规模纳税人可以选择以1个月或1个季度为纳税期限，一经选择，一个会计年度内不得变更。

四、《中华人民共和国增值税暂行条例实施细则》第九条所称的其他个人，采取一次性收取租金形式出租不动产取得的租金收入，可在对应的租赁期内平均分摊，分摊后的月租金收入未超过10万元的，免征增值税。

五、转登记日前连续12个月（以1个月为1个纳税期）或者连续4个季度（以1个季度为1个纳税期）累计销售额未超过500万元的一般纳税人，在2019年12月31日前，可选择转登记为小规模纳税人。

一般纳税人转登记为小规模纳税人的其他事宜，按照《国家税务总局关于统一小规模纳税人标准等若干增值税问题的公告》（国家税务总局公告2018年第18号）、《国家税务总局关于统一小规模纳税人标准有关出口退（免）税问题的公告》（国家税务总局公告2018年第20号）的相关规定执行。

六、按照现行规定应当预缴增值税税款的小规模纳税人，凡在预缴地实现的月销售额未超过10万元的，当期无需预缴税款。本公告下发前已预缴税款的，可以向预缴地主管税务机关申请退还。

七、小规模纳税人中的单位和个体工商户销售不动产，应按其纳税期、本公告第六条以及其他现行政策规定确定是否预缴增值税；其他个人销售不动产，继续按照现行规定征免增值税。

八、小规模纳税人月销售额未超过10万元的，当期因开具增值税专用发票已经缴纳的税款，在增值税专用发票全部联次追回或者按规定开具红字专用发票后，可以向主管税务机关申请退还。

九、小规模纳税人2019年1月份销售额未超过10万元（以1个季度为1个纳税期的，2019年第一季度销售额未超过30万元），但当期因代开普通发票已经缴纳的税款，可以在办理纳税申报时向主管税务机关申请退还。

十、小规模纳税人月销售额超过10万元的，使用增值税发票管理系统开具增值税普通发票、机动车销售统一发票、增值税电子普通发票。

已经使用增值税发票管理系统的小规模纳税人，月销售额未超过10万元的，可以继续使用现有税控设备开具发票；已经自行开具增值税专用发票的，可以继续自行开具增值税专用发票，并就开具增值税专用发票的销售额计算缴纳增值税。

十一、本公告自2019年1月1日起施行。《国家税务总局关于全面推开营业税改征增值税试点有关税收征收管理事项的公告》（国家税务总局公告2016年第23号）第三条第二项和第六条第四项、《国家税务总局关于明确营改增试点若干征管问题的公告》（国家税务总局公告2016年第26号）第三条、《国家税务总局关于营改增试点若干征管问题的公告》（国家税务总局公告2016年第53号）第二条和《国家税务总局关于小微企业免征增值税有关问题的公告》（国家税务总局公告2017年第52号）同时废止。

特此公告。

● 链接：相关政策解读

关于《国家税务总局关于小规模纳税人免征增值税政策有关征管问题的公告》的解读[①]

2019 年 1 月 9 日国务院常务会议决定，将增值税小规模纳税人免税标准由月销售额 3 万元提高到 10 万元。为确保该项优惠政策顺利实施，税务总局制发公告，就若干征管问题进行了明确。具体包括：

一、关于月（季）销售额的执行口径

明确纳税人以所有增值税应税销售行为（包括销售货物、劳务、服务、无形资产和不动产）合并计算销售额，判断是否达到免税标准。同时，小规模纳税人在扣除本期发生的销售不动产的销售额后仍未超过 10 万元的，其销售货物、劳务、服务、无形资产取得的销售额，可享受小规模纳税人免税政策。举例说明：

例 1：A 小规模纳税人 2019 年 1 月销售货物 4 万元，提供服务 3 万元，销售不动产 2 万元。合计销售额为 9（=4+3+2）万元，未超过 10 万元免税标准，因此，该纳税人销售货物、服务和不动产取得的销售额 9 万元，可享受小规模纳税人免税政策。

例 2：A 小规模纳税人 2019 年 1 月销售货物 4 万元，提供服务 3 万元，销售不动产 10 万元。合计销售额为 17（=4+3+10）万元，剔除销售不动产后的销售额为 7（=4+3）万元，因此，该纳税人销售货物和服务相对应的销售额 7 万元可以享受小规模纳税人免税政策，销售不动产 10 万元应照章纳税。

二、差额征税政策适用问题

营改增以来，延续了营业税的一些差额征税政策。比如，建筑业小规模纳税人，以取得的全部价款和价外费用扣除对外支付的分包款后的余额为销售额，计算缴纳增值税。公告明确适用增值税差额征税政策的，以差额后的余额为销售额，确定其是否可享受小规模纳税人免税政策。同时，明确了小规模纳税人《增值税纳税申报表》中“免税销售额”的填报口径。举例说明，2019 年 1 月，某建筑业

---

① 参见国家税务总局：http：//hd. chinatax. gov. cn/gdnps/content. jsp？id =4015081，访问时间 2019 年 4 月 26 日。

小规模纳税人（按月纳税）取得建筑服务收入20万元，同时向其他建筑企业支付分包款12万元，则该小规模纳税人当月扣除分包款后的销售额为8万元，未超过10万元免税标准，因此，当月可享受小规模纳税人免税政策。

三、关于小规模纳税人纳税期的选择

小规模纳税人，纳税期限不同，其享受免税政策的效果可能存在差异。举例说明：

情况1：某小规模纳税人2019年1－3月的销售额分别是5万元、11万元和12万元。如果按月纳税，则只有1月的5万元能够享受免税；如果按季纳税，由于该季度销售额为28万元，未超过免税标准，因此，28万元全部能享受免税。在这种情况下，小规模纳税人更愿意实行按季纳税。

情况2：某小规模纳税人2019年1－3月的销售额分别是8万元、11万元和12万元，如果按月纳税，1月份的8万元能够享受免税，如果按季纳税，由于该季度销售额31万元已超过免税标准，因此，31万元均无法享受免税。在这种情况下，小规模纳税人更愿意实行按月纳税。

基于以上情况，为确保小规模纳税人充分享受政策，公告明确，按照固定期限纳税的小规模纳税人可以根据自己的实际经营情况选择实行按月纳税或按季纳税。为确保年度内纳税人的纳税期限相对稳定，同时也明确了一经选择，一个会计年度内不得变更。

四、其他个人出租不动产的政策适用问题

税务总局在2016年制发了23号公告和53号公告，对《中华人民共和国增值税暂行条例实施细则》第九条所称的其他个人，采取一次性收取租金（包括预收款）形式出租不动产取得的租金收入，可在对应的租赁期内平均分摊，分摊后的月租金收入不超过3万元的，可享受小规模纳税人免税政策。为确保纳税人充分享受政策，在上调免税标准至10万元后，该政策继续执行。

五、一般纳税人转登记问题

2018年，将小规模纳税人标准统一至500万元时，允许此前按照较低标准认定（登记）的一般纳税人，在2018年年底前自愿选择转登记为小规模纳税人。此次提高增值税免税标准至10万元，相当于年销售额120万元以下的小规模纳税人都可以享受免税政策。在这种情况下，可能会有一般纳税人提出转登记为小规模纳税人，以享受免税政策的诉求。为确保纳税人充分享受税收减免政策，公告明确一般纳税人如果年销售额不超过500万元的，可在2019年度选择转登记为小规模纳税人，转登记后可享受免税政策。需要注意的是，曾在2018年选择过转登记的纳税人，在2019年仍可选择转登记；但是，2019年选择转登记的，再次登记为一般纳税人后，不得再转登记为小规模纳税人。

六、预缴增值税政策的适用问题

现行增值税实施了若干预缴税款的征管措施，比如跨地区提供建筑服务、销售不动产、出租不动产等等。考虑到免税标准由3万元提高至10万元，纳税人的政策受益面和受益程度均有大幅提高，公告明确，按照现行规定应当预缴增值税税款的小规模纳税人，凡在预缴地实现的月销售额未超过10万元的，当期无需预缴税款。本公告下发前已经预缴税款的，可以向预缴地主管税务机关申请退还。

七、关于销售不动产政策适用问题

小规模纳税人中的单位和个体工商户销售不动产，涉及纳税人在不动产所在地预缴税款的事项。增值税免税标准提高至10万元后，如果销售不动产销售额为20万元，则：第一种情况，如果某个体工商户选择按月纳税，销售不动产销售额超过月销售额10万元免税标准，则仍应在不动产所在地预缴税款；第二种情况，如果该个体工商户选择按季纳税，销售不动产销售额未超过季度销售额30万元的免税标准，则无需在不动产所在地预缴税款。因此，公告明确小规模纳税人中的单位和个体工商户销售不动产，应按其纳税期、公告第六条以及其他现行政策规定确定是否预缴增值税。

其他个人偶然发生销售不动产的行为，应当按照现行政策规定实行按次纳税。因此，公告明确其他个人销售不动产，继续按照现行政策规定征免增值税。比如，如果其他个人销售住房满2年符合免税条件的，仍可继续享受免税；如不符合免税条件，则应照章纳税。

八、已缴纳税款并开具专用发票的处理问题

按照现行政策规定，纳税人自行开具或申请代开增值税专用发票，应就其开具的增值税专用发票相对应的应税行为计算缴纳增值税。公告明确，如果小规模纳税人月销售额未超过10万元的，当期因开具增值税专用发票已经缴纳的税款，在增值税专用发票全部联次追回或者按规定开具红字专用发票后，可以向主管税

务机关申请退还已缴纳的增值税。

九、2019 年 1 月（季度）涉税事项的追溯适用问题

考虑到免税文件下发时间晚于免税政策开始执行的时间（2019 年 1 月 1 日），为确保小规模纳税人足额享受 10 万元免税政策，公告对小规模纳税人 2019 年第一个税款所属期已缴纳税款的追溯处理问题进行了明确，即小规模纳税人 2019 年 1 月份销售额未超过 10 万元（第 1 季度未超过 30 万元）的，当期因代开普通发票已经缴纳的税款，可以在办理纳税申报时向主管税务机关申请退还。

十、关于发票开具问题

为了便利纳税人开具使用发票，已经使用增值税发票管理系统开具发票的小规模纳税人，在免税标准调整后，月销售额未超过 10 万元的，可以继续使用现有税控设备开具发票。如果小规模纳税人已经自行开具增值税专用发票，同样可以使用现有税控设备继续开具。除上述情况和销售额标准同步调整外，小规模纳税人自行开具增值税专用发票其他事宜按照现行规定执行。

14. 财政部、税务总局关于冬奥会和冬残奥会企业赞助有关增值税政策的通知

（2019 年 1 月 18 日　财税〔2019〕6 号）

各省、自治区、直辖市、计划单列市财政厅（局），新疆生产建设兵团财政局，国家税务总局各省、自治区、直辖市、计划单列市税务局：

根据《财政部、税务总局、海关总署关于北京 2022 年冬奥会和冬残奥会税收政策的通知》（财税〔2017〕60 号）第三条第（二）款规定，现就冬奥会和冬残奥会企业赞助有关增值税政策明确如下：

一、对赞助企业及参与赞助的下属机构根据赞助协议及补充赞助协议向北京冬奥组委免费提供的，与北京 2022 年冬奥会、冬残奥会、测试赛有关的服务，免征增值税。

赞助企业及下属机构按照本通知所附《北京 2022 年冬奥会、冬残奥会、测试

赛赞助企业及参与赞助的下属机构名单》（第一批）执行。

二、适用免征增值税政策的服务，仅限于赞助企业及下属机构与北京冬奥组委签订的赞助协议及补充赞助协议中列明的服务。

三、赞助企业及下属机构应对上述服务单独核算，未单独核算的，不得适用免税政策。

四、本通知自2017年7月12日起执行。按照本通知应予免征的增值税，凡在本通知下发以前已经征收入库的，从纳税人以后纳税期应缴纳的增值税税款中抵减。纳税人如果已经向购买方开具了增值税专用发票，应将专用发票追回后方可申请办理免税。凡专用发票无法追回的，一律照章征收增值税。

附件：北京2022年冬奥会、冬残奥会、测试赛赞助企业及参与赞助的下属机构名单（第一批）

15. 财政部、海关总署、税务总局、药监局关于罕见病药品增值税政策的通知

（2019年2月20日 财税〔2019〕24号）

各省、自治区、直辖市、计划单列市财政厅（局），新疆生产建设兵团财政局，海关总署广东分署、各直属海关，国家税务总局各省、自治区、直辖市、计划单列市税务局：

为鼓励罕见病制药产业发展，降低患者用药成本，现将罕见病药品增值税政策通知如下：

一、自2019年3月1日起，增值税一般纳税人生产销售和批发、零售罕见病药品，可选择按照简易办法依照3%征收率计算缴纳增值税。上述纳税人选择简易办法计算缴纳增值税后，36个月内不得变更。

二、自2019年3月1日起，对进口罕见病药品，减按3%征收进口环节增值税。

三、纳税人应单独核算罕见病药品的销售额。未单独核算的，不得适用本通

知第一条规定的简易征收政策。

四、本通知所称罕见病药品，是指经国家药品监督管理部门批准注册的罕见病药品制剂及原料药。罕见病药品清单（第一批）见附件。罕见病药品范围实行动态调整，由财政部、海关总署、税务总局、药监局根据变化情况适时明确。

附件：罕见病药品清单（第一批）

罕见病药品清单（第一批）

一、罕见病药品制剂				
序号	活性成分通用名称	药品名称	已获准上市的剂型	税号
1	波生坦	波生坦片	片剂	30049090
2	安立生坦	安立生坦片	片剂	30049090
3	利奥西呱	利奥西呱片	片剂	30049090
4	马昔腾坦	马昔腾坦片	片剂	30049090
5	伊洛前列素	吸入用伊洛前列素溶液	溶液剂	30043900
6	曲前列尼尔	曲前列尼尔注射液	注射剂	30043900
7	吡非尼酮	吡非尼酮胶囊	胶囊剂	30049090
8	尼达尼布	乙磺酸尼达尼布软胶囊	胶囊剂	30049090
9	–	注射用伊米苷酶	注射剂	30049090
10	–	注射用阿糖苷酶 α	注射剂	30049090
11	麦格司他	麦格司他胶囊	胶囊剂	30049090
12	–	重组人生长激素注射液	注射剂	30043900
13	沙丙蝶呤	盐酸沙丙蝶呤片	片剂	30049090
14	–	重组人干扰素 β1a 注射液	注射剂	30021500
15	青霉胺	青霉胺片	片剂	30049090
16	利鲁唑	利鲁唑片	片剂	30049090
17	–	人凝血因子Ⅷ	注射剂、冻干粉针剂	30021200
18	–	注射用重组人凝血因子Ⅷ	注射剂	30021200
19	–	注射用重组人凝血因子 IX	注射剂	30021200
20	–	人凝血酶原复合物	注射剂、冻干粉针剂	30021200
21	–	注射用重组人凝血因子Ⅶa	注射剂	30021200

续表

二、罕见病药品原料药		
序号	活性成分通用名称	税号
1	波生坦	29359000
2	吡非尼酮	29337900
3	青霉胺	29309090
4	利鲁唑	29342000

16. 财政部、税务总局关于继续实施支持文化企业发展增值税政策的通知

（2019 年 2 月 13 日　财税〔2019〕17 号）

各省、自治区、直辖市、计划单列市财政厅（局），新疆生产建设兵团财政局，国家税务总局各省、自治区、直辖市、计划单列市税务局：

为贯彻落实《国务院办公厅关于印发文化体制改革中经营性文化事业单位转制为企业和进一步支持文化企业发展两个规定的通知》（国办发〔2018〕124 号）有关规定，进一步深化文化体制改革，促进文化企业发展，现就继续实施支持文化企业发展的增值税政策通知如下：

一、对电影主管部门（包括中央、省、地市及县级）按照各自职能权限批准从事电影制片、发行、放映的电影集团公司（含成员企业）、电影制片厂及其他电影企业取得的销售电影拷贝（含数字拷贝）收入、转让电影版权（包括转让和许可使用）收入、电影发行收入以及在农村取得的电影放映收入，免征增值税。一般纳税人提供的城市电影放映服务，可以按现行政策规定，选择按照简易计税办法计算缴纳增值税。

二、对广播电视运营服务企业收取的有线数字电视基本收视维护费和农村有线电视基本收视费，免征增值税。

三、本通知执行期限为 2019 年 1 月 1 日至 2023 年 12 月 31 日。《财政部、税

务总局关于继续执行有线电视收视费增值税政策的通知》（财税〔2017〕35 号）同时废止。《财政部、税务总局关于继续实施支持文化企业发展若干税收政策的通知》（财税〔2014〕85 号）自 2019 年 1 月 1 日起停止执行。

文化企业按照本通知规定应予减免的增值税税款，在本通知下发以前已经征收入库的，可抵减以后纳税期应缴税款或办理退库。

17. 财政部、税务总局、中央宣传部关于继续实施文化体制改革中经营性文化事业单位转制为企业若干税收政策的通知

（2019 年 2 月 16 日　财税〔2019〕16 号）

各省、自治区、直辖市、计划单列市财政厅（局）、党委宣传部，新疆生产建设兵团财政局，国家税务总局各省、自治区、直辖市、计划单列市税务局：

为贯彻落实《国务院办公厅关于印发文化体制改革中经营性文化事业单位转制为企业和进一步支持文化企业发展两个规定的通知》（国办发〔2018〕124 号）有关规定，进一步深化文化体制改革，继续推进国有经营性文化事业单位转企改制，现就继续实施经营性文化事业单位转制为企业的税收政策有关事项通知如下：

一、经营性文化事业单位转制为企业，可以享受以下税收优惠政策：

（一）经营性文化事业单位转制为企业，自转制注册之日起五年内免征企业所得税。2018 年 12 月 31 日之前已完成转制的企业，自 2019 年 1 月 1 日起可继续免征五年企业所得税。

（二）由财政部门拨付事业经费的文化单位转制为企业，自转制注册之日起五年内对其自用房产免征房产税。2018 年 12 月 31 日之前已完成转制的企业，自 2019 年 1 月 1 日起对其自用房产可继续免征五年房产税。

（三）党报、党刊将其发行、印刷业务及相应的经营性资产剥离组建的文化企业，自注册之日起所取得的党报、党刊发行收入和印刷收入免征增值税。

（四）对经营性文化事业单位转制中资产评估增值、资产转让或划转涉及的

企业所得税、增值税、城市维护建设税、契税、印花税等，符合现行规定的享受相应税收优惠政策。

上述所称“经营性文化事业单位”，是指从事新闻出版、广播影视和文化艺术的事业单位。转制包括整体转制和剥离转制。其中，整体转制包括：（图书、音像、电子）出版社、非时政类报刊出版单位、新华书店、艺术院团、电影制片厂、电影（发行放映）公司、影剧院、重点新闻网站等整体转制为企业；剥离转制包括：新闻媒体中的广告、印刷、发行、传输网络等部分，以及影视剧等节目制作与销售机构，从事业体制中剥离出来转制为企业。

上述所称“转制注册之日”，是指经营性文化事业单位转制为企业并进行企业法人登记之日。对于经营性文化事业单位转制前已进行企业法人登记，则按注销事业单位法人登记之口，或核销事业编制的批复之日（转制前未进行事业单位法人登记的）确定转制完成并享受本通知所规定的税收优惠政策。

上述所称“2018 年 12 月 31 日之前已完成转制”，是指经营性文化事业单位在 2018 年 12 月 31 日及以前已转制为企业、进行企业法人登记，并注销事业单位法人登记或批复核销事业编制（转制前未进行事业单位法人登记的）。

本通知下发之前已经审核认定享受《财政部、国家税务总局、中宣部关于继续实施文化体制改革中经营性文化事业单位转制为企业若干税收政策的通知》（财税〔2014〕84 号）税收优惠政策的转制文化企业，可按本通知规定享受税收优惠政策。

二、享受税收优惠政策的转制文化企业应同时符合以下条件：

（一）根据相关部门的批复进行转制。

（二）转制文化企业已进行企业法人登记。

（三）整体转制前已进行事业单位法人登记的，转制后已核销事业编制、注销事业单位法人；整体转制前未进行事业单位法人登记的，转制后已核销事业编制。

（四）已同在职职工全部签订劳动合同，按企业办法参加社会保险。

（五）转制文化企业引入非公有资本和境外资本的，须符合国家法律法规和政策规定；变更资本结构依法应经批准的，需经行业主管部门和国有文化资产监管部门批准。

本通知适用于所有转制文化单位。中央所属转制文化企业的认定，由中央宣传部会同财政部、税务总局确定并发布名单；地方所属转制文化企业的认定，按照登记管理权限，由地方各级宣传部门会同同级财政、税务部门确定和发布名单，并按程序抄送中央宣传部、财政部和税务总局。

已认定发布的转制文化企业名称发生变更的，如果主营业务未发生变化，可持同级文化体制改革和发展工作领导小组办公室出具的同意变更函，到主管税务机关履行变更手续；如果主营业务发生变化，依照本条规定的条件重新认定。

三、经认定的转制文化企业，应按有关税收优惠事项管理规定办理优惠手续，申报享受税收优惠政策。企业应将转制方案批复函，企业营业执照，同级机构编制管理机关核销事业编制、注销事业单位法人的证明，与在职职工签订劳动合同、按企业办法参加社会保险制度的有关材料，相关部门对引入非公有资本和境外资本、变更资本结构的批准文件等留存备查，税务部门依法加强后续管理。

四、未经认定的转制文化企业或转制文化企业不符合本通知规定的，不得享受相关税收优惠政策。已享受优惠的，主管税务机关应追缴其已减免的税款。

五、对已转制企业按照本通知规定应予减免的税款，在本通知下发以前已经征收入库的，可抵减以后纳税期应缴税款或办理退库。

六、本通知规定的税收政策执行期限为 2019 年 1 月 1 日至 2023 年 12 月 31 日。企业在 2023 年 12 月 31 日享受本通知第一条第（一）、（二）项税收政策不满五年的，可继续享受至五年期满为止。

《财政部、国家税务总局、中宣部关于继续实施文化体制改革中经营性文化事业单位转制为企业若干税收政策的通知》（财税〔2014〕84 号）自 2019 年 1 月 1 日起停止执行。

18. 国家税务总局关于实施进一步支持和服务民营经济发展若干措施的通知

（2018 年 11 月 16 日　税总发〔2018〕174 号）

国家税务总局各省、自治区、直辖市和计划单列市税务局，国家税务总局驻各地特派员办事处，局内各单位：

党中央、国务院高度重视民营经济发展。习近平总书记在最近召开的民营企业座谈会上发表了十分重要的讲话，对支持民营企业发展并走向更加广阔舞台作出重要指示，为税收工作更好地服务民营经济发展提出了明确要求、提供了根本遵循。近年来，税务部门认真落实党中央、国务院决策部署，在积极推动民营经济发展壮大方面发挥了应有作用。为深入贯彻落实习近平总书记重要讲话精神，切实履行好税务部门职责，现就进一步支持和服务民营经济发展提出如下措施：

一、认真落实和完善政策，促进民营企业减税降负

（一）不折不扣落实税收优惠政策。各级税务机关要坚决贯彻依法征税的组织收入原则，坚决不收“过头税”，坚决落实减免税政策。对符合享受税收优惠政策条件的民营企业与其他纳税人一律平等对待，确保优惠政策落实到位。要依法依规执行好小微企业免征增值税、小型微利企业减半征收企业所得税、金融机构向小微企业提供贷款的利息收入及担保机构向中小企业提供信用担保收入免征增值税等主要惠及民营企业的优惠政策，持续加大政策落实力度，确保民营企业应享尽享。

（二）稳定社会保险费缴费方式。税务总局要积极配合有关部门研究提出降低社保费率等建议，确保总体上不增加企业负担，确保企业社保缴费实际负担有实质性下降。各级税务机关在社保费征管机制改革过程中，要确保缴费方式稳定，积极配合有关部门合理编制体现减费要求的社保费收入预算，严格按照人大审议通过的预算负责征收。对包括民营企业在内的缴费人以前年度欠费，一律不得自行组织开展集中清缴。

（三）积极研究提出减税政策建议。税务总局要配合有关部门抓紧研究提出推进增值税等实质性减税、对小微企业和科技型初创企业实施普惠性税收免除的建议，统筹提出解决税制改革和推进过程中发现问题的建议；要根据公开征求意见情况，配合有关部门抓紧对个人所得税 6 项专项附加扣除的政策进行完善。各省税务局要围绕进一步加大减税力度，深入组织开展调查研究，积极提出有针对性、切实可行的意见建议。

（四）加强税收政策宣传辅导。各级税务机关要充分运用纳税人学堂等载体，专门组织开展面向民营企业的政策辅导。对面上普遍适用的政策要进行系统辅导，对重要专项政策要进行专题辅导，对持续经营的民营企业要及时开展政策更新辅导，对新开办的民营企业要及时送政策上门，帮助企业及时了解、充分适用。税务总局要持续做好税收政策文件清理和税收政策视频解读，动态编写、修订和发布《税收优惠政策汇编》及分类别的税收优惠指引，并在12366纳税服务平台开辟税收优惠政策专题栏目，帮助包括民营企业在内的广大纳税人熟悉掌握、用足用好相关优惠政策。

（五）强化税收政策执行情况反馈。税务总局和各省税务局要进一步健全和落实税收政策执行情况反馈机制。各基层税务机关要充分发挥直接面对纳税人的优势，深入民营企业征询意见并及时反馈，特别是对操作性不强、获益面受限等政策，要积极研究提出简明易行好操作的改进完善建议。

二、持续优化营商环境，增进民营企业办税便利

（六）开展新一轮大调研大走访活动。结合国税地税征管体制改革，深入开展“新机构、新服务、新形象”活动。在前期工作基础上，税务总局再组织开展新一轮针对民营企业的大调研、大走访活动，深入民营企业广泛收集涉税诉求，听取意见建议并认真梳理分析，对反映较多的问题，统一出台措施进行解决，推动税收管理和服务朝着更贴近民营企业需求、更顺应民营企业关切的方向不断优化升级。

（七）精简压缩办税资料。进一步清理税务证明事项和精简涉税资料报送。2018年底前，税务总局再取消20项涉税证明事项。2019年，对民营企业等纳税人向税务机关报送的资料再精简25%以上；简并优化增值税、消费税等纳税申报表，并推进实施增值税申报“一表集成”、消费税“一键申报”。

（八）拓宽一次办结事项。各级税务机关要持续更新办税事项“最多跑一次”清单。2018年底前，实现50%以上涉税事项一次办结；2019年底前，实现70%以上涉税事项一次办结。

（九）大幅简化办税程序。探索推行纳税申报“提醒纠错制”。在税务注销等环节推行“承诺制”容缺办理，凡符合条件的民营企业等纳税人，如相关资料不全，可在其作出承诺后，即时办理相关业务。简化税务注销办理流程，税务总局配合有关部门编制和公布统一的企业注销操作指南。

（十）继续压缩办税时间。按照世界银行《营商环境报告》的纳税时间标准，在上年度已较大幅度压缩的基础上，2018 年再压缩 10% 以上，并持续推进为民营企业等纳税人办理涉税事项的提速工作。2018 年底前，实现无纸化出口退税申报覆盖所有地域和所有信用评级高、纳税记录良好的一类、二类出口企业，将审核办理出口退税的平均时间从目前 13 个工作日压缩至 10 个工作日。

（十一）积极推进电子办税和多元化缴退库。整合各地面向纳税人的网上办税服务厅，2018 年底前，推出实施全国范围规范统一的优化版电子税务局，实现界面标准统一、业务标准统一、数据标准统一、财务报表转换等关键创新事项统一的优化版电子税务局，进一步拓展"一网通办"的范围。丰富多元化缴退库方式，税务总局积极研究推动通过第三方非银行支付机构缴纳税费，为从事个体经营的民营纳税人办理缴款提供便利；尽快推进税收电子退库全联网、全覆盖，实现申报、证明办理、核准、退库等业务网上办理，提高资金退付和使用效率，增强民营企业等纳税人的资金流动性。加强税收信息系统整合优化工作，进一步提高信息系统的稳定性和办税服务质效。

（十二）大力支持民营企业"走出去"。进一步落实好与 110 个国家和地区签署的税收协定，积极与主要投资地国家和地区开展税收协定谈签，通过税收协定帮助"走出去"民营企业降低在投资目的地国家和地区的税收负担，提高税收争议解决质效，避免重复征税。充分运用好国际税收合作机制和平台，深入推进"一带一路"税收合作长效机制建设，为民营企业扩大在沿线国家和地区投资提供有力支持。税务总局适时更新完善《"走出去"企业税收指引》，在目前已发布 81 份国别税收投资指南的基础上，2018 年底前，再更新和发布 20 份左右，基本覆盖"一带一路"重点国家和地区。各地税务机关要积极帮助"走出去"民营企业利用税收协定、国际税收合作机制维护自身合法权益，用好委托境外研发费用企业所得税加计扣除、企业境外所得税综合抵免等政策，切实减轻税收负担。

三、积极开展精准帮扶，助力民营企业纾困解难

（十三）健全与民营企业常态化沟通机制。各级税务机关要会同工商联和协会商会等部门，进一步扩展税企双方沟通渠道和平台。要经常性通过召开座谈会等方式，面对面征询民营企业意见，及时回应关切。税务总局通过 12366 纳税服务热线、12366 纳税服务平台等渠道在全国范围组织开展民营企业需求专项调查。

（十四）建立中小企业跨区域涉税诉求受理和解决机制。在税务总局和省税务局明确专门部门，组织专门力量，集中受理和协调解决中小企业在生产经营过程中遇到的跨区域税收执法标准不统一、政策执行口径不一致等问题。

（十五）依法为经营困难的民营企业办理延期缴纳税款。各级税务机关对生产经营困难、纳税信用良好的民营企业，要进一步研究针对性、操作性强的税收帮扶措施，并积极推动纳入地方政府的统筹安排中，帮助其实现更好发展。对确有特殊困难而不能按期缴纳税款的民营企业，税务机关要通过依法办理税款延期缴纳等方式，积极帮助企业缓解资金压力。

（十六）切实保障纳税人正常经营的发票需求。根据纳税人实际经营情况，合理确定增值税发票领用数量和最高开票限额，切实保障民营企业正常生产经营所需发票，严禁在发票领用中对民营企业设置不合理限制。进一步推行电子发票。持续扩大小规模纳税人自行开具增值税专用发票范围。对民营企业增值税异常扣税凭证要依法依规进行认定和处理，除税收征管法规定的情形外，不得停供发票。

（十七）深化“银税互动”助力民营企业便利融资。各级税务机关要联合银保监部门和银行业金融机构，进一步深入开展“银税互动”活动，并由“线下”向“线上”拓展，鼓励和推动银行依托纳税信用创新信贷产品，深化税务、银行信息互通，缓解小微民营企业融资难题。

（十八）积极支持新经济、新业态、新模式发展。各级税务机关要坚持包容审慎监管的原则，积极培育民营企业新兴经济增长点，大力支持企业做大做优做强。切实执行好跨境电商零售出口“无票免税”政策，落实鼓励外贸综合服务企业发展的措施，积极支持市场采购贸易方式发展，不断研究完善适应新经济、新业态、新模式发展要求的税收政策、管理和服务措施，助力民营企业增强创新能力和核心竞争力。

四、严格规范税收执法，保障民营企业合法权益

（十九）加强税收规范性文件的公平竞争审查。制定税收规范性文件要充分评估可能产生的经济、社会等各方面综合影响，对违反公平竞争审查要求、可能不利于民营企业发展的，应调整完善或不予出台。各级税务机关在税收规范性文件清理中，对有违市场公平竞争的内容，要一律修改或废止。

（二十）进一步规范税务检查。各级税务机关在实施税务检查中，必须做到民营企业与其他企业一视同仁，坚持“无风险不检查、无审批不进户、无违法不停票”。对正常生产经营的企业要少打扰乃至不打扰，避免因为不当征税导致正常运行的企业停摆。除举报等违法线索明显的案件外，一律运用税收大数据开展评估分析发现税收风险后，采取税务检查措施。对涉税事项需要到企业实地了解核查的，必须严格履行审批程序。

（二十一）妥善处理依法征管和支持企业发展的关系。以最严格的标准防范逃避税，为守法经营的民营企业等纳税人营造公平竞争的环境。不断健全以税收风险为导向、以“双随机一公开”为基本方式的新型稽查监管机制。坚决依法打击恶意偷逃税特别是没有实际经营业务只为虚开发票的“假企业”和没有实际出口只为骗取出口退税的“假出口”。严格落实行政处罚法有关规定，对民营企业等纳税人有主动消除或者减轻违法行为危害后果等情形的，依法从轻或者减轻行政处罚；对违法行为轻微并及时纠正，没有造成危害后果的，依法不予行政处罚。

（二十二）充分保障民营企业法律救济权利。抓紧研究建立纳税人诉求和意见受理快速反应机制。税务总局在 12366 纳税服务热线设立专线，受理民营企业纳税人的税收法律咨询、投诉举报等。各级税务机关对民营企业反映的执法问题、提出的行政复议申请要积极依法受理、及时办理。对民营企业因经营困难一时无力缴清税款、滞纳金或无法提供担保等原因，不符合行政复议受理条件的，复议机关在依法处理的同时，要甄别情况，发现主管税务机关税收执法行为确有错误的，应及时督促其依法纠正。

（二十三）加强税收执法监督。全面推行税务行政执法公示制度、税收执法全过程记录制度、重大税收执法决定法制审核制度。统筹加大税收执法督察力度，强化执法责任追究，坚决查处税务人员简单粗暴执法、任性任意执法、选择执法、情绪执法等行为，坚决查处税务人员吃拿卡要等损害民营企业等纳税人利益的不正之风。

五、切实加强组织实施，确保各项措施落实见效

（二十四）加强党的领导。各级税务机关党委要高度重视支持和服务民营经济发展工作。党委书记是第一责任人，要亲自组织、亲自部署、亲自过问，统筹研究工作安排并认真抓好督导落实。各级税务机关党委在年度工作报告中，要专门就支持和服务民营经济发展工作情况进行报告，认真总结经验和不足，自觉接受评议和监督，促进工作不断改进、不断提高。

（二十五）细化工作落实。税务总局办公厅要加强对各项措施落实情况的督办，并纳入绩效考核；各司局要结合分管工作，明确责任分工，一项一项组织实施，对标对表加以推进，确保按时保质落实到位。各省税务局要结合自身实际，进一步细化实化支持和服务民营经济发展的具体办法，层层压实责任，一级一级抓好贯彻落实。特别是在地方党委、政府制定出台支持民营经济发展的措施时，要积极承担应尽职责，根据当地民营经济发展状况和需求，主动依法提出税收支持措施，不断创新工作方法，拓展服务手段，增强工作的针对性。

（二十六）务求实效长效。支持和服务民营经济发展是一项长期任务。各级税务机关务必常抓不懈，融入日常工作常抓常新、常抓常进。在落实已有措施的基础上，要不断谋划和推出新的举措；在取得积极效果的基础上，要不断深化和拓展新的成效；在积累有益经验的基础上，要不断完善和丰富新的制度安排，确保支持和服务民营经济发展有实招、显实效、见长效。

各级税务机关要以习近平新时代中国特色社会主义思想为指导，从讲政治的高度，坚定不移强化责任担当，不折不扣抓好工作落实，以助力民营企业发展壮大的积极成效，促进经济活力不断增强和现代化经济体系建设深入推进，为服务高质量发展作出新的贡献。工作中的经验做法和意见建议，要及时向税务总局（政策法规司）报告。

19. 财政部、税务总局、人力资源社会保障部关于进一步落实重点群体创业就业税收政策的通知

（2018年11月23日　财税〔2018〕136号）

各省、自治区、直辖市、计划单列市财政厅（局）、人力资源社会保障厅（局），国家税务总局各省、自治区、直辖市、计划单列市税务局，新疆生产建设兵团财政局、人力资源社会保障局：

为支持和促进重点群体创业就业，财政部、税务总局、人力资源社会保障部印发了《关于继续实施支持和促进重点群体创业就业有关税收政策的通知》（财

税〔2017〕49号)。为进一步做好政策落实工作，现将有关问题通知如下：

一、加强领导、周密部署，将财税〔2017〕49号文件中登记失业半年以上的人员、毕业年度内高校毕业生、零就业家庭以及享受城市居民最低生活保障家庭劳动年龄内的登记失业人员等重点群体创业就业政策落实到位。

二、认真贯彻落实《中共中央 国务院关于打赢脱贫攻坚战的决定》精神，吸纳农村建档立卡贫困人口就业的企业，按财税〔2017〕49号文件规定享受税收优惠，助力打好脱贫攻坚战。

三、各级财政、税务、人力资源社会保障等部门要健全信息共享机制，优化办税流程；主动做好政策宣传和解释工作，使企业和困难群体知悉和理解相关政策；加强调查研究，密切跟踪税收政策执行情况，及时解决政策落地过程中出现的困难和问题。

20. 国家税务总局关于新办纳税人首次申领增值税发票有关事项的公告

(2018年6月11日 国家税务总局公告2018年第29号)

为了进一步深化税务系统“放管服”改革，优化税收营商环境，方便新办纳税人首次申领增值税发票，按照国务院关于进一步压缩企业开办时间的要求，税务总局决定压缩新办纳税人首次申领增值税发票时间。现将有关事项公告如下：

一、同时满足下列条件的新办纳税人首次申领增值税发票，主管税务机关应当自受理申请之日起2个工作日内办结，有条件的主管税务机关当日办结：

(一) 纳税人的办税人员、法定代表人已经进行实名信息采集和验证(需要采集、验证法定代表人实名信息的纳税人范围由各省税务机关确定)；

(二) 纳税人有开具增值税发票需求，主动申领发票；

(三) 纳税人按照规定办理税控设备发行等事项。

二、新办纳税人首次申领增值税发票主要包括发票票种核定、增值税专用发票(增值税税控系统)最高开票限额审批、增值税税控系统专用设备初始发行、发票领用等涉税事项。

三、税务机关为符合本公告第一条规定的首次申领增值税发票的新办纳税人办理发票票种核定，增值税专用发票最高开票限额不超过10万元，每月最高领用数量不超过25份；增值税普通发票最高开票限额不超过10万元，每月最高领用数量不超过50份。各省税务机关可以在此范围内结合纳税人税收风险程度，自行确定新办纳税人首次申领增值税发票票种核定标准。

四、各省税务机关要根据本地区的实际情况，进一步明确新办纳税人首次申领增值税发票的办理时限、办理方式和办理流程，尽可能实现税控设备网上购买，并做好压缩新办纳税人首次申领增值税发票时间相关政策的宣传解释工作，确保符合条件的新办纳税人及时、顺利地领用增值税发票。

除新疆、青海、西藏以外的地区，本公告自2018年8月1日起施行；新疆、青海、西藏地区自2018年10月1日起施行。

特此公告。

• 链接：相关政策解读

关于《国家税务总局关于新办纳税人首次申领增值税发票有关事项的公告》的解读[①]

一、发布本公告的背景是什么？

为了进一步深化税务系统“放管服”改革，优化税收营商环境，方便新办纳税人首次申领增值税发票，按照国务院关于进一步压缩企业开办时间的要求，税务总局发布本公告，压缩新办纳税人首次申领增值税发票时间。

二、新办纳税人首次申领增值税发票，多长时间可以办结？

同时满足下列条件的新办纳税人首次申领增值税发票，主管税务机关应当自受理申请之日起2个工作日内办结，有条件的主管税务机关当日办结：

① 参见国家税务总局：http：//www. chinatax. gov. cn/n810341/n810760/c3646657/content. html，访问时间2019年4月26日。

（一）纳税人的办税人员、法定代表人已经进行实名信息采集和验证（需要采集、验证法定代表人实名信息的纳税人范围由各省税务机关确定）；

（二）纳税人有开具增值税发票需求，主动申领发票；

（三）纳税人按照规定办理税控设备发行等事项。

三、新办纳税人首次申领增值税发票主要包括哪些涉税事项？

新办纳税人首次申领增值税发票主要包括发票票种核定、增值税专用发票（增值税税控系统）最高开票限额审批、增值税税控系统专用设备初始发行、发票领用等涉税事项。

四、新办纳税人首次申领增值税发票，最高开票限额和每月最高领用数量分别是多少？

税务机关为符合本公告第一条规定的首次申领增值税发票的新办纳税人办理发票票种核定，增值税专用发票最高开票限额不超过10万元，每月最高领用数量不超过25份；增值税普通发票最高开票限额不超过10万元，每月最高领用数量不超过50份。各省税务机关可以在此范围内结合纳税人税收风险程度，自行确定新办纳税人首次申领增值税发票票种核定标准。

五、本公告自何时起施行？

除新疆、青海、西藏以外的地区，本公告自2018年8月1日起施行；新疆、青海、西藏地区自2018年10月1日起施行。

21. 国家税务总局关于外贸综合服务企业办理出口货物退（免）税有关事项的公告

（2018年5月14日　国家税务总局公告2018年第25号）

《国家税务总局关于调整完善外贸综合服务企业办理出口货物退（免）税有关事项的公告》（国家税务总局公告2017年第35号）实施以来，部分外贸综合服务企业（以下简称综服企业）反映部分老合同无法按照35号公告规定办理退税的问题。为解决综服企业反映的问题，促进综服企业规范健康发展，现将有关出口货物退（免）税问题明确如下：

一、综服企业在2017年11月1日至2018年2月28日期间出口的货物，符合《国家税务总局关于外贸综合服务企业出口货物退（免）税有关问题的公告》（国家税务总局公告2014年第13号）规定的，允许在2018年6月30日前，按照国家税务总局公告2014年第13号的规定申报办理出口退（免）税。

出口货物的出口时间，以出口货物报关单上注明的出口日期为准。

二、综服企业按照本公告第一条的规定申报出口退（免）税时，必须在《外贸企业出口退税进货明细申报表》“备注”栏、《外贸企业出口退税出口明细申报表》“备注”栏填写“WMZHFW”。否则，不得执行本公告第一条的规定。

三、本公告自发布之日起施行。

特此公告。

- **链接：相关政策解读**

关于《国家税务总局关于外贸综合服务企业办理出口货物退（免）税有关事项的公告》的解读[①]

一、《公告》出台的背景

《国家税务总局关于调整完善外贸综合服务企业办理出口货物退（免）税有关事项的公告》（国家税务总局公告2017年第35号，以下简称“35号公告”）发布后，外贸综合服务企业（以下简称“综服企业”）代办退税管理办法涉及的代办退税备案、开具代办退税发票、申报办理退税、开具收入退还书和国库办理退库等各环节工作运转正常，基本实现了代办退税办法出台的初衷。

近期，部分综服企业以及税务机关反映，35号公告自2017年11月1日起施行，此前，部分生产企业已签订了2018年春节前后的出口合同，并委托综服企业代理出口。这部分合同的出口货物在2017年11月1日之后报关出口，但未能在2017年11月1日前开具增值税专用发票，且这些生产企业目前尚未按照35号公

① 参见国家税务总局：http：//hd.chinatax.gov.cn/gdnps/content.jsp？id＝3463246，访问时间2019年4月26日。

告规定完成委托代办退税备案。因此，这部分出口货物既不能按照35号公告规定进行代办退税，也不能按照《国家税务总局关于外贸综合服务企业出口货物退（免）税有关问题的公告》（国家税务总局公告2014年第13号）的规定办理出口退（免）税。

为解决上述问题，鼓励生产企业出口，促进综服企业规范健康发展，支持外贸稳定发展，国家税务总局制发了《国家税务总局关于外贸综合服务企业办理出口货物退（免）税有关事项的公告》（以下简称《公告》）。

二、《公告》的主要内容解读

一是明确了综服企业新老政策衔接问题。《公告》规定综服企业在2017年11月1日至2018年2月28日期间出口的货物，符合国家税务总局公告2014年第13号规定的，允许在2018年6月30日前，按照国家税务总局公告2014年第13号的规定申报办理出口退（免）税。

二是明确了申报资料的填报事项。《公告》规定综服企业按照本公告第一条的规定申报出口退（免）税时，必须在《外贸企业出口退税进货明细申报表》“备注”栏、《外贸企业出口退税出口明细申报表》“备注”栏填写“WMZHFW”。否则，不得执行本公告第一条的规定。

22. 财政部、税务总局、商务部、海关总署关于跨境电子商务综合试验区零售出口货物税收政策的通知

（2018年9月28日 财税〔2018〕103号）

各省、自治区、直辖市、计划单列市财政厅（局）、商务主管部门，国家税务总局各省、自治区、直辖市、计划单列市税务局，国家税务总局驻各地特派员办事处，海关总署广东分署、各直属海关：

为进一步促进跨境电子商务健康快速发展，培育贸易新业态新模式，现将跨境电子商务综合试验区（以下简称综试区）内的跨境电子商务零售出口（以下简称电子商务出口）货物有关税收政策通知如下：

一、对综试区电子商务出口企业出口未取得有效进货凭证的货物，同时符合下列条件的，试行增值税、消费税免税政策：

（一）电子商务出口企业在综试区注册，并在注册地跨境电子商务线上综合服务平台登记出口日期、货物名称、计量单位、数量、单价、金额。

（二）出口货物通过综试区所在地海关办理电子商务出口申报手续。

（三）出口货物不属于财政部和税务总局根据国务院决定明确取消出口退（免）税的货物。

二、各综试区建设领导小组办公室和商务主管部门应统筹推进部门之间的沟通协作和相关政策落实，加快建立电子商务出口统计监测体系，促进跨境电子商务健康快速发展。

三、海关总署定期将电子商务出口商品申报清单电子信息传输给税务总局。各综试区税务机关根据税务总局清分的出口商品申报清单电子信息加强出口货物免税管理。具体免税管理办法由省级税务部门商财政、商务部门制定。

四、本通知所称综试区，是指经国务院批准的跨境电子商务综合试验区；本通知所称电子商务出口企业，是指自建跨境电子商务销售平台或利用第三方跨境电子商务平台开展电子商务出口的单位和个体工商户。

五、本通知自2018年10月1日起执行，具体日期以出口商品申报清单注明的出口日期为准。

第二章　企业所得税

23. 企业所得税优惠政策事项办理办法

（2018 年 4 月 25 日　国家税务总局公告 2018 年第 23 号）

第一条　为落实国务院简政放权、放管结合、优化服务要求，规范企业所得税优惠政策事项（以下简称“优惠事项”）办理，根据《中华人民共和国企业所得税法》（以下简称“企业所得税法”）及其实施条例、《中华人民共和国税收征收管理法》（以下简称“税收征管法”）及其实施细则，制定本办法。

第二条　本办法所称优惠事项是指企业所得税法规定的优惠事项，以及国务院和民族自治地方根据企业所得税法授权制定的企业所得税优惠事项。包括免税收入、减计收入、加计扣除、加速折旧、所得减免、抵扣应纳税所得额、减低税率、税额抵免等。

第三条　优惠事项的名称、政策概述、主要政策依据、主要留存备查资料、享受优惠时间、后续管理要求等，见本公告附件《企业所得税优惠事项管理目录（2017 年版）》（以下简称《目录》）。

《目录》由税务总局编制、更新。

第四条　企业享受优惠事项采取“自行判别、申报享受、相关资料留存备查”的办理方式。企业应当根据经营情况以及相关税收规定自行判断是否符合优惠事项规定的条件，符合条件的可以按照《目录》列示的时间自行计算减免税额，并通过填报企业所得税纳税申报表享受税收优惠。同时，按照本办法的规定归集和留存相关资料备查。

第五条　本办法所称留存备查资料是指与企业享受优惠事项有关的合同、协议、凭证、证书、文件、账册、说明等资料。留存备查资料分为主要留存备查资料和其他留存备查资料两类。主要留存备查资料由企业按照《目录》列示的资料清单准备，其他留存备查资料由企业根据享受优惠事项情况自行补充准备。

第六条 企业享受优惠事项的，应当在完成年度汇算清缴后，将留存备查资料归集齐全并整理完成，以备税务机关核查。

第七条 企业同时享受多项优惠事项或者享受的优惠事项按照规定分项目进行核算的，应当按照优惠事项或者项目分别归集留存备查资料。

第八条 设有非法人分支机构的居民企业以及实行汇总纳税的非居民企业机构、场所享受优惠事项的，由居民企业的总机构以及汇总纳税的主要机构、场所负责统一归集并留存备查资料。分支机构以及被汇总纳税的非居民企业机构、场所按照规定可独立享受优惠事项的，由分支机构以及被汇总纳税的非居民企业机构、场所负责归集并留存备查资料，同时分支机构以及被汇总纳税的非居民企业机构、场所应在当完成年度汇算清缴后将留存的备查资料清单送总机构以及汇总纳税的主要机构、场所汇总。

第九条 企业对优惠事项留存备查资料的真实性、合法性承担法律责任。

第十条 企业留存备查资料应从企业享受优惠事项当年的企业所得税汇算清缴期结束次日起保留 10 年。

第十一条 税务机关应当严格按照本办法规定的方式管理优惠事项，严禁擅自改变优惠事项的管理方式。

第十二条 企业享受优惠事项后，税务机关将适时开展后续管理。在后续管理时，企业应当根据税务机关管理服务的需要，按照规定的期限和方式提供留存备查资料，以证实享受优惠事项符合条件。其中，享受集成电路生产企业、集成电路设计企业、软件企业、国家规划布局内的重点软件企业和集成电路设计企业等优惠事项的企业，应当在完成年度汇算清缴后，按照《目录》“后续管理要求”项目中列示的清单向税务机关提交资料。

第十三条 企业享受优惠事项后发现其不符合优惠事项规定条件的，应当依法及时自行调整并补缴税款及滞纳金。

第十四条 企业未能按照税务机关要求提供留存备查资料，或者提供的留存备查资料与实际生产经营情况、财务核算情况、相关技术领域、产业、目录、资格证书等不符，无法证实符合优惠事项规定条件的，或者存在弄虚作假情况的，税务机关将依法追缴其已享受的企业所得税优惠，并按照税收征管法等相关规定处理。

第十五条　本办法适用于2017年度企业所得税汇算清缴及以后年度企业所得税优惠事项办理工作。《国家税务总局关于发布〈企业所得税优惠政策事项办理办法〉的公告》（国家税务总局公告2015年第76号）同时废止。

24. 国家税务总局关于简化小型微利企业所得税年度纳税申报有关措施的公告

（2018年12月17日　国家税务总局公告2018年第58号）

为切实减轻小型微利企业纳税申报负担，根据《国家税务总局关于进一步深化税务系统“放管服”改革、优化税收环境的若干意见》（税总发〔2017〕101号）有关精神，现就实行查账征收企业所得税的小型微利企业（以下简称“小型微利企业”）填报《中华人民共和国企业所得税年度纳税申报表（A类，2017年版）》（国家税务总局公告2017年第54号发布，国家税务总局公告2018年第57号修订）有关事项公告如下：

一、《中华人民共和国企业所得税年度纳税申报表（A类）》（A100000）为小型微利企业必填表单。

二、《企业所得税年度纳税申报基础信息表》（A000000）中的“基本经营情况”为小型微利企业必填项目；“有关涉税事项情况”为选填项目，存在或者发生相关事项时小型微利企业必须填报；“主要股东及分红情况”为小型微利企业免填项目。

三、小型微利企业免于填报《一般企业收入明细表》（A101010）、《金融企业收入明细表》（A101020）、《一般企业成本支出明细表》（A102010）、《金融企业支出明细表》（A102020）、《事业单位、民间非营利组织收入、支出明细表》（A103000）、《期间费用明细表》（A104000）。

上述表单相关数据应当在《中华人民共和国企业所得税年度纳税申报表（A类）》（A100000）中直接填写。

四、除本公告第一条、第二条、第三条规定的表单、项目外，小型微利企业可结合自身经营情况，选择表单填报。未发生表单中规定的事项，无需填报。

五、本公告所称小型微利企业，是指符合《中华人民共和国企业所得税法》及其实施条例、《财政部、税务总局关于进一步扩大小型微利企业所得税优惠政策范围的通知》（财税〔2018〕77号）等规定的企业。上述政策规定发生调整的，按照政策规定执行。

六、本公告适用于小型微利企业2018年度及以后年度企业所得税汇算清缴纳税申报。

特此公告。

- **链接：相关政策解读**

关于《国家税务总局关于简化小型微利企业所得税年度纳税申报有关措施的公告》的解读①

近日，税务总局发布了《国家税务总局关于简化小型微利企业所得税年度纳税申报有关措施的公告》（以下简称《公告》）。现解读如下：

一、有关背景

2018年，为落实企业所得税有关政策，税务总局对《中华人民共和国企业所得税年度纳税申报表（A类，2017年版）》（以下简称《年度纳税申报表（A类，2017年版）》）进行了修订。为进一步优化营商环境，减轻小型微利企业纳税申报负担，根据《国家税务总局关于进一步深化税务系统“放管服”改革、优化税收环境的若干意见》（税总发〔2017〕101号）有关精神，税务总局发布《公告》，推出简化小型微利企业年度纳税申报措施。

---

① 参见国家税务总局：http：//www. chinatax. gov. cn/n810341/n810760/c3955965/content. html，访问时间2019年4月26日。

二、主要内容

（一）适用范围

《公告》适用于实行查账征收方式的小型微利企业。小型微利企业应符合《中华人民共和国企业所得税法》及实施条例、《财政部、税务总局关于进一步扩大小型微利企业所得税优惠政策范围的通知》（财税〔2018〕77号）等文件规定的相关条件。上述政策规定如进行调整，按照政策规定执行。

（二）简化措施

1. 简化《企业所得税年度纳税申报基础信息表》（A000000）填报。小型微利企业原则上仅需要填报《企业所得税年度纳税申报基础信息表》（A000000）中的“基本经营情况”项目中的10个数据项；“有关涉税事项情况”项目中的数据项为选填内容，只有当小型微利企业发生这类事项时才需要填报；免于填报“主要股东及分红情况”项目中的数据项。

2. 免于填报《一般企业收入明细表》（A101010）等6张表单。《中华人民共和国企业所得税年度纳税申报表（A类）》（A100000）中的“营业收入”“营业成本”“税金及附加”“销售费用”“管理费用”“财务费用”“资产减值损失”“公允价值变动收益”“投资收益”“营业外收入”“营业外支出”项目，按照申报表体系的设计要求，应当通过填报《一般企业收入明细表》（A101010）、《金融企业收入明细表》（A101020）、《一般企业成本支出明细表》（A102010）、《金融企业支出明细表》（A102020）、《事业单位、民间非营利组织收入、支出明细表》（A103000）、《期间费用明细表》（A104000）等附表后汇总生成。为减轻小型微利企业填报负担，《公告》规定小型微利企业免于填报相关附表，可直接将相关项目金额填入《中华人民共和国企业所得税年度纳税申报表（A类）》（A100000）中的相应行次。

3. 明确其他表单填报规则。除《公告》第一条、第二条、第三条中规定的表单外，如未发生其他事项，小型微利企业无需填报其它表单。

由于《中华人民共和国企业所得税年度纳税申报表（A类）》（A100000）是企业所得税年度纳税申报的主表，企业所得税年度汇算清缴的结果主要是通过该表计算的，因此，小型微利企业仍需填报该表。

三、实施时间

《公告》适用于小型微利企业2018年度及以后年度企业所得税汇算清缴纳税申报。以前年度企业所得税年度纳税申报表相关规则与本《公告》不一致的，不追溯调整。纳税人调整以前年度涉税事项的，按照相应年度的企业所得税年度纳税申报表相关规则调整。

25. 国家税务总局关于修订《中华人民共和国企业所得税月（季）度预缴纳税申报表（A类2018年版）》等部分表单样式及填报说明的公告

（2019年1月18日 国家税务总局公告2019年第3号）

为贯彻落实小型微利企业普惠性所得税减免政策，税务总局对《中华人民共和国企业所得税月（季）度预缴纳税申报表（A类，2018年版）》《中华人民共和国企业所得税月（季）度预缴和年度纳税申报表（B类，2018年版）》《中华人民共和国企业所得税年度纳税申报表（A类，2017年版）》的部分表单和填报说明进行了修订。现将有关事项公告如下：

一、对《中华人民共和国企业所得税月（季）度预缴纳税申报表（A类）》（A200000）、《中华人民共和国企业所得税月（季）度预缴和年度纳税申报表（B类，2018年版）》（B100000）的表单样式和填报说明进行修订。

二、将《减免所得税优惠明细表》（A201030）第1行“一、符合条件的小型微利企业减免企业所得税”的填报说明修改为“填报享受小型微利企业普惠性所得税减免政策减免企业所得税的金额。本行填报根据本期《中华人民共和国企业所得税月（季）度预缴纳税申报表（A类）》（A200000）第9行计算的减免企业所得税的本年累计金额。”

将《企业所得税年度纳税申报基础信息表》（A000000）“109小型微利企业”的填报说明修改为“纳税人符合小型微利企业普惠性所得税减免政策的，选择‘是’，其他选择‘否’。”

将《减免所得税优惠明细表》（A107040）第 1 行“一、符合条件的小型微利企业减免企业所得税”的填报说明修改为“填报享受小型微利企业普惠性所得税减免政策减免企业所得税的金额。本行填报根据本期《中华人民共和国企业所得税年度纳税申报表（A 类）》（A100000）第 23 行计算的减免企业所得税的本年金额。”

三、本公告适用于 2019 年度及以后年度企业所得税预缴和汇算清缴纳税申报。《国家税务总局关于发布〈中华人民共和国企业所得税月（季）度预缴纳税申报表（A 类，2018 年版）〉等报表的公告》（国家税务总局公告 2018 年第 26 号）和《国家税务总局关于修订〈中华人民共和国企业所得税年度纳税申报表（A 类，2017 年版）〉部分表单样式及填报说明的公告》（国家税务总局公告 2018 年第 57 号）中的上述表单和填报说明于 2018 年度企业所得税汇算清缴结束后废止。

特此公告。

附件：《中华人民共和国企业所得税月（季）度预缴纳税申报表（A 类）》（A200000）

《中华人民共和国企业所得税月（季）度预缴和年度纳税申报表（B 类，2018 年版）》（B100000）

- **链接：相关政策解读**

关于《国家税务总局关于修订〈中华人民共和国企业所得税月（季）度预缴纳税申报表（A 类，2018 年版）〉等部分表单样式及填报说明的公告》的解读[①]

近日，税务总局发布《关于修订〈中华人民共和国企业所得税月（季）度预缴纳税申报表（A 类，2018 年版）〉等部分表单样式及填报说明的公告》。现解读如下：

① 参见国家税务总局：http：//www.chinatax.gov.cn/n810341/n810760/c4014382/content.html，访问时间 2019 年 4 月 26 日。

一、修订背景

2019年1月，为落实小型微利企业普惠性所得税减免政策，税务总局发布《关于实施小型微利企业普惠性所得税减免政策有关问题的公告》（国家税务总局公告2019年第2号），对小型微利企业享受普惠性所得税减免政策的有关征管问题进行了明确。为了确保在纳税申报时小型微利企业能够及时、准确计算享受优惠政策，税务总局对《中华人民共和国企业所得税月（季）度预缴纳税申报表(A类，2018年版)》《中华人民共和国企业所得税月（季）度预缴和年度纳税申报表（B类，2018年版)》《中华人民共和国企业所得税年度纳税申报表（A类，2017年版)》的部分表单和填报说明进行了相应修订。

二、修订内容

为落实小型微利企业普惠性所得税减免政策，本次共修订5张表单及填报说明。其中，《中华人民共和国企业所得税月（季）度预缴纳税申报表（A类)》(A200000)、《中华人民共和国企业所得税月（季）度预缴和年度纳税申报表（B类，2018年版)》(B100000）修订了表单样式和填报说明，《减免所得税优惠明细表》(A201030)、《企业所得税年度纳税申报基础信息表》(A000000)、《减免所得税优惠明细表》(A107040）修订了填报说明。主要修订内容如下：

（一）落实政策要求

在表A200000、表B100000中设置“按季度填报信息”项目，满足精准、便捷识别小型微利企业的需要。同时，对表A201030、表A000000、表A107040中有关项目的填报说明，按照实施后的小型微利企业普惠性所得税减免政策进行了相应调整。

（二）减轻计算负担

将小型微利企业条件中的“资产总额”“从业人数”等需要计算的指标细化为“季初资产总额（万元)”“季末资产总额（万元)”“季初从业人数”“季末从业人数”项目，由企业依据会计核算、人员管理等日常生产经营活动中既有的数据直接填列，无需再为享受税收优惠而特别计算。

三、填报服务

税务机关将根据本次申报表的修订情况，进一步升级和优化税收征管系统，通过自动识别、自动计算、自动成表等功能，提高小型微利企业普惠性所得税减免政策落实的精准性、提升企业享受优惠政策的便利性。进行电子申报的企业，征管系统将根据申报表相关数据，自动判断企业是否符合小型微利企业条件；符合条件的，系统还将进一步自动计算减免税金额，自动生成表 A201030，为企业减轻计算、填报负担。

四、实施时间

修订后的申报表将适用于2019年度及以后年度企业所得税预缴和汇算清缴纳税申报

26. 国家税务总局关于扩大境外投资者以分配利润直接投资暂不征收预提所得税政策适用范围有关问题的公告

（2018年10月29日　国家税务总局公告2018年第53号）

根据国务院决定，财政部、国家税务总局、国家发展和改革委员会、商务部联合发布了《关于扩大境外投资者以分配利润直接投资暂不征收预提所得税政策适用范围的通知》（财税〔2018〕102号，以下称《通知》），对境外投资者从中国境内居民企业分配的利润，用于境内直接投资暂不征收预提所得税政策的适用范围，由外商投资鼓励类项目扩大至所有非禁止外商投资的项目和领域。现对有关执行问题公告如下：

一、境外投资者以分得的利润用于补缴其在境内居民企业已经认缴的注册资本，增加实收资本或资本公积的，属于符合“新增或转增中国境内居民企业实收资本或者资本公积”情形。

二、境外投资者按照金融主管部门的规定，通过人民币再投资专用存款账户划转再投资资金，并在相关款项从利润分配企业账户转入境外投资者人民币再投资专用存款账户的当日，再由境外投资者人民币再投资专用存款账户转入被投资企业或股权转让方账户的，视为符合“境外投资者用于直接投资的利润以现金形式支付的，相关款项从利润分配企业的账户直接转入被投资企业或股权转让方账户，在直接投资前不得在境内外其他账户周转”的规定。

三、按照《通知》第四条或者第六条规定补缴税款的，境外投资者可按照有关规定享受税收协定待遇，但是仅可适用相关利润支付时有效的税收协定。后续税收协定另有规定的，按后续税收协定执行。

四、境外投资者按照《通知》第三条规定享受暂不征税政策时，应当填写《非居民企业递延缴纳预提所得税信息报告表》（附件），并提交给利润分配企业。

境外投资者按照《通知》第五条规定追补享受暂不征税政策时，应向利润分配企业主管税务机关提交《非居民企业递延缴纳预提所得税信息报告表》以及相关合同、支付凭证等办理退税的其他资料。

境外投资者按照《通知》第四条或者第六条规定补缴税款时，应当填写《中华人民共和国扣缴企业所得税报告表》，并提交给利润分配企业主管税务机关。

五、利润分配企业应当按照《通知》第三条规定审核境外投资者提交的资料信息，并确认以下结果后，执行暂不征税政策：

（一）境外投资者填报的信息完整，没有缺项；

（二）利润实际支付过程与境外投资者填报信息吻合；

（三）境外投资者填报信息涉及利润分配企业的内容真实、准确。

六、利润分配企业已按照《通知》第三条规定执行暂不征税政策的，应在实际支付利润之日起 7 日内，向主管税务机关提交以下资料：

（一）由利润分配企业填写的《中华人民共和国扣缴企业所得税报告表》；

（二）由境外投资者提交并经利润分配企业补填信息后的《非居民企业递延缴纳预提所得税信息报告表》。

利润分配企业主管税务机关应在收到《非居民企业递延缴纳预提所得税信息报告表》后 10 个工作日内，向《通知》第二条第一项规定的被投资企业（以下称被投资企业）主管税务机关或其他相关税务机关发送《非居民企业税务事项联络函》，转发相关信息。

七、被投资企业主管税务机关或者其他税务机关发现以下情况的，应在 5 个工作日内以《非居民企业税务事项联络函》反馈给利润分配企业主管税务机关：

（一）被投资企业不符合享受暂不征税政策条件的相关事实或信息；

（二）境外投资者处置已享受暂不征税政策的投资的相关事实或信息。

八、主管税务机关在税务管理中可以依法要求境外投资者、利润分配企业、被投资企业、股权转让方等相关单位或个人限期提供与境外投资者享受暂不征税政策相关的资料和信息。

九、利润分配企业未按照本公告第五条审核确认境外投资者提交的资料信息，致使不应享受暂不征税政策的境外投资者实际享受了暂不征税政策的，利润分配企业主管税务机关依照有关规定追究利润分配企业应扣未扣税款的责任，并依法向境外投资者追缴应当缴纳的税款。

十、境外投资者填报信息有误，致使其本不应享受暂不征税政策，但实际享受暂不征税政策的，利润分配企业主管税务机关依照《通知》第四条规定处理。

十一、境外投资者部分处置持有的包含已享受暂不征税政策和未享受暂不征税政策的同一项中国境内居民企业投资，视为先行处置已享受暂不征税政策的投资。

境外投资者未按照《通知》第六条规定补缴递延税款的，利润分配企业主管税务机关追究境外投资者延迟缴纳税款责任，税款延迟缴纳期限自实际收取相关款项后第8日（含第8日）起计算。

十二、境外投资者、利润分配企业可以委托代理人办理本公告规定的相关事项，但应当向主管税务机关提供书面委托证明。

十三、本公告自2018年1月1日起施行。《国家税务总局关于境外投资者以分配利润直接投资暂不征收预提所得税政策有关执行问题的公告》（国家税务总局公告2018年第3号）同时废止。

特此公告。

附件：非居民企业递延缴纳预提所得税信息报告表

- **链接：相关政策解读**

关于《国家税务总局关于扩大境外投资者以分配利润直接投资暂不征收预提所得税政策适用范围有关问题的公告》的解读[①]

为落实国务院决定，财政部、国家税务总局、国家发展和改革委员会、商务

① 参见国家税务总局：http://www.chinatax.gov.cn/n810341/n810760/c3906553/content.html，访问时间2019年4月26日。

部联合发布了《关于扩大境外投资者以分配利润直接投资暂不征收预提所得税政策适用范围的通知》（财税〔2018〕102号，以下称《通知》）。为配合《通知》执行，国家税务总局发布《关于境外投资者以分配利润直接投资暂不征收预提所得税政策适用范围有关问题的公告》（国家税务总局公告2018年第53号，以下称《公告》）。现就执行扩大境外投资者以分配利润直接投资暂不征收预提所得税（以下称“暂不征税”）政策适用范围有关问题解读如下：

一、境外投资者以分得的利润用于补缴以前已经承诺的注册资本出资份额的，是否可以享受暂不征税优惠待遇？

境外投资者以分得的利润用于补缴其作为境内居民企业股东认缴的出资额的，属于《通知》第二条第（一）项第1目规定的“新增或转增中国境内居民企业实收资本或者资本公积”的情形，凡符合《通知》规定的其他条件的，可以按规定享受暂不征收预提所得税的政策。

二、境外投资者通过人民币再投资专用存款账户划转用于投资的利润款项的，可以享受暂不征税优惠待遇吗？

《外商直接投资人民币结算业务管理办法》（银发〔2011〕23号）第十四条规定，境外投资者可以通过人民币再投资专用账户划转其在境内的人民币利润所得，用于境内直接投资。如果境外投资者按照该项规定划转再投资款项，凡在相关人民币利润款项从利润分配企业账户转入境外投资者人民币再投资专用存款账户当日内，再由境外投资者人民币再投资专用存款账户转入被投资企业或股权转让方账户的，视为符合《通知》第二条第（三）项规定“境外投资者用于直接投资的利润以现金形式支付的，相关款项从利润分配企业的帐户直接转入被投资企业或股权转让方账户，在直接投资前不得在境内外其他帐户周转”的条件。

三、在2017年1月1日至2018年1月1日间发生的利润再投资行为符合享受暂不征税条件，但没有实际享受优惠待遇的，是否可以申请退税，追补享受优惠政策？

按照《通知》第九条规定，《通知》自2018年1月1日起执行，《财政部、税务总局、国家发展改革委、商务部关于境外投资者以分配利润直接投资暂不征收预提所得税政策问题的通知》（财税〔2017〕88号）同时废止。按照《公告》第十三条规定，《公告》自2018年1月1日起执行，《国家税务总局关于境外投资者以分配利润直接投资暂不征收预提所得税政策有关执行问题的公告》（国家税务总局公告2018年第3号）同时废止。《通知》和《公告》适用于境外投资者在2018年1月1日（含当日）以后取得股息、红利等权益性投资收益。在2017年1月1日（含当日）至2018年1月1日（不含当日）间发生的利润再投资行为适用暂不征税政策问题，仍应按照财税〔2017〕88号、国家税务总局公告2018年第3号等可适用规定处理。凡按可适用规定可以享受暂不征税优惠待遇的，仍可以按照财税〔2017〕88号第五条规定申请退还已经缴纳的税款，追补享受优惠待遇。

27. 财政部、税务总局关于境外机构投资境内债券市场企业所得税、增值税政策的通知

（2018年11月7日　财税〔2018〕108号）

各省、自治区、直辖市、计划单列市财政厅（局），国家税务总局各省、自治区、直辖市、计划单列市税务局，新疆生产建设兵团财政局：

为进一步推动债券市场对外开放，现将有关税收政策通知如下：

自2018年11月7日起至2021年11月6日止，对境外机构投资境内债券市场取得的债券利息收入暂免征收企业所得税和增值税。

上述暂免征收企业所得税的范围不包括境外机构在境内设立的机构、场所取得的与该机构、场所有实际联系的债券利息。

28. 财政部、税务总局、民政部关于公益性捐赠税前扣除资格有关问题的补充通知

（2018年9月29日　财税〔2018〕110号）

各省、自治区、直辖市、计划单列市财政厅（局）、民政厅（局），国家税务总局各省、自治区、直辖市、计划单列市税务局，新疆生产建设兵团财政局、民政局：

为进一步规范对公益性捐赠税前扣除资格的管理，现就公益性捐赠税前扣除资格相关的行政处罚问题补充通知如下：

一、《财政部、国家税务总局、民政部关于公益性捐赠税前扣除有关问题的通知》（财税〔2008〕160号）和《财政部、国家税务总局关于通过公益性群众团体的公益性捐赠税前扣除有关问题的通知》（财税〔2009〕124号）中的“行政处罚”，是指税务机关和登记管理机关给予的行政处罚（警告或单次1万元以下罚款除外）。

二、本通知自发布之日起执行。本通知执行前未确认公益性捐赠税前扣除资格的公益性社会团体，按本通知规定执行。

29. 财政部、税务总局关于延长高新技术企业和科技型中小企业亏损结转年限的通知

（2018年7月11日 财税〔2018〕76号）

各省、自治区、直辖市、计划单列市财政厅（局），国家税务总局各省、自治区、直辖市、计划单列市税务局，新疆生产建设兵团财政局：

为支持高新技术企业和科技型中小企业发展，现就高新技术企业和科技型中小企业亏损结转年限政策通知如下：

一、自2018年1月1日起，当年具备高新技术企业或科技型中小企业资格（以下统称资格）的企业，其具备资格年度之前5个年度发生的尚未弥补完的亏损，准予结转以后年度弥补，最长结转年限由5年延长至10年。

二、本通知所称高新技术企业，是指按照《科技部、财政部、国家税务总局关于修订印发〈高新技术企业认定管理办法〉的通知》（国科发火〔2016〕32号）规定认定的高新技术企业；所称科技型中小企业，是指按照《科技部、财政部、国家税务总局关于印发〈科技型中小企业评价办法〉的通知》（国科发政〔2017〕115号）规定取得科技型中小企业登记编号的企业。

三、本通知自2018年1月1日开始执行。

30. 国家税务总局关于贯彻落实进一步扩大小型微利企业所得税优惠政策范围有关征管问题的公告

（2018年7月13日　国家税务总局公告2018年第40号）

根据《中华人民共和国企业所得税法实施条例》（以下简称《企业所得税法实施条例》）、《财政部、税务总局关于进一步扩大小型微利企业所得税优惠政策范围的通知》（财税〔2018〕77号）等规定，现就小型微利企业所得税优惠政策有关征管问题公告如下：

一、自2018年1月1日至2020年12月31日，符合条件的小型微利企业，无论采取查账征收方式还是核定征收方式，其年应纳税所得额低于100万元（含100万元，下同）的，均可以享受财税〔2018〕77号文件规定的所得减按50%计入应纳税所得额，按20%的税率计算缴纳企业所得税的政策（以下简称“减半征税政策”）。

前款所述符合条件的小型微利企业是指符合《企业所得税法实施条例》第九十二条或者财税〔2018〕77号文件规定条件的企业。

企业本年度第一季度预缴企业所得税时，如未完成上一纳税年度汇算清缴，无法判断上一纳税年度是否符合小型微利企业条件的，可暂按企业上一纳税年度第四季度的预缴申报情况判别。

二、符合条件的小型微利企业，在预缴和年度汇算清缴企业所得税时，通过填写纳税申报表的相关内容，即可享受减半征税政策。

三、符合条件的小型微利企业，统一实行按季度预缴企业所得税。

四、本年度企业预缴企业所得税时，按照以下规定享受减半征税政策：

（一）查账征收企业。上一纳税年度为符合条件的小型微利企业，分别按照以下规定处理：

1. 按照实际利润额预缴的，预缴时本年度累计实际利润额不超过100万元的，可以享受减半征税政策；

2. 按照上一纳税年度应纳税所得额平均额预缴的，预缴时可以享受减半征税政策。

（二）核定应税所得率征收企业。上一纳税年度为符合条件的小型微利企业，预缴时本年度累计应纳税所得额不超过100万元的，可以享受减半征税政策。

（三）核定应纳所得税额征收企业。根据减半征税政策规定需要调减定额的，由主管税务机关按照程序调整，依照原办法征收。

（四）上一纳税年度为不符合小型微利企业条件的企业，预计本年度符合条件的，预缴时本年度累计实际利润额或者累计应纳税所得额不超过100万元的，可以享受减半征税政策。

（五）本年度新成立的企业，预计本年度符合小型微利企业条件的，预缴时本年度累计实际利润额或者累计应纳税所得额不超过100万元的，可以享受减半征税政策。

五、企业预缴时享受了减半征税政策，年度汇算清缴时不符合小型微利企业条件的，应当按照规定补缴税款。

六、按照本公告规定小型微利企业2018年度第一季度预缴时应享受未享受减半征税政策而多预缴的企业所得税，在以后季度应预缴的企业所得税税款中抵减。

七、《国家税务总局关于贯彻落实扩大小型微利企业所得税优惠政策范围有关征管问题的公告》（国家税务总局公告2017年第23号）在2017年度企业所得税汇算清缴结束后废止。

特此公告。

- **链接：相关政策解读**

关于《国家税务总局关于贯彻落实进一步扩大小型微利企业所得税优惠政策范围有关征管问题的公告》的解读[①]

为支持小型微利企业发展，进一步增强小型微利企业发展动力，持续推动实体经济降成本增后劲，落实好小型微利企业所得税优惠政策，近日，国家税务总

① 参见国家税务总局：http：//hd. chinatax. gov. cn/gdnps/content. jsp？id＝3579505，访问时间2019年4月26日。

局印发了《关于贯彻落实进一步扩大小型微利企业所得税优惠政策范围有关征管问题的公告》（以下简称《公告》）。现解读如下：

一、《公告》出台的主要背景是什么？

今年是贯彻党的十九大精神的开局之年。十九大报告指出，我国经济正处在转变发展方式、优化经济结构、转换增长动力的攻关期，必须把发展经济着力点放在实体经济上，要激发各类市场主体活力。2018 年《政府工作报告》提出，要进一步减轻企业税负，促进实体经济转型升级，着力激发市场活力和社会创造力。为进一步增强小型微利企业发展动力，4 月 25 日，国务院常务会议决定，将享受减半征收企业所得税优惠政策的小型微利企业年应纳税所得额上限从 50 万元提高到 100 万元。2018 年 7 月 11 日，财政部、税务总局联合发布了《关于进一步扩大小型微利企业所得税优惠政策范围的通知》（财税〔2018〕77 号），规定自 2018 年 1 月 1 日至 2020 年 12 月 31 日，将小型微利企业的年应纳税所得额上限由 50 万元提高到 100 万元，对年应纳税所得额低于 100 万元（含 100 万元，下同）的小型微利企业，其所得减按 50% 计入应纳税所得额，按 20% 的税率缴纳企业所得税（以下简称“减半征税政策”）。为了积极贯彻落实十九大精神和国务院重大决策部署，确保广大企业能够及时、准确享受减半征税政策，税务总局制定了《公告》。

二、本次扩大小型微利企业所得税优惠政策范围，哪些纳税人将从中受益？

根据财税〔2018〕77 号文件规定，自 2018 年 1 月 1 日至 2020 年 12 月 31 日，将小型微利企业的年应纳税所得额上限由 50 万元提高到 100 万元，主要体现在对小型微利企业“年度应纳税所得额”标准的提高。因此，年应纳税所得额在 50 万元至 100 万元之间的符合条件的企业，是新增的受益群体。

三、本次政策调整后，按照核定征收方式缴纳企业所得税的企业，是否能够享受减半征税政策？

根据《公告》第一条规定，只要是符合条件的小型微利企业，不区分企业所得税的征收方式，均可以享受减半征税政策。因此，包括核定应税所得率征收和核定应纳所得税额征收在内的企业所得税核定征收企业，均可以享受减半征税政策。

四、以前年度成立的企业，在预缴享受减半征税政策时，需要判断上一纳税年度是否为符合条件的小型微利企业，2018 年度及以后年度如何判断？

根据规定，在预缴时需要判别上一纳税年度是否符合小型微利企业条件，

2018年度预缴时应当按照2017年度适用文件规定条件判别；2019年度及以后纳税年度预缴时，应当按照财税〔2018〕77号文件规定条件判别。

五、上一纳税年度为不符合小型微利企业条件的企业以及本年度新成立的企业，预缴企业所得税时，如何判断享受减半征税政策？

上一纳税年度为不符合小型微利企业条件的企业，预计本年度符合条件的，预缴时本年度累计实际利润额或者应纳税所得额不超过100万元的，可以享受减半征税政策。“预计本年度符合条件”是指，企业上一年度其“从业人数”和“资产总额”已经符合小型微利企业规定条件，但应纳税所得额不符合条件，本年度预缴时，如果上述两个条件没有发生实质性变化，预缴时本年度累计实际利润额或者累计应纳税所得额不超过100万元的，可以预先享受减半征税政策。

本年度新成立的企业，预计本年度符合小型微利企业条件的，预缴时本年度累计实际利润额或者累计应纳税所得额不超过100万元的，可以享受减半征税政策。“预计本年度符合小型微利企业条件”是指，企业本年度其“从业人数”和“资产总额”预计可以符合小型微利企业规定条件，本年度预缴时，本年度累计实际利润额或者累计应纳税所得额不超过100万元的，可以预先享受减半征税政策。

六、企业享受减半征税政策，需要履行什么程序？

根据《国家税务总局关于发布修订后的〈企业所得税优惠政策事项办理办法〉的公告》（国家税务总局公告2018年第23号）第四条规定，企业享受优惠事项采取“自行判别、申报享受、相关资料留存备查”的办理方式。即企业通过填写纳税申报表相关内容即可享受小型微利企业所得税优惠政策，同时，按照国家税务总局公告2018年第23号的规定归集和留存相关资料备查。

七、《公告》实施后，符合条件的小型微利企业2018年度第一季度预缴时，应享受未享受减半征税政策而多预缴的企业所得税如何处理？

此次政策调整从2018年1月1日开始，由于2018年第一季度预缴期已经结束，符合条件的小型微利企业在2018年度第一季度预缴时，未能享受减半征税政策而多预缴的企业所得税，在以后季度企业应预缴的企业所得税税款中抵减。

八、执行时间

本《公告》是贯彻落实财税〔2018〕77号文件的征管办法，执行时间与其一致。

31. 财政部、税务总局关于集成电路设计和软件产业企业所得税政策的公告

（2019 年 5 月 17 日　财政部、国家税务总局公告 2019 年第 68 号）

为支持集成电路设计和软件产业发展，现就有关企业所得税政策公告如下：

一、依法成立且符合条件的集成电路设计企业和软件企业，在 2018 年 12 月 31 日前自获利年度起计算优惠期，第一年至第二年免征企业所得税，第三年至第五年按照 25% 的法定税率减半征收企业所得税，并享受至期满为止。

二、本公告第一条所称“符合条件”，是指符合《财政部 国家税务总局关于进一步鼓励软件产业和集成电路产业发展企业所得税政策的通知》（财税〔2012〕27 号）和《财政部 国家税务总局 发展改革委 工业和信息化部关于软件和集成电路产业企业所得税优惠政策有关问题的通知》（财税〔2016〕49 号）规定的条件。

特此公告。

32. 财政部、税务总局、商务部、科技部、国家发展改革委关于将服务贸易创新发展试点地区技术先进型服务企业所得税政策推广至全国实施的通知

（2018 年 5 月 19 日　财税〔2018〕44 号）

各省、自治区、直辖市、计划单列市财政厅（局）、国家税务局、地方税务局、商务主管部门、科技厅（委、局）、发展改革委，新疆生产建设兵团财政局、商务局、科技局、发展改革委：

为进一步推动服务贸易创新发展、优化外贸结构，现就服务贸易类技术先进型服务企业所得税优惠政策通知如下：

一、自2018年1月1日起，对经认定的技术先进型服务企业（服务贸易类），减按15%的税率征收企业所得税。

二、本通知所称技术先进型服务企业（服务贸易类）须符合的条件及认定管理事项，按照《财政部、税务总局、商务部、科技部、国家发展改革委关于将技术先进型服务企业所得税政策推广至全国实施的通知》（财税〔2017〕79号）的相关规定执行。其中，企业须满足的技术先进型服务业务领域范围按照本通知所附《技术先进型服务业务领域范围（服务贸易类）》执行。

三、省级科技部门应会同本级商务、财政、税务和发展改革部门及时将《技术先进型服务业务领域范围（服务贸易类）》增补入本地区技术先进型服务企业认定管理办法，并据此开展认定管理工作。省级人民政府财政、税务、商务、科技和发展改革部门应加强沟通与协作，发现新情况、新问题及时上报财政部、税务总局、商务部、科技部和国家发展改革委。

四、省级科技、商务、财政、税务和发展改革部门及其工作人员在认定技术先进型服务企业工作中，存在违法违纪行为的，按照《公务员法》《行政监察法》等国家有关规定追究相应责任；涉嫌犯罪的，移送司法机关处理。

附件：技术先进型服务业务领域范围（服务贸易类）

附件：

技术先进型服务业务领域范围（服务贸易类）

类　别	适用范围
一、计算机和信息服务	
1. 信息系统集成服务	系统集成咨询服务；系统集成工程服务；提供硬件设备现场组装、软件安装与调试及相关运营维护支撑服务；系统运营维护服务，包括系统运行检测监控、故障定位与排除、性能管理、优化升级等。
2. 数据服务	数据存储管理服务，提供数据规划、评估、审计、咨询、清洗、整理、应用服务，数据增值服务，提供其他未分类数据处理服务。

续表

类　别	适用范围
二、研究开发和技术服务	
3. 研究和实验开发服务	物理学、化学、生物学、基因学、工程学、医学、农业科学、环境科学、人类地理科学、经济学和人文科学等领域的研究和实验开发服务。
4. 工业设计服务	对产品的材料、结构、机理、形状、颜色和表面处理的设计与选择；对产品进行的综合设计服务，即产品外观的设计、机械结构和电路设计等服务。
5. 知识产权跨境许可与转让	以专利、版权、商标等为载体的技术贸易。知识产权跨境许可是指授权境外机构有偿使用专利、版权和商标等；知识产权跨境转让是指将专利、版权和商标等知识产权售卖给境外机构。
三、文化技术服务	
6. 文化产品数字制作及相关服务	采用数字技术对舞台剧目、音乐、美术、文物、非物质文化遗产、文献资源等文化内容以及各种出版物进行数字化转化和开发，为各种显示终端提供内容，以及采用数字技术传播、经营文化产品等相关服务。
7. 文化产品的对外翻译、配音及制作服务	将本国文化产品翻译或配音成其他国家语言，将其他国家文化产品翻译或配音成本国语言以及与其相关的制作服务。
四、中医药医疗服务	
8. 中医药医疗保健及相关服务	与中医药相关的远程医疗保健、教育培训、文化交流等服务。

33. 财政部、税务总局关于设备、器具扣除有关企业所得税政策的通知

（2018 年 5 月 7 日　财税〔2018〕54 号）

各省、自治区、直辖市、计划单列市财政厅（局）、国家税务局、地方税务局，新疆生产建设兵团财政局：

为引导企业加大设备、器具投资力度，现就有关企业所得税政策通知如下：

一、企业在2018年1月1日至2020年12月31日期间新购进的设备、器具，单位价值不超过500万元的，允许一次性计入当期成本费用在计算应纳税所得额时扣除，不再分年度计算折旧；单位价值超过500万元的，仍按企业所得税法实施条例、《财政部、国家税务总局关于完善固定资产加速折旧企业所得税政策的通知》（财税〔2014〕75号）、《财政部、国家税务总局关于进一步完善固定资产加速折旧企业所得税政策的通知》（财税〔2015〕106号）等相关规定执行。

二、本通知所称设备、器具，是指除房屋、建筑物以外的固定资产。

34. 财政部、国家税务总局关于完善固定资产加速折旧企业所得税政策的通知

（2014年10月20日　财税〔2014〕75号）

各省、自治区、直辖市、计划单列市财政厅（局）、国家税务局、地方税务局，新疆生产建设兵团财务局：

为贯彻落实国务院完善固定资产加速折旧政策精神，现就有关固定资产加速折旧企业所得税政策问题通知如下：

一、对生物药品制造业，专用设备制造业，铁路、船舶、航空航天和其他运输设备制造业，计算机、通信和其他电子设备制造业，仪器仪表制造业，信息传输、软件和信息技术服务业等6个行业的企业2014年1月1日后新购进的固定资产，可缩短折旧年限或采取加速折旧的方法。

对上述6个行业的小型微利企业2014年1月1日后新购进的研发和生产经营共用的仪器、设备，单位价值不超过100万元的，允许一次性计入当期成本费用在计算应纳税所得额时扣除，不再分年度计算折旧；单位价值超过100万元的，可缩短折旧年限或采取加速折旧的方法。

二、对所有行业企业2014年1月1日后新购进的专门用于研发的仪器、设备，单位价值不超过100万元的，允许一次性计入当期成本费用在计算应纳税所

得额时扣除，不再分年度计算折旧；单位价值超过 100 万元的，可缩短折旧年限或采取加速折旧的方法。

三、对所有行业企业持有的单位价值不超过 5000 元的固定资产，允许一次性计入当期成本费用在计算应纳税所得额时扣除，不再分年度计算折旧。

四、企业按本通知第一条、第二条规定缩短折旧年限的，最低折旧年限不得低于企业所得税法实施条例第六十条规定折旧年限的 60%；采取加速折旧方法的，可采取双倍余额递减法或者年数总和法。本通知第一至三条规定之外的企业固定资产加速折旧所得税处理问题，继续按照企业所得税法及其实施条例和现行税收政策规定执行。

五、本通知自 2014 年 1 月 1 日起执行。

35. 财政部、国家税务总局关于进一步完善固定资产加速折旧企业所得税政策的通知

（2015 年 9 月 17 日　财税〔2015〕106 号）

各省、自治区、直辖市、计划单列市财政厅（局）、国家税务局、地方税务局，新疆生产建设兵团财务局：

根据国务院常务会议的有关决定精神，现就有关固定资产加速折旧企业所得税政策问题通知如下：

一、对轻工、纺织、机械、汽车等四个领域重点行业（具体范围见附件）的企业 2015 年 1 月 1 日后新购进的固定资产，可由企业选择缩短折旧年限或采取加速折旧的方法。

二、对上述行业的小型微利企业 2015 年 1 月 1 日后新购进的研发和生产经营共用的仪器、设备，单位价值不超过 100 万元的，允许一次性计入当期成本费用在计算应纳税所得额时扣除，不再分年度计算折旧；单位价值超过 100 万元的，可由企业选择缩短折旧年限或采取加速折旧的方法。

三、企业按本通知第一条、第二条规定缩短折旧年限的，最低折旧年限不得

低于企业所得税法实施条例第六十条规定折旧年限的60%；采取加速折旧方法的，可采取双倍余额递减法或者年数总和法。

按照企业所得税法及其实施条例有关规定，企业根据自身生产经营需要，也可选择不实行加速折旧政策。

四、本通知自2015年1月1日起执行。2015年前3季度按本通知规定未能计算办理的，统一在2015年第4季度预缴申报时享受优惠或2015年度汇算清缴时办理。

附件：轻工、纺织、机械、汽车四个领域重点行业范围

附件

轻工、纺织、机械、汽车四个领域重点行业范围

代码			类别名称	备注
大类	中类	小类		
	268		日用化学产品制造	轻工
		2681	肥皂及合成洗涤剂制造	
		2682	化妆品制造	
		2683	口腔清洁用品制造	
		2684	香料、香精制造	
		2689	其他日用化学产品制造	
27			医药制造业	轻工
	271		化学药品原料药制造	
	272		化学药品制剂制造	
	273		中药饮片加工	
	274		中成药生产	
	275		兽用药品制造	
	277		卫生材料及医药用品制造	
13			农副食品加工业	轻工
	131		谷物磨制	
	132		饲料加工	

续表

代码			类别名称	备注
大类	中类	小类		
	133		植物油加工	
	134		制糖业	
	135		屠宰及肉类加工	
	136		水产品加工	
	137		蔬菜、水果和坚果加工	
	139		其他农副食品加工	
14			食品制造业	轻工
	141		焙烤食品制造	
	142		糖果、巧克力及蜜饯制造	
	143		方便食品制造	
	144		乳制品制造	
	145		罐头食品制造	
	146		调味品、发酵制品制造	
	149		其他食品制造	
17			纺织业	纺织
	171		棉纺织及印染精加工	
	172		毛纺织及染整精加工	
	173		麻纺织及染整精加工	
	174		丝绢纺织及印染精加工	
	175		化纤织造及印染精加工	
	176		针织或钩针编织物及其制品制造	
	177		家用纺织制成品制造	
	178		非家用纺织制成品制造	
18			纺织服装、服饰业	纺织
	181		机织服装制造	
	182		针织或钩针编织服装制造	
	183		服饰制造	

续表

代码			类别名称	备注
大类	中类	小类		
19			皮革、毛皮、羽毛及其制品和制鞋业	轻工
	191		皮革鞣制加工	
	192		皮革制品制造	
	193		毛皮鞣制及制品加工	
	194		羽毛（绒）加工及制品制造	
	195		制鞋业	
20			木材加工和木、竹、藤、棕、草制品业	轻工
	201		木材加工	
	202		人造板制造	
	203		木制品制造	
	204		竹、藤、棕、草等制品制造	
21			家具制造业	轻工
	211		木质家具制造	
	212		竹、藤家具制造	
	213		金属家具制造	
	214		塑料家具制造	
	219		其他家具制造	
22			造纸和纸制品业	轻工
	221		纸浆制造	
	222		造纸	
	223		纸制品制造	
23			印刷和记录媒介复制业	轻工
	231		印刷	
	232		装订及印刷相关服务	
	233		记录媒介复制	
24			文教、工美、体育和娱乐用品制造业	轻工
	241		文教办公用品制造	

续表

代码			类别名称	备注
大类	中类	小类		
	242		乐器制造	
	243		工艺美术品制造	
	244		体育用品制造	
	245		玩具制造	
28			化学纤维制造业	纺织
	281		纤维素纤维原料及纤维制造	
	282		合成纤维制造	
	292		塑料制品业	轻工
		2921	塑料薄膜制造	
		2922	塑料板、管、型材制造	
		2923	塑料丝、绳及编织品制造	
		2924	泡沫塑料制造	
		2925	塑料人造革、合成革制造	
		2926	塑料包装箱及容器制造	
		2927	日用塑料制品制造	
		2928	塑料零件制造	
		2929	其他塑料制品制造	
33			金属制品业	机械
	331		结构性金属制品制造	
	332		金属工具制造	
	333		集装箱及金属包装容器制造	
	334		金属丝绳及其制品制造	
	335		建筑、安全用金属制品制造	
	336		金属表面处理及热处理加工	
	337		搪瓷制品制造	
	338		金属制日用品制造	
	339		其他金属制品制造	

续表

代码			类别名称	备注
大类	中类	小类		
34			通用设备制造业	机械
	341		锅炉及原动设备制造	
	342		金属加工机械制造	
	343		物料搬运设备制造	
	344		泵、阀门、压缩机及类似机械制造	
	345		轴承、齿轮和传动部件制造	
	346		烘炉、风机、衡器、包装等设备制造	
	347		文化、办公用机械制造	
	348		通用零部件制造	
	349		其他通用设备制造业	
36			汽车制造业	汽车
	361		汽车整车制造	
	362		改装汽车制造	
	363		低速载货汽车制造	
	364		电车制造	
	365		汽车车身、挂车制造	
	366		汽车零部件及配件制造	
38			电气机械和器材制造业	机械
	381		电机制造	
	382		输配电及控制设备制造	
	383		电线、电缆、光缆及电工器材制造	
	384		电池制造	
	385		家用电力器具制造	
	386		非电力家用器具制造	
	387		照明器具制造	
	389		其他电气机械及器材制造	

注：以上代码和类别名称来自《国民经济行业分类（GB/T 4754－2011）》。

36. 财政部、税务总局、国家发展改革委、工业和信息化部关于集成电路生产企业有关企业所得税政策问题的通知

（2018 年 3 月 28 日　财税〔2018〕27 号）

各省、自治区、直辖市、计划单列市财政厅（局）、国家税务局、地方税务局、发展改革委、工业和信息化主管部门，新疆生产建设兵团财政局、发展改革委、工业和信息化委员会：

为进一步支持集成电路产业发展，现就有关企业所得税政策问题通知如下：

一、2018 年 1 月 1 日后投资新设的集成电路线宽小于 130 纳米，且经营期在 10 年以上的集成电路生产企业或项目，第一年至第二年免征企业所得税，第三年至第五年按照 25% 的法定税率减半征收企业所得税，并享受至期满为止。

二、2018 年 1 月 1 日后投资新设的集成电路线宽小于 65 纳米或投资额超过 150 亿元，且经营期在 15 年以上的集成电路生产企业或项目，第一年至第五年免征企业所得税，第六年至第十年按照 25% 的法定税率减半征收企业所得税，并享受至期满为止。

三、对于按照集成电路生产企业享受本通知第一条、第二条税收优惠政策的，优惠期自企业获利年度起计算；对于按照集成电路生产项目享受上述优惠的，优惠期自项目取得第一笔生产经营收入所属纳税年度起计算。

四、享受本通知第一条、第二条税收优惠政策的集成电路生产项目，其主体企业应符合集成电路生产企业条件，且能够对该项目单独进行会计核算、计算所得，并合理分摊期间费用。

五、2017 年 12 月 31 日前设立但未获利的集成电路线宽小于 0.25 微米或投资额超过 80 亿元，且经营期在 15 年以上的集成电路生产企业，自获利年度起第一年至第五年免征企业所得税，第六年至第十年按照 25% 的法定税率减半征收企业所得税，并享受至期满为止。

六、2017 年 12 月 31 日前设立但未获利的集成电路线宽小于 0.8 微米（含）的集成电路生产企业，自获利年度起第一年至第二年免征企业所得税，第三年至

第五年按照25%的法定税率减半征收企业所得税，并享受至期满为止。

七、享受本通知规定税收优惠政策的集成电路生产企业的范围和条件，按照《财政部、国家税务总局、发展改革委、工业和信息化部关于软件和集成电路产业企业所得税优惠政策有关问题的通知》（财税〔2016〕49号）第二条执行；财税〔2016〕49号文件第二条第（二）项中“具有劳动合同关系”调整为“具有劳动合同关系或劳务派遣、聘用关系”，第（三）项中汇算清缴年度研究开发费用总额占企业销售（营业）收入总额（主营业务收入与其他业务收入之和）的比例由“不低于5%”调整为“不低于2%”，同时企业应持续加强研发活动，不断提高研发能力。

八、集成电路生产企业或项目享受上述企业所得税优惠的有关管理问题，按照财税〔2016〕49号文件和税务总局关于办理企业所得税优惠政策事项的相关规定执行。

九、本通知自2018年1月1日起执行。

37. 财政部、国家税务总局、发展改革委、工业和信息化部关于软件和集成电路产业企业所得税优惠政策有关问题的通知

（2016年5月4日　财税〔2016〕49号）

各省、自治区、直辖市、计划单列市财政厅（局）、国家税务局、地方税务局、发展改革委、工业和信息化主管部门：

按照《国务院关于取消和调整一批行政审批项目等事项的决定》（国发〔2015〕11号）和《国务院关于取消非行政许可审批事项的决定》（国发〔2015〕27号）规定，集成电路生产企业、集成电路设计企业、软件企业、国家规划布局内的重点软件企业和集成电路设计企业（以下统称软件、集成电路企业）的税收优惠资格认定等非行政许可审批已经取消。为做好《财政部、国家税务总局关于进一步鼓励软件产业和集成电路产业发展企业所得税政策的通知》（财税〔2012〕27号）规定的企业所得税优惠政策落实工作，现将有关问题通知如下：

一、享受财税〔2012〕27 号文件规定的税收优惠政策的软件、集成电路企业，每年汇算清缴时应按照《国家税务总局关于发布〈企业所得税优惠政策事项办理办法〉的公告》（国家税务总局公告 2015 年第 76 号）规定向税务机关备案，同时提交《享受企业所得税优惠政策的软件和集成电路企业备案资料明细表》（见附件）规定的备案资料。

为切实加强优惠资格认定取消后的管理工作，在软件、集成电路企业享受优惠政策后，税务部门转请发展改革、工业和信息化部门进行核查。对经核查不符合软件、集成电路企业条件的，由税务部门追缴其已经享受的企业所得税优惠，并按照税收征管法的规定进行处理。

二、财税〔2012〕27 号文件所称集成电路生产企业，是指以单片集成电路、多芯片集成电路、混合集成电路制造为主营业务并同时符合下列条件的企业：

（一）在中国境内（不包括港、澳、台地区）依法注册并在发展改革、工业和信息化部门备案的居民企业；

（二）汇算清缴年度具有劳动合同关系且具有大学专科以上学历职工人数占企业月平均职工总人数的比例不低于 40%，其中研究开发人员占企业月平均职工总数的比例不低于 20%；

（三）拥有核心关键技术，并以此为基础开展经营活动，且汇算清缴年度研究开发费用总额占企业销售（营业）收入（主营业务收入与其他业务收入之和，下同）总额的比例不低于 5%；其中，企业在中国境内发生的研究开发费用金额占研究开发费用总额的比例不低于 60%；

（四）汇算清缴年度集成电路制造销售（营业）收入占企业收入总额的比例不低于 60%；

（五）具有保证产品生产的手段和能力，并获得有关资质认证（包括 ISO 质量体系认证）；

（六）汇算清缴年度未发生重大安全、重大质量事故或严重环境违法行为。

三、财税〔2012〕27 号文件所称集成电路设计企业是指以集成电路设计为主营业务并同时符合下列条件的企业：

（一）在中国境内（不包括港、澳、台地区）依法注册的居民企业；

（二）汇算清缴年度具有劳动合同关系且具有大学专科以上学历的职工人数

占企业月平均职工总人数的比例不低40%，其中研究开发人员占企业月平均职工总数的比例不低于20%；

（三）拥有核心关键技术，并以此为基础开展经营活动，且汇算清缴年度研究开发费用总额占企业销售（营业）收入总额的比例不低于6%；其中，企业在中国境内发生的研究开发费用金额占研究开发费用总额的比例不低于60%。

（四）汇算清缴年度集成电路设计销售（营业）收入占企业收入总额的比例不低于60%，其中集成电路自主设计销售（营业）收入占企业收入总额的比例不低于50%；

（五）主营业务拥有自主知识产权；

（六）具有与集成电路设计相适应的软硬件设施等开发环境（如EDA工具、服务器或工作站等）；

（七）汇算清缴年度未发生重大安全、重大质量事故或严重环境违法行为。

四、财税〔2012〕27号文件所称软件企业是指以软件产品开发销售（营业）为主营业务并同时符合下列条件的企业：

（一）在中国境内（不包括港、澳、台地区）依法注册的居民企业；

（二）汇算清缴年度具有劳动合同关系且具有大学专科以上学历的职工人数占企业月平均职工总人数的比例不低于40%，其中研究开发人员占企业月平均职工总数的比例不低于20%；

（三）拥有核心关键技术，并以此为基础开展经营活动，且汇算清缴年度研究开发费用总额占企业销售（营业）收入总额的比例不低于6%；其中，企业在中国境内发生的研究开发费用金额占研究开发费用总额的比例不低于60%；

（四）汇算清缴年度软件产品开发销售（营业）收入占企业收入总额的比例不低于50%（嵌入式软件产品和信息系统集成产品开发销售（营业）收入占企业收入总额的比例不低于40%），其中：软件产品自主开发销售（营业）收入占企业收入总额的比例不低于40%（嵌入式软件产品和信息系统集成产品开发销售（营业）收入占企业收入总额的比例不低于30%）；

（五）主营业务拥有自主知识产权；

（六）具有与软件开发相适应软硬件设施等开发环境（如合法的开发工具等）；

（七）汇算清缴年度未发生重大安全、重大质量事故或严重环境违法行为。

五、财税〔2012〕27号文件所称国家规划布局内重点集成电路设计企业除符合本通知第三条规定，还应至少符合下列条件中的一项：

（一）汇算清缴年度集成电路设计销售（营业）收入不低于2亿元，年应纳税所得额不低于1000万元，研究开发人员占月平均职工总数的比例不低于25%；

（二）在国家规定的重点集成电路设计领域内，汇算清缴年度集成电路设计销售（营业）收入不低于2000万元，应纳税所得额不低于250万元，研究开发人员占月平均职工总数的比例不低于35%，企业在中国境内发生的研发开发费用金额占研究开发费用总额的比例不低于70%。

六、财税〔2012〕27号文件所称国家规划布局内重点软件企业是除符合本通知第四条规定，还应至少符合下列条件中的一项：

（一）汇算清缴年度软件产品开发销售（营业）收入不低于2亿元，应纳税所得额不低于1000万元，研究开发人员占企业月平均职工总数的比例不低于25%；

（二）在国家规定的重点软件领域内，汇算清缴年度软件产品开发销售（营业）收入不低于5000万元，应纳税所得额不低于250万元，研究开发人员占企业月平均职工总数的比例不低于25%，企业在中国境内发生的研究开发费用金额占研究开发费用总额的比例不低于70%；

（三）汇算清缴年度软件出口收入总额不低于800万美元，软件出口收入总额占本企业年度收入总额比例不低于50%，研究开发人员占企业月平均职工总数的比例不低于25%。

七、国家规定的重点软件领域及重点集成电路设计领域，由国家发展改革委、工业和信息化部会同财政部、税务总局根据国家产业规划和布局确定，并实行动态调整。

八、软件、集成电路企业规定条件中所称研究开发费用政策口径，2015年度仍按《国家税务总局关于印发〈企业研究开发费用税前扣除管理办法（试行）〉的通知》（国税发〔2008〕116号）和《财政部、国家税务总局关于研究开发费用税前加计扣除有关政策的通知》（财税〔2013〕70号）的规定执行，2016年及以后年度按照《财政部、国家税务总局、科技部关于完善研究开发费用税前加计扣除政策的通知》（财税〔2015〕119号）的规定执行。

九、软件、集成电路企业应从企业的获利年度起计算定期减免税优惠期。如获利年度不符合优惠条件的，应自首次符合软件、集成电路企业条件的年度起，在其优惠期的剩余年限内享受相应的减免税优惠。

十、省级（自治区、直辖市、计划单列市，下同）财政、税务、发展改革和工业和信息化部门应密切配合，通过建立核查机制并有效运用核查结果，切实加强对软件、集成电路企业的后续管理工作。

（一）省级税务部门应在每年3月20日前和6月20日前分两批将汇算清缴年度已申报享受软件、集成电路企业税收优惠政策的企业名单及其备案资料提交省级发展改革、工业和信息化部门。其中，享受软件企业、集成电路设计企业税收优惠政策的名单及备案资料提交给省级工业和信息化部门，省级工业和信息化部门组织专家或者委托第三方机构对名单内企业是否符合条件进行核查；享受其他优惠政策的名单及备案资料提交给省级发展改革部门，省级发展改革部门会同工业和信息化部门共同组织专家或者委托第三方机构对名单内企业是否符合条件进行核查。

2015年度享受优惠政策的企业名单和备案资料，省级税务部门可在2016年6月20日前一次性提交给省级发展改革、工业和信息化部门。

（二）省级发展改革、工业和信息化部门应在收到享受优惠政策的企业名单和备案资料两个月内将复核结果反馈省级税务部门（第一批名单复核结果应在汇算清缴期结束前反馈）。

（三）每年10月底前，省级财政、税务、发展改革、工业和信息化部门应将核查结果及税收优惠落实情况联合汇总上报财政部、税务总局、国家发展改革委、工业和信息化部。

如遇特殊情况汇算清缴延期的，上述期限可相应顺延。

（四）省级财政、税务、发展改革、工业和信息化部门可以根据本通知规定，结合当地实际，制定具体操作管理办法，并报财政部、税务总局、发展改革委、工业和信息化部备案。

十一、国家税务总局公告2015年第76号所附《企业所得税优惠事项备案管理目录（2015年版）》第38、41、42、43、46项软件、集成电路企业优惠政策不再作为“定期减免税优惠备案管理事项”管理，本通知执行前已经履行备案等相关手续的，在享受税收优惠的年度仍应按照本通知的规定办理备案手续。

十二、本通知自2015年1月1日起执行。《财政部、国家税务总局关于进一步鼓励软件产业和集成电路产业发展企业所得税政策的通知》（财税〔2012〕27号）第九条、第十条、第十一条、第十三条、第十七条、第十八条、第十九条和第二十条停止执行。国家税务总局公告2015年第76号所附《企业所得税优惠事项备案管理目录（2015年版）》第38项至43项及第46至48项软件、集成电路企业优惠政策的“备案资料”、“主要留存备查资料”规定停止执行。

附件：享受企业所得税优惠政策的软件和集成电路企业备案资料明细表

附件

享受企业所得税优惠政策的软件和集成电路企业备案资料明细表

企业类型	备案资料（复印件须加盖企业公章）
集成电路生产企业	1. 在发展改革或工业和信息化部门立项的备案文件（应注明总投资额、工艺线宽标准）复印件以及企业取得的其他相关资质证书复印件等； 2. 企业职工人数、学历结构、研究开发人员情况及其占企业职工总数的比例说明，以及汇算清缴年度最后一个月社会保险缴纳证明等相关证明材料； 3. 加工集成电路产品主要列表及国家知识产权局（或国外知识产权相关主管机构）出具的企业自主开发或拥有的一至两份代表性知识产权（如专利、布图设计登记、软件著作权等）的证明材料； 4. 经具有资质的中介机构鉴证的企业财务会计报告（包括会计报表、会计报表附注和财务情况说明书）以及集成电路制造销售（营业）收入、研究开发费用、境内研究开发费用等情况说明； 5. 与主要客户签订的一至两份代表性销售合同复印件； 6. 保证产品质量的相关证明材料（如质量管理认证证书复印件等）； 7. 税务机关要求出具的其他材料。
集成电路设计企业	1. 企业职工人数、学历结构、研究开发人员情况及其占企业职工总数的比例说明，以及汇算清缴年度最后一个月社会保险缴纳证明等相关证明材料； 2. 企业开发销售的主要集成电路产品列表，以及国家知识产权局（或国外知识产权相关主管机构）出具的企业自主开发或拥有的一至两份代表性知识产权（如专利、布图设计登记、软件著作权等）的证明材料； 3. 经具有资质的中介机构鉴证的企业财务会计报告（包括会计报表、会计报表附注和财务情况说明书）以及集成电路设计销售（营业）收入、集成电路自主设计销售（营业）收入、研究开发费用、境内研究开发费用等情况表； 4. 第三方检测机构提供的集成电路产品测试报告或用户报告，以及与主要客户签订的一至两份代表性销售合同复印件； 5. 企业开发环境等相关证明材料； 6. 税务机关要求出具的其他材料。

续表

企业类型	备案资料（复印件须加盖企业公章）
软件企业	1. 企业开发销售的主要软件产品列表或技术服务列表； 2. 主营业务为软件产品开发的企业，提供至少1个主要产品的软件著作权或专利权等自主知识产权的有效证明文件，以及第三方检测机构提供的软件产品测试报告；主营业务仅为技术服务的企业提供核心技术说明； 3. 企业职工人数、学历结构、研究开发人员及其占企业职工总数的比例说明，以及汇算清缴年度最后一个月社会保险缴纳证明等相关证明材料； 4. 经具有资质的中介机构鉴证的企业财务会计报告（包括会计报表、会计报表附注和财务情况说明书）以及软件产品开发销售（营业）收入、软件产品自主开发销售（营业）收入、研究开发费用、境内研究开发费用等情况说明； 5. 与主要客户签订的一至两份代表性的软件产品销售合同或技术服务合同复印件； 6. 企业开发环境相关证明材料； 7. 税务机关要求出具的其他材料。
国家规划布局内重点软件企业	1. 企业享受软件企业所得税优惠政策需要报送的备案资料； 2. 符合第二类条件的，应提供在国家规定的重点软件领域内销售（营业）情况说明； 3. 符合第三类条件的，应提供商务主管部门核发的软件出口合同登记证书，以及有效出口合同和结汇证明等材料； 4. 税务机关要求提供的其他材料。
国家规划布局内重点集成电路设计企业	1. 企业享受集成电路设计企业所得税优惠政策需要报送的备案资料； 2. 符合第二类条件的，应提供在国家规定的重点集成电路设计领域内销售（营业）情况说明； 3. 税务机关要求提供的其他材料。

38. 财政部、税务总局关于公益性捐赠支出企业所得税税前结转扣除有关政策的通知

（2018年2月11日　财税〔2018〕15号）

各省、自治区、直辖市、计划单列市财政厅（局）、国家税务局、地方税务局，新疆生产建设兵团财政局：

根据《中华人民共和国企业所得税法》和《中华人民共和国企业所得税法实施条例》的有关规定，现就公益性捐赠支出企业所得税税前结转扣除有关政策通知如下：

一、企业通过公益性社会组织或者县级（含县级）以上人民政府及其组成部门和直属机构，用于慈善活动、公益事业的捐赠支出，在年度利润总额12%以内的部分，准予在计算应纳税所得额时扣除；超过年度利润总额12%的部分，准予结转以后三年内在计算应纳税所得额时扣除。

本条所称公益性社会组织，应当依法取得公益性捐赠税前扣除资格。

本条所称年度利润总额，是指企业依照国家统一会计制度的规定计算的大于零的数额。

二、企业当年发生及以前年度结转的公益性捐赠支出，准予在当年税前扣除的部分，不能超过企业当年年度利润总额的12%。

三、企业发生的公益性捐赠支出未在当年税前扣除的部分，准予向以后年度结转扣除，但结转年限自捐赠发生年度的次年起计算最长不得超过三年。

四、企业在对公益性捐赠支出计算扣除时，应先扣除以前年度结转的捐赠支出，再扣除当年发生的捐赠支出。

五、本通知自2017年1月1日起执行。2016年9月1日至2016年12月31日发生的公益性捐赠支出未在2016年税前扣除的部分，可按本通知执行。

第三章　个人所得税

39. 财政部、税务总局关于粤港澳大湾区个人所得税优惠政策的通知

（2019 年 3 月 14 日　财税〔2019〕31 号）

广东省、深圳市财政厅（局），国家税务总局广东省、深圳市税务局：

为支持粤港澳大湾区建设，现就大湾区有关个人所得税优惠政策通知如下：

一、广东省、深圳市按内地与香港个人所得税税负差额，对在大湾区工作的境外（含港澳台，下同）高端人才和紧缺人才给予补贴，该补贴免征个人所得税。

二、在大湾区工作的境外高端人才和紧缺人才的认定和补贴办法，按照广东省、深圳市的有关规定执行。

三、本通知适用范围包括广东省广州市、深圳市、珠海市、佛山市、惠州市、东莞市、中山市、江门市和肇庆市等大湾区珠三角九市。

四、本通知自 2019 年 1 月 1 日起至 2023 年 12 月 31 日止执行。《财政部、国家税务总局关于广东横琴新区个人所得税优惠政策的通知》（财税〔2014〕23 号）、《财政部、国家税务总局关于深圳前海深港现代服务业合作区个人所得税优惠政策的通知》（财税〔2014〕25 号）自 2019 年 1 月 1 日起废止。

40. 财政部、税务总局关于个人所得税法修改后有关优惠政策衔接问题的通知

（2018 年 12 月 27 日 财税〔2018〕164 号）

各省、自治区、直辖市、计划单列市财政厅（局），国家税务总局各省、自治区、直辖市、计划单列市税务局，新疆生产建设兵团财政局：

为贯彻落实修改后的《中华人民共和国个人所得税法》，现将个人所得税优惠政策衔接有关事项通知如下：

一、关于全年一次性奖金、中央企业负责人年度绩效薪金延期兑现收入和任期奖励的政策

（一）居民个人取得全年一次性奖金，符合《国家税务总局关于调整个人取得全年一次性奖金等计算征收个人所得税方法问题的通知》（国税发〔2005〕9 号）规定的，在 2021 年 12 月 31 日前，不并入当年综合所得，以全年一次性奖金收入除以 12 个月得到的数额，按照本通知所附按月换算后的综合所得税率表（以下简称月度税率表），确定适用税率和速算扣除数，单独计算纳税。计算公式为：

应纳税额 = 全年一次性奖金收入 × 适用税率 − 速算扣除数

居民个人取得全年一次性奖金，也可以选择并入当年综合所得计算纳税。

自 2022 年 1 月 1 日起，居民个人取得全年一次性奖金，应并入当年综合所得计算缴纳个人所得税。

（二）中央企业负责人取得年度绩效薪金延期兑现收入和任期奖励，符合《国家税务总局关于中央企业负责人年度绩效薪金延期兑现收入和任期奖励征收个人所得税问题的通知》（国税发〔2007〕118 号）规定的，在 2021 年 12 月 31 日前，参照本通知第一条第（一）项执行；2022 年 1 月 1 日之后的政策另行明确。

二、关于上市公司股权激励的政策

（一）居民个人取得股票期权、股票增值权、限制性股票、股权奖励等股权激励（以下简称股权激励），符合《财政部、国家税务总局关于个人股票期权所

得征收个人所得税问题的通知》（财税〔2005〕35号）、《财政部、国家税务总局关于股票增值权所得和限制性股票所得征收个人所得税有关问题的通知》（财税〔2009〕5号）、《财政部、国家税务总局关于将国家自主创新示范区有关税收试点政策推广到全国范围实施的通知》（财税〔2015〕116号）第四条、《财政部、国家税务总局关于完善股权激励和技术入股有关所得税政策的通知》（财税〔2016〕101号）第四条第（一）项规定的相关条件的，在2021年12月31日前，不并入当年综合所得，全额单独适用综合所得税率表，计算纳税。计算公式为：

应纳税额=股权激励收入×适用税率－速算扣除数

（二）居民个人一个纳税年度内取得两次以上（含两次）股权激励的，应合并按本通知第二条第（一）项规定计算纳税。

（三）2022年1月1日之后的股权激励政策另行明确。

三、关于保险营销员、证券经纪人佣金收入的政策

保险营销员、证券经纪人取得的佣金收入，属于劳务报酬所得，以不含增值税的收入减除20%的费用后的余额为收入额，收入额减去展业成本以及附加税费后，并入当年综合所得，计算缴纳个人所得税。保险营销员、证券经纪人展业成本按照收入额的25%计算。

扣缴义务人向保险营销员、证券经纪人支付佣金收入时，应按照《个人所得税扣缴申报管理办法（试行）》（国家税务总局公告2018年第61号）规定的累计预扣法计算预扣税款。

四、关于个人领取企业年金、职业年金的政策

个人达到国家规定的退休年龄，领取的企业年金、职业年金，符合《财政部、人力资源社会保障部、国家税务总局关于企业年金、职业年金个人所得税有关问题的通知》（财税〔2013〕103号）规定的，不并入综合所得，全额单独计算应纳税款。其中按月领取的，适用月度税率表计算纳税；按季领取的，平均分摊计入各月，按每月领取额适用月度税率表计算纳税；按年领取的，适用综合所得税率表计算纳税。

个人因出境定居而一次性领取的年金个人账户资金，或个人死亡后，其指定的受益人或法定继承人一次性领取的年金个人账户余额，适用综合所得税率表计算纳税。对个人除上述特殊原因外一次性领取年金个人账户资金或余额的，适用月度税率表计算纳税。

五、关于解除劳动关系、提前退休、内部退养的一次性补偿收入的政策

（一）个人与用人单位解除劳动关系取得一次性补偿收入（包括用人单位发放的经济补偿金、生活补助费和其他补助费），在当地上年职工平均工资3倍数额以内的部分，免征个人所得税；超过3倍数额的部分，不并入当年综合所得，单独适用综合所得税率表，计算纳税。

（二）个人办理提前退休手续而取得的一次性补贴收入，应按照办理提前退休手续至法定离退休年龄之间实际年度数平均分摊，确定适用税率和速算扣除数，单独适用综合所得税率表，计算纳税。计算公式：

应纳税额＝｛〔（一次性补贴收入÷办理提前退休手续至法定退休年龄的实际年度数）－费用扣除标准〕×适用税率－速算扣除数｝×办理提前退休手续至法定退休年龄的实际年度数

（三）个人办理内部退养手续而取得的一次性补贴收入，按照《国家税务总局关于个人所得税有关政策问题的通知》（国税发〔1999〕58号）规定计算纳税。

六、关于单位低价向职工售房的政策

单位按低于购置或建造成本价格出售住房给职工，职工因此而少支出的差价部分，符合《财政部、国家税务总局关于单位低价向职工售房有关个人所得税问题的通知》（财税〔2007〕13号）第二条规定的，不并入当年综合所得，以差价收入除以12个月得到的数额，按照月度税率表确定适用税率和速算扣除数，单独计算纳税。计算公式为：

应纳税额＝职工实际支付的购房价款低于该房屋的购置或建造成本价格的差额×适用税率－速算扣除数

七、关于外籍个人有关津补贴的政策

（一）2019年1月1日至2021年12月31日期间，外籍个人符合居民个人条件的，可以选择享受个人所得税专项附加扣除，也可以选择按照《财政部、国家税务总局关于个人所得税若干政策问题的通知》（财税〔1994〕20号）、《国家税务总局关于外籍个人取得有关补贴征免个人所得税执行问题的通知》（国税发〔1997〕54号）和《财政部、国家税务总局关于外籍个人取得港澳地区住房等补贴征免个人所得税的通知》（财税〔2004〕29号）规定，享受住房补贴、语言训

练费、子女教育费等津补贴免税优惠政策，但不得同时享受。外籍个人一经选择，在一个纳税年度内不得变更。

（二）自2022年1月1日起，外籍个人不再享受住房补贴、语言训练费、子女教育费津补贴免税优惠政策，应按规定享受专项附加扣除。

八、除上述衔接事项外，其他个人所得税优惠政策继续按照原文件规定执行。

九、本通知自2019年1月1日起执行。下列文件或文件条款同时废止：

（一）《财政部、国家税务总局关于个人与用人单位解除劳动关系取得的一次性补偿收入征免个人所得税问题的通知》（财税〔2001〕157号）第一条；

（二）《财政部、国家税务总局关于个人股票期权所得征收个人所得税问题的通知》（财税〔2005〕35号）第四条第（一）项；

（三）《财政部、国家税务总局关于单位低价向职工售房有关个人所得税问题的通知》（财税〔2007〕13号）第三条；

（四）《财政部、人力资源社会保障部、国家税务总局关于企业年金职业年金个人所得税有关问题的通知》（财税〔2013〕103号）第三条第1项和第3项；

（五）《国家税务总局关于个人认购股票等有价证券而从雇主取得折扣或补贴收入有关征收个人所得税问题的通知》（国税发〔1998〕9号）；

（六）《国家税务总局关于保险企业营销员（非雇员）取得的收入计征个人所得税问题的通知》（国税发〔1998〕13号）；

（七）《国家税务总局关于个人因解除劳动合同取得经济补偿金征收个人所得税问题的通知》（国税发〔1999〕178号）；

（八）《国家税务总局关于国有企业职工因解除劳动合同取得一次性补偿收入征免个人所得税问题的通知》（国税发〔2000〕77号）；

（九）《国家税务总局关于调整个人取得全年一次性奖金等计算征收个人所得税方法问题的通知》（国税发〔2005〕9号）第二条；

（十）《国家税务总局关于保险营销员取得佣金收入征免个人所得税问题的通知》（国税函〔2006〕454号）；

（十一）《国家税务总局关于个人股票期权所得缴纳个人所得税有关问题的补充通知》（国税函〔2006〕902号）第七条、第八条；

（十二）《国家税务总局关于中央企业负责人年度绩效薪金延期兑现收入和任

期奖励征收个人所得税问题的通知》（国税发〔2007〕118 号）第一条；

（十三）《国家税务总局关于个人提前退休取得补贴收入个人所得税问题的公告》（国家税务总局公告 2011 年第 6 号）第二条；

（十四）《国家税务总局关于证券经纪人佣金收入征收个人所得税问题的公告》（国家税务总局公告 2012 年第 45 号）。

附件：按月换算后的综合所得税率表

附件

按月换算后的综合所得税率表

级数	全月应纳税所得额	税率（%）	速算扣除数
1	不超过 3000 元的	3	0
2	超过 3000 元至 12000 元的部分	10	210
3	超过 12000 元至 25000 元的部分	20	1410
4	超过 25000 元至 35000 元的部分	25	2660
5	超过 35000 元至 55000 元的部分	30	4410
6	超过 55000 元至 80000 元的部分	35	7160
7	超过 80000 元的部分	45	15160

41. 财政部、税务总局、发展改革委、证监会关于创业投资企业个人合伙人所得税政策问题的通知

（2019 年 1 月 10 日　财税〔2019〕8 号）

各省、自治区、直辖市、计划单列市财政厅（局）、发展改革委、证券监督管理机构，国家税务总局各省、自治区、直辖市、计划单列市税务局，新疆生产建设兵团财政局、发展改革委：

为进一步支持创业投资企业（含创投基金，以下统称创投企业）发展，现将有关个人所得税政策问题通知如下：

一、创投企业可以选择按单一投资基金核算或者按创投企业年度所得整体核算两种方式之一，对其个人合伙人来源于创投企业的所得计算个人所得税应纳税额。

本通知所称创投企业，是指符合《创业投资企业管理暂行办法》（发展改革委等10部门令第39号）或者《私募投资基金监督管理暂行办法》（证监会令第105号）关于创业投资企业（基金）的有关规定，并按照上述规定完成备案且规范运作的合伙制创业投资企业（基金）。

二、创投企业选择按单一投资基金核算的，其个人合伙人从该基金应分得的股权转让所得和股息红利所得，按照20%税率计算缴纳个人所得税。

创投企业选择按年度所得整体核算的，其个人合伙人应从创投企业取得的所得，按照“经营所得”项目、5%－35%的超额累进税率计算缴纳个人所得税。

三、单一投资基金核算，是指单一投资基金（包括不以基金名义设立的创投企业）在一个纳税年度内从不同创业投资项目取得的股权转让所得和股息红利所得按下述方法分别核算纳税：

（一）股权转让所得。单个投资项目的股权转让所得，按年度股权转让收入扣除对应股权原值和转让环节合理费用后的余额计算，股权原值和转让环节合理费用的确定方法，参照股权转让所得个人所得税有关政策规定执行；单一投资基金的股权转让所得，按一个纳税年度内不同投资项目的所得和损失相互抵减后的余额计算，余额大于或等于零的，即确认为该基金的年度股权转让所得；余额小于零的，该基金年度股权转让所得按零计算且不能跨年结转。

个人合伙人按照其应从基金年度股权转让所得中分得的份额计算其应纳税额，并由创投企业在次年3月31日前代扣代缴个人所得税。如符合《财政部、税务总局关于创业投资企业和天使投资个人有关税收政策的通知》（财税〔2018〕55号）规定条件的，创投企业个人合伙人可以按照被转让项目对应投资额的70%抵扣其应从基金年度股权转让所得中分得的份额后再计算其应纳税额，当期不足抵扣的，不得向以后年度结转。

（二）股息红利所得。单一投资基金的股息红利所得，以其来源于所投资项目分配的股息、红利收入以及其他固定收益类证券等收入的全额计算。

个人合伙人按照其应从基金股息红利所得中分得的份额计算其应纳税额，并由创投企业按次代扣代缴个人所得税。

（三）除前述可以扣除的成本、费用之外，单一投资基金发生的包括投资基金管理人的管理费和业绩报酬在内的其他支出，不得在核算时扣除。

本条规定的单一投资基金核算方法仅适用于计算创投企业个人合伙人的应纳税额。

四、创投企业年度所得整体核算，是指将创投企业以每一纳税年度的收入总额减除成本、费用以及损失后，计算应分配给个人合伙人的所得。如符合《财政部、税务总局关于创业投资企业和天使投资个人有关税收政策的通知》（财税〔2018〕55号）规定条件的，创投企业个人合伙人可以按照被转让项目对应投资额的70%抵扣其可以从创投企业应分得的经营所得后再计算其应纳税额。年度核算亏损的，准予按有关规定向以后年度结转。

按照“经营所得”项目计税的个人合伙人，没有综合所得的，可依法减除基本减除费用、专项扣除、专项附加扣除以及国务院确定的其他扣除。从多处取得经营所得的，应汇总计算个人所得税，只减除一次上述费用和扣除。

五、创投企业选择按单一投资基金核算或按创投企业年度所得整体核算后，3年内不能变更。

六、创投企业选择按单一投资基金核算的，应当在按照本通知第一条规定完成备案的30日内，向主管税务机关进行核算方式备案；未按规定备案的，视同选择按创投企业年度所得整体核算。2019年1月1日前已经完成备案的创投企业，选择按单一投资基金核算的，应当在2019年3月1日前向主管税务机关进行核算方式备案。创投企业选择一种核算方式满3年需要调整的，应当在满3年的次年1月31日前，重新向主管税务机关备案。

七、税务部门依法开展税收征管和后续管理工作，可转请发展改革部门、证券监督管理部门对创投企业及其所投项目是否符合有关规定进行核查，发展改革部门、证券监督管理部门应当予以配合。

八、本通知执行期限为2019年1月1日起至2023年12月31日止。

42. 个人所得税扣缴申报管理办法（试行）

（2018 年 12 月 21 日　国家税务总局公告 2018 年第 61 号）

第一条　为规范个人所得税扣缴申报行为，维护纳税人和扣缴义务人合法权益，根据《中华人民共和国个人所得税法》及其实施条例、《中华人民共和国税收征收管理法》及其实施细则等法律法规的规定，制定本办法。

第二条　扣缴义务人，是指向个人支付所得的单位或者个人。扣缴义务人应当依法办理全员全额扣缴申报。

全员全额扣缴申报，是指扣缴义务人应当在代扣税款的次月十五日内，向主管税务机关报送其支付所得的所有个人的有关信息、支付所得数额、扣除事项和数额、扣缴税款的具体数额和总额以及其他相关涉税信息资料。

第三条　扣缴义务人每月或者每次预扣、代扣的税款，应当在次月十五日内缴入国库，并向税务机关报送《个人所得税扣缴申报表》。

第四条　实行个人所得税全员全额扣缴申报的应税所得包括：

（一）工资、薪金所得；

（二）劳务报酬所得；

（三）稿酬所得；

（四）特许权使用费所得；

（五）利息、股息、红利所得；

（六）财产租赁所得；

（七）财产转让所得；

（八）偶然所得。

第五条　扣缴义务人首次向纳税人支付所得时，应当按照纳税人提供的纳税人识别号等基础信息，填写《个人所得税基础信息表（A 表）》，并于次月扣缴申报时向税务机关报送。

扣缴义务人对纳税人向其报告的相关基础信息变化情况，应当于次月扣缴申报时向税务机关报送。

第六条　扣缴义务人向居民个人支付工资、薪金所得时，应当按照累计预扣法计算预扣税款，并按月办理扣缴申报。

累计预扣法，是指扣缴义务人在一个纳税年度内预扣预缴税款时，以纳税人在本单位截至当前月份工资、薪金所得累计收入减除累计免税收入、累计减除费用、累计专项扣除、累计专项附加扣除和累计依法确定的其他扣除后的余额为累计预扣预缴应纳税所得额，适用个人所得税预扣率表一（见附件），计算累计应预扣预缴税额，再减除累计减免税额和累计已预扣预缴税额，其余额为本期应预扣预缴税额。余额为负值时，暂不退税。纳税年度终了后余额仍为负值时，由纳税人通过办理综合所得年度汇算清缴，税款多退少补。

具体计算公式如下：

本期应预扣预缴税额 = （累计预扣预缴应纳税所得额 × 预扣率 – 速算扣除数）– 累计减免税额 – 累计已预扣预缴税额

累计预扣预缴应纳税所得额 = 累计收入 – 累计免税收入 – 累计减除费用 – 累计专项扣除 – 累计专项附加扣除 – 累计依法确定的其他扣除

其中：累计减除费用，按照 5000 元/月乘以纳税人当年截至本月在本单位的任职受雇月份数计算。

第七条　居民个人向扣缴义务人提供有关信息并依法要求办理专项附加扣除的，扣缴义务人应当按照规定在工资、薪金所得按月预扣预缴税款时予以扣除，不得拒绝。

第八条　扣缴义务人向居民个人支付劳务报酬所得、稿酬所得、特许权使用费所得时，应当按照以下方法按次或者按月预扣预缴税款：

劳务报酬所得、稿酬所得、特许权使用费所得以收入减除费用后的余额为收入额；其中，稿酬所得的收入额减按百分之七十计算。

减除费用：预扣预缴税款时，劳务报酬所得、稿酬所得、特许权使用费所得每次收入不超过四千元的，减除费用按八百元计算；每次收入四千元以上的，减除费用按收入的百分之二十计算。

应纳税所得额：劳务报酬所得、稿酬所得、特许权使用费所得，以每次收入额为预扣预缴应纳税所得额，计算应预扣预缴税额。劳务报酬所得适用个人所得税预扣率表二（见附件），稿酬所得、特许权使用费所得适用百分之二十的比例预扣率。

居民个人办理年度综合所得汇算清缴时，应当依法计算劳务报酬所得、稿酬所得、特许权使用费所得的收入额，并入年度综合所得计算应纳税款，税款多退少补。

第九条 扣缴义务人向非居民个人支付工资、薪金所得，劳务报酬所得，稿酬所得和特许权使用费所得时，应当按照以下方法按月或者按次代扣代缴税款：

非居民个人的工资、薪金所得，以每月收入额减除费用五千元后的余额为应纳税所得额；劳务报酬所得、稿酬所得、特许权使用费所得，以每次收入额为应纳税所得额，适用个人所得税税率表三（见附件）计算应纳税额。劳务报酬所得、稿酬所得、特许权使用费所得以收入减除百分之二十的费用后的余额为收入额；其中，稿酬所得的收入额减按百分之七十计算。

非居民个人在一个纳税年度内税款扣缴方法保持不变，达到居民个人条件时，应当告知扣缴义务人基础信息变化情况，年度终了后按照居民个人有关规定办理汇算清缴。

第十条 扣缴义务人支付利息、股息、红利所得，财产租赁所得，财产转让所得或者偶然所得时，应当依法按次或者按月代扣代缴税款。

第十一条 劳务报酬所得、稿酬所得、特许权使用费所得，属于一次性收入的，以取得该项收入为一次；属于同一项目连续性收入的，以一个月内取得的收入为一次。

财产租赁所得，以一个月内取得的收入为一次。

利息、股息、红利所得，以支付利息、股息、红利时取得的收入为一次。

偶然所得，以每次取得该项收入为一次。

第十二条 纳税人需要享受税收协定待遇的，应当在取得应税所得时主动向扣缴义务人提出，并提交相关信息、资料，扣缴义务人代扣代缴税款时按照享受税收协定待遇有关办法办理。

第十三条 支付工资、薪金所得的扣缴义务人应当于年度终了后两个月内，向纳税人提供其个人所得和已扣缴税款等信息。纳税人年度中间需要提供上述信息的，扣缴义务人应当提供。

纳税人取得除工资、薪金所得以外的其他所得，扣缴义务人应当在扣缴税款后，及时向纳税人提供其个人所得和已扣缴税款等信息。

第十四条 扣缴义务人应当按照纳税人提供的信息计算税款、办理扣缴申报，不得擅自更改纳税人提供的信息。

扣缴义务人发现纳税人提供的信息与实际情况不符的，可以要求纳税人修改。纳税人拒绝修改的，扣缴义务人应当报告税务机关，税务机关应当及时处理。

纳税人发现扣缴义务人提供或者扣缴申报的个人信息、支付所得、扣缴税款等信息与实际情况不符的，有权要求扣缴义务人修改。扣缴义务人拒绝修改的，纳税人应当报告税务机关，税务机关应当及时处理。

第十五条 扣缴义务人对纳税人提供的《个人所得税专项附加扣除信息表》，应当按照规定妥善保存备查。

第十六条 扣缴义务人应当依法对纳税人报送的专项附加扣除等相关涉税信息和资料保密。

第十七条 对扣缴义务人按照规定扣缴的税款，按年付给百分之二的手续费。不包括税务机关、司法机关等查补或者责令补扣的税款。

扣缴义务人领取的扣缴手续费可用于提升办税能力、奖励办税人员。

第十八条 扣缴义务人依法履行代扣代缴义务，纳税人不得拒绝。纳税人拒绝的，扣缴义务人应当及时报告税务机关。

第十九条 扣缴义务人有未按照规定向税务机关报送资料和信息、未按照纳税人提供信息虚报虚扣专项附加扣除、应扣未扣税款、不缴或少缴已扣税款、借用或冒用他人身份等行为的，依照《中华人民共和国税收征收管理法》等相关法律、行政法规处理。

第二十条 本办法相关表证单书式样，由国家税务总局另行制定发布。

第二十一条 本办法自2019年1月1日起施行。《国家税务总局关于印发〈个人所得税全员全额扣缴申报管理暂行办法〉的通知》（国税发〔2005〕205号）同时废止。

● 链接：相关政策解读

关于《国家税务总局关于发布〈个人所得税扣缴申报管理办法（试行）〉的公告》的解读①

现就《国家税务总局关于发布〈个人所得税扣缴申报管理办法（试行）〉的公告》（以下简称《公告》）有关内容解读如下：

一、公告背景

2018年8月31日，第十三届全国人民代表大会常务委员会第五次会议通过了《全国人民代表大会常务委员会关于修改〈中华人民共和国个人所得税法〉的决定》，明确综合与分类相结合的个人所得税制将于2019年1月1日起施行。新修改的个人所得税法规定：扣缴义务人支付所得时，应当按月或者按次代扣代缴税款，并办理全员全额扣缴申报；居民纳税人取得综合所得有扣缴义务人的，由扣缴义务人按月或者按次预扣预缴税款；预扣预缴办法由国务院税务主管部门制定。为全面贯彻落实修改后的个人所得税法及其实施条例，明确预扣、代扣税款的有关规定，税务总局制发了《公告》。

二、公告主要内容

（一）居民个人工资、薪金所得预扣预缴税款的方法

扣缴义务人向居民个人支付工资、薪金所得时，按照累计预扣法计算预扣税款，并按月办理扣缴申报。累计预扣法，是指扣缴义务人在一个纳税年度内预扣预缴税款时，以纳税人在本单位截至本月取得工资、薪金所得累计收入减除累计免税收入、累计减除费用、累计专项扣除、累计专项附加扣除和累计依法确定的其他扣除后的余额为累计预扣预缴应纳税所得额，适用个人所得税预扣率表一（见下表），计算累计应预扣预缴税额，再减除累计减免税额和累计已预扣预缴税额，其余额为本期应预扣预缴税额。余额为负值时，暂不退税。纳税年度终了后余额仍为负值时，由纳税人通过办理综合所得年度汇算清缴，税款多退少补。具

① 参见国家税务总局：http：//www.chinatax.gov.cn/n810341/n810760/c3959585/content.html，访问时间2019年4月26日。

体计算公式如下：

本期应预扣预缴税额 =（累计预扣预缴应纳税所得额 × 预扣率 − 速算扣除数）− 累计减免税额 − 累计已预扣预缴税额

累计预扣预缴应纳税所得额 = 累计收入 − 累计免税收入 − 累计减除费用 − 累计专项扣除 − 累计专项附加扣除 − 累计依法确定的其他扣除

个人所得税预扣率表一

（居民个人工资、薪金所得预扣预缴适用）

级数	累计预扣预缴应纳税所得额	预扣率（%）	速算扣除数
1	不超过 36000 元的	3	0
2	超过 36000 元至 144000 元的部分	10	2520
3	超过 144000 元至 300000 元的部分	20	16920
4	超过 300000 元至 420000 元的部分	25	31920
5	超过 420000 元至 660000 元的部分	30	52920
6	超过 660000 元至 960000 元的部分	35	85920
7	超过 960000 元的部分	45	181920

其中：累计减除费用，按照 5000 元/月乘以纳税人当年截至本月在本单位的任职受雇月份数计算。即纳税人如果 5 月份入职，则扣缴义务人发放 5 月份工资扣缴税款时，减除费用按 5000 元计算；6 月份发工资扣缴税款时，减除费用按 10000 元计算，以此类推。

（二）预扣预缴环节享受专项附加扣除的方法

居民个人向扣缴义务人提供有关信息并依法要求办理专项附加扣除的，扣缴义务人应当按照规定在工资、薪金所得按月预扣预缴税款时予以扣除，不得拒绝。

（三）居民个人劳务报酬所得、稿酬所得、特许权使用费所得预扣预缴税款的方法

扣缴义务人向居民个人支付劳务报酬所得、稿酬所得和特许权使用费所得的，按以下方法按次或者按月预扣预缴个人所得税：

劳务报酬所得、稿酬所得、特许权使用费所得以每次收入减除费用后的余额为收入额；其中，稿酬所得的收入额减按百分之七十计算。

预扣预缴税款时，劳务报酬所得、稿酬所得、特许权使用费所得每次收入不超过四千元的，减除费用按八百元计算；每次收入四千元以上的，减除费用按收入的百分之二十计算。

劳务报酬所得、稿酬所得、特许权使用费所得，以每次收入额为预扣预缴应纳税所得额，计算应预扣预缴税额。劳务报酬所得适用个人所得税预扣率表二（见下表），稿酬所得、特许权使用费所得适用百分之二十的比例预扣率。

个人所得税预扣率表二

（居民个人劳务报酬所得预扣预缴适用）

级数	预扣预缴应纳税所得额	预扣率（%）	速算扣除数
1	不超过20000元的	20	0
2	超过20000元至50000元的部分	30	2000
3	超过50000元的部分	40	7000

（四）非居民个人工资、薪金所得，劳务报酬所得，稿酬所得和特许权使用费所得代扣代缴税款的方法

扣缴义务人向非居民个人支付工资、薪金所得，劳务报酬所得，稿酬所得和特许权使用费所得时，按以下方法按月或者按次代扣代缴税款．

非居民个人的工资、薪金所得，以每月收入额减除费用五千元后的余额为应纳税所得额；劳务报酬所得、稿酬所得、特许权使用费所得，以每次收入额为应纳税所得额，适用个人所得税税率表三（见下表）计算应纳税额。劳务报酬所得、稿酬所得、特许权使用费所得以收入减除百分之二十的费用后的余额为收入额。其中，稿酬所得的收入额减按百分之七十计算。

个人所得税税率表三

（非居民个人工资、薪金所得，劳务报酬所得，稿酬所得，特许权使用费所得适用）

级数	应纳税所得额	税率（%）	速算扣除数
1	不超过3000元的	3	0
2	超过3000元至12000元的部分	10	210
3	超过12000元至25000元的部分	20	1410
4	超过25000元至35000元的部分	25	2660
5	超过35000元至55000元的部分	30	4410
6	超过55000元至80000元的部分	35	7160
7	超过80000元的部分	45	15160

（五）扣缴义务人向纳税人反馈扣缴信息的规定

支付工资、薪金所得的扣缴义务人应当于年度终了后两个月内，向纳税人提供其个人所得和已扣缴税款等信息；纳税人年度中间需要提供上述信息的，扣缴义务人应当提供；纳税人取得除工资、薪金所得以外的其他所得，扣缴义务人应当在扣缴税款后，及时向纳税人提供其个人所得和已扣缴税款等信息。

（六）发现纳税人涉税信息与实际不符的处理方法

扣缴义务人应当按照纳税人提供的信息计算税款、办理扣缴申报，不得擅自更改纳税人提供的信息。扣缴义务人发现纳税人提供的信息与实际情况不符的，可以要求纳税人修改。纳税人拒绝修改的，扣缴义务人应当报告税务机关，税务机关应当及时处理。纳税人发现扣缴义务人提供或者扣缴申报的个人信息、支付所得、扣缴税款等信息与实际情况不符的，有权要求扣缴义务人修改。扣缴义务人拒绝修改的，纳税人应当报告税务机关，税务机关应当及时处理。

（七）涉税资料和信息留存备查与保密的规定

扣缴义务人对纳税人提供的《个人所得税专项附加扣除信息表》，应当按照规定妥善留存备查；扣缴义务人应当依法对纳税人报送的专项附加扣除等相关涉税信息和资料保密。

（八）代扣代缴手续费的规定

对扣缴义务人按照规定扣缴的税款，不包括税务机关、司法机关等查补或责令补扣的税款，按年付给百分之二的手续费；扣缴义务人可将代扣代缴手续费用于提升办税能力、奖励办税人员。

（九）纳税人拒绝扣缴税款的处理方法

扣缴义务人依法履行代扣代缴义务，纳税人不得拒绝。纳税人拒绝的，扣缴义务人应当及时报告税务机关。

三、公告的施行

本公告自2019年1月1日起施行。

43. 国家税务总局关于发布《个人所得税专项附加扣除操作办法（试行）》的公告

（2018年12月21日　国家税务总局公告2018年第60号）

为贯彻落实新修改的《中华人民共和国个人所得税法》和《国务院关于印发个人所得税专项附加扣除暂行办法的通知》（国发〔2018〕41号），国家税务总局制定了《个人所得税专项附加扣除操作办法（试行）》。现予以发布，自2019年1月1日起施行。

特此公告。

附件：个人所得税专项附加扣除信息表及填表说明（略）

个人所得税专项附加扣除操作办法（试行）

第一章　总　　则

第一条　为了规范个人所得税专项附加扣除行为，切实维护纳税人合法权益，根据新修改的《中华人民共和国个人所得税法》及其实施条例、《中华人民共和国税收征收管理法》及其实施细则、《国务院关于印发个人所得税专项附加扣除暂行办法的通知》（国发〔2018〕41号）的规定，制定本办法。

第二条　纳税人享受子女教育、继续教育、大病医疗、住房贷款利息或者住房租金、赡养老人专项附加扣除的，依照本办法规定办理。

第二章　享受扣除及办理时间

第三条　纳税人享受符合规定的专项附加扣除的计算时间分别为：

（一）子女教育。学前教育阶段，为子女年满3周岁当月至小学入学前一月。学历教育，为子女接受全日制学历教育入学的当月至全日制学历教育结束的当月。

（二）继续教育。学历（学位）继续教育，为在中国境内接受学历（学位）继续教育入学的当月至学历（学位）继续教育结束的当月，同一学历（学位）继续教育的扣除期限最长不得超过48个月。技能人员职业资格继续教育、专业技术人员职业资格继续教育，为取得相关证书的当年。

（三）大病医疗。为医疗保障信息系统记录的医药费用实际支出的当年。

（四）住房贷款利息。为贷款合同约定开始还款的当月至贷款全部归还或贷款合同终止的当月，扣除期限最长不得超过240个月。

（五）住房租金。为租赁合同（协议）约定的房屋租赁期开始的当月至租赁期结束的当月。提前终止合同（协议）的，以实际租赁期限为准。

（六）赡养老人。为被赡养人年满60周岁的当月至赡养义务终止的年末。

前款第一项、第二项规定的学历教育和学历（学位）继续教育的期间，包含因病或其他非主观原因休学但学籍继续保留的休学期间，以及施教机构按规定组织实施的寒暑假等假期。

第四条　享受子女教育、继续教育、住房贷款利息或者住房租金、赡养老人专项附加扣除的纳税人，自符合条件开始，可以向支付工资、薪金所得的扣缴义务人提供上述专项附加扣除有关信息，由扣缴义务人在预扣预缴税款时，按其在本单位本年可享受的累计扣除额办理扣除；也可以在次年3月1日至6月30日内，向汇缴地主管税务机关办理汇算清缴申报时扣除。

纳税人同时从两处以上取得工资、薪金所得，并由扣缴义务人办理上述专项附加扣除的，对同一专项附加扣除项目，一个纳税年度内，纳税人只能选择从其中一处扣除。

享受大病医疗专项附加扣除的纳税人，由其在次年3月1日至6月30日内，自行向汇缴地主管税务机关办理汇算清缴申报时扣除。

第五条 扣缴义务人办理工资、薪金所得预扣预缴税款时，应当根据纳税人报送的《个人所得税专项附加扣除信息表》（以下简称《扣除信息表》，见附件）为纳税人办理专项附加扣除。

纳税人年度中间更换工作单位的，在原单位任职、受雇期间已享受的专项附加扣除金额，不得在新任职、受雇单位扣除。原扣缴义务人应当自纳税人离职不再发放工资薪金所得的当月起，停止为其办理专项附加扣除。

第六条 纳税人未取得工资、薪金所得，仅取得劳务报酬所得、稿酬所得、特许权使用费所得需要享受专项附加扣除的，应当在次年3月1日至6月30日内，自行向汇缴地主管税务机关报送《扣除信息表》，并在办理汇算清缴申报时扣除。

第七条 一个纳税年度内，纳税人在扣缴义务人预扣预缴税款环节未享受或未足额享受专项附加扣除的，可以在当年内向支付工资、薪金的扣缴义务人申请在剩余月份发放工资、薪金时补充扣除，也可以在次年3月1日至6月30日内，向汇缴地主管税务机关办理汇算清缴时申报扣除。

第三章 报送信息及留存备查资料

第八条 纳税人选择在扣缴义务人发放工资、薪金所得时享受专项附加扣除的，首次享受时应当填写并向扣缴义务人报送《扣除信息表》；纳税年度中间相关信息发生变化的，纳税人应当更新《扣除信息表》相应栏次，并及时报送给扣缴义务人。

更换工作单位的纳税人，需要由新任职、受雇扣缴义务人办理专项附加扣除的，应当在入职的当月，填写并向扣缴义务人报送《扣除信息表》。

第九条 纳税人次年需要由扣缴义务人继续办理专项附加扣除的，应当于每年12月份对次年享受专项附加扣除的内容进行确认，并报送至扣缴义务人。纳税人未及时确认的，扣缴义务人于次年1月起暂停扣除，待纳税人确认后再行办理专项附加扣除。

扣缴义务人应当将纳税人报送的专项附加扣除信息，在次月办理扣缴申报时一并报送至主管税务机关。

第十条 纳税人选择在汇算清缴申报时享受专项附加扣除的，应当填写并向汇缴地主管税务机关报送《扣除信息表》。

第十一条　纳税人将需要享受的专项附加扣除项目信息填报至《扣除信息表》相应栏次。填报要素完整的，扣缴义务人或者主管税务机关应当受理；填报要素不完整的，扣缴义务人或者主管税务机关应当及时告知纳税人补正或重新填报。纳税人未补正或重新填报的，暂不办理相关专项附加扣除，待纳税人补正或重新填报后再行办理。

第十二条　纳税人享受子女教育专项附加扣除，应当填报配偶及子女的姓名、身份证件类型及号码、子女当前受教育阶段及起止时间、子女就读学校以及本人与配偶之间扣除分配比例等信息。

纳税人需要留存备查资料包括：子女在境外接受教育的，应当留存境外学校录取通知书、留学签证等境外教育佐证资料。

第十三条　纳税人享受继续教育专项附加扣除，接受学历（学位）继续教育的，应当填报教育起止时间、教育阶段等信息；接受技能人员或者专业技术人员职业资格继续教育的，应当填报证书名称、证书编号、发证机关、发证（批准）时间等信息。

纳税人需要留存备查资料包括：纳税人接受技能人员职业资格继续教育、专业技术人员职业资格继续教育的，应当留存职业资格相关证书等资料。

第十四条　纳税人享受住房贷款利息专项附加扣除，应当填报住房权属信息、住房坐落地址、贷款方式、贷款银行、贷款合同编号、贷款期限、首次还款日期等信息；纳税人有配偶的，填写配偶姓名、身份证件类型及号码。

纳税人需要留存备查资料包括：住房贷款合同、贷款还款支出凭证等资料。

第十五条　纳税人享受住房租金专项附加扣除，应当填报主要工作城市、租赁住房坐落地址、出租人姓名及身份证件类型和号码或者出租方单位名称及纳税人识别号（社会统一信用代码）、租赁起止时间等信息；纳税人有配偶的，填写配偶姓名、身份证件类型及号码。

纳税人需要留存备查资料包括：住房租赁合同或协议等资料。

第十六条　纳税人享受赡养老人专项附加扣除，应当填报纳税人是否为独生子女、月扣除金额、被赡养人姓名及身份证件类型和号码、与纳税人关系；有共同赡养人的，需填报分摊方式、共同赡养人姓名及身份证件类型和号码等信息。

纳税人需要留存备查资料包括：约定或指定分摊的书面分摊协议等资料。

第十七条 纳税人享受大病医疗专项附加扣除，应当填报患者姓名、身份证件类型及号码、与纳税人关系、与基本医保相关的医药费用总金额、医保目录范围内个人负担的自付金额等信息。

纳税人需要留存备查资料包括：大病患者医药服务收费及医保报销相关票据原件或复印件，或者医疗保障部门出具的纳税年度医药费用清单等资料。

第十八条 纳税人应当对报送的专项附加扣除信息的真实性、准确性、完整性负责。

第四章 信息报送方式

第十九条 纳税人可以通过远程办税端、电子或者纸质报表等方式，向扣缴义务人或者主管税务机关报送个人专项附加扣除信息。

第二十条 纳税人选择纳税年度内由扣缴义务人办理专项附加扣除的，按下列规定办理：

（一）纳税人通过远程办税端选择扣缴义务人并报送专项附加扣除信息的，扣缴义务人根据接收的扣除信息办理扣除。

（二）纳税人通过填写电子或者纸质《扣除信息表》直接报送扣缴义务人的，扣缴义务人将相关信息导入或者录入扣缴端软件，并在次月办理扣缴申报时提交给主管税务机关。《扣除信息表》应当一式两份，纳税人和扣缴义务人签字（章）后分别留存备查。

第二十一条 纳税人选择年度终了后办理汇算清缴申报时享受专项附加扣除的，既可以通过远程办税端报送专项附加扣除信息，也可以将电子或者纸质《扣除信息表》（一式两份）报送给汇缴地主管税务机关。

报送电子《扣除信息表》的，主管税务机关受理打印，交由纳税人签字后，一份由纳税人留存备查，一份由税务机关留存；报送纸质《扣除信息表》的，纳税人签字确认、主管税务机关受理签章后，一份退还纳税人留存备查，一份由税务机关留存。

第二十二条 扣缴义务人和税务机关应当告知纳税人办理专项附加扣除的方式和渠道，鼓励并引导纳税人采用远程办税端报送信息。

第五章　后续管理

第二十三条　纳税人应当将《扣除信息表》及相关留存备查资料，自法定汇算清缴期结束后保存五年。

纳税人报送给扣缴义务人的《扣除信息表》，扣缴义务人应当自预扣预缴年度的次年起留存五年。

第二十四条　纳税人向扣缴义务人提供专项附加扣除信息的，扣缴义务人应当按照规定予以扣除，不得拒绝。扣缴义务人应当为纳税人报送的专项附加扣除信息保密。

第二十五条　扣缴义务人应当及时按照纳税人提供的信息计算办理扣缴申报，不得擅自更改纳税人提供的相关信息。

扣缴义务人发现纳税人提供的信息与实际情况不符，可以要求纳税人修改。纳税人拒绝修改的，扣缴义务人应当向主管税务机关报告，税务机关应当及时处理。

除纳税人另有要求外，扣缴义务人应当于年度终了后两个月内，向纳税人提供已办理的专项附加扣除项目及金额等信息。

第二十六条　税务机关定期对纳税人提供的专项附加扣除信息开展抽查。

第二十七条　税务机关核查时，纳税人无法提供留存备查资料，或者留存备查资料不能支持相关情况的，税务机关可以要求纳税人提供其他佐证；不能提供其他佐证材料，或者佐证材料仍不足以支持的，不得享受相关专项附加扣除。

第二十八条　税务机关核查专项附加扣除情况时，可以提请有关单位和个人协助核查，相关单位和个人应当协助。

第二十九条　纳税人有下列情形之一的，主管税务机关应当责令其改正；情形严重的，应当纳入有关信用信息系统，并按照国家有关规定实施联合惩戒；涉及违反税收征管法等法律法规的，税务机关依法进行处理：

（一）报送虚假专项附加扣除信息；

（二）重复享受专项附加扣除；

（三）超范围或标准享受专项附加扣除；

（四）拒不提供留存备查资料；

（五）税务总局规定的其他情形。

纳税人在任职、受雇单位报送虚假扣除信息的，税务机关责令改正的同时，通知扣缴义务人。

第三十条 本办法自2019年1月1日起施行。

- **链接：相关政策解读**

关于《国家税务总局关于发布〈个人所得税专项附加扣除操作办法（试行）〉公告》的解读[①]

为贯彻落实新修改的《中华人民共和国个人所得税法》和《国务院关于印发个人所得税专项附加扣除暂行办法的通知》等有关规定，让广大纳税人及时享受改革红利，近日，国家税务总局制定了《关于发布〈个人所得税专项附加扣除操作办法（试行）〉的公告》（国家税务总局公告2018年第60号，以下简称《公告》）。现解读如下：

一、《公告》发布背景

为贯彻落实党中央、国务院部署，积极回应社会各界对子女教育、大病医疗等支出纳入个人所得税税前扣除的呼声，此次修改个人所得税法，首次增加了子女教育、继续教育、大病医疗、住房贷款利息或者住房租金、赡养老人等六项专项附加扣除。为切实将专项附加扣除政策精准落地，让纳税人能够清楚自己如何可以享受专项附加扣除，具体享受扣除的起始时间、标准和办理途径，让扣缴义务人知晓该如何在预扣环节为纳税人办理扣除，以及在办理专项附加扣除工作中应承担的责任和义务等，国家税务总局制定了《公告》。

二、《办法》的主要内容

《办法》分总则、享受扣除及办理时间、报送信息及留存备查资料、信息报送方式和后续管理等五章共30条。主要内容如下：

---

① 参见国家税务总局：http：//www.chinatax.gov.cn/n810341/n810760/c3959468/content.html，访问时间2019年4月26日。

（一）明确了享受每个专项附加扣除项目计算起止时间。除规定了一般时间外，明确了对接受学历教育和学历（学位）继续教育的，因病或其他非主观原因休学且学籍继续保留的休学期间，以及施教机构按规定组织实施的寒暑假等假期连续计算。

（二）明确了享受专项附加扣除的途径和时间。如：享受子女教育、继续教育、住房贷款利息或住房租金、赡养老人专项附加扣除的纳税人，自符合条件开始，可以向支付工资、薪金所得的扣缴义务人提供上述专项附加扣除有关信息，由扣缴义务人在预扣预缴税款时，按其在本单位本年可享受的累计扣除额办理扣除；也可以在次年3月1日至6月30日内，向汇缴地主管税务机关办理汇算清缴申报时扣除。享受大病医疗专项附加扣除的纳税人，由其在次年3月1日至6月30日内，自行向汇缴地主管税务机关办理汇算清缴申报时扣除。同时，对从两处以上取得工资、薪金所得的，如何享受专项附加扣除进行了明确。

（三）《公告》规定，纳税人年度中间更换工作单位的，已经享受过的专项附加扣除的金额，不得在新任职、受雇单位重复享受。

（四）明确了仅取得劳务报酬所得、稿酬所得、特许权使用费所得需要享受专项附加扣除的纳税人，应当在次年3月1日至6月30日内，自行向汇缴地主管税务机关报送相关专项附加扣除信息，在办理汇算清缴申报时扣除。

（五）为确保纳税人合法权益，《公告》规定，一个纳税年度内，纳税人在扣缴义务人预扣预缴税款环节未享受或未足额享受专项附加扣除的，可以在当年内向该扣缴义务人申请补充扣除，也可以在次年3月1日至6月30日内，向汇缴地主管税务机关办理汇算清缴时申报扣除。

（六）纳税人选择在扣缴义务人发放工资、薪金所得时享受专项附加扣除的，向扣缴义务人报送相关专项附加扣除信息。

（七）持续享受专项附加扣除的纳税人，每年12月份应当对相关专项附加扣除信息进行确认。

（八）纳税人选择在汇算清缴申报时享受专项附加扣除的，向汇缴地主管税务机关报送相关专项附加扣除信息。

（九）明确了纳税人报送信息不完整的，应当补充完整；相关信息发生变化的，应当及时报送变化情况。

（十）明确了享受各项专项附加扣除的纳税人，需要报送的相关专项附加扣除信息内容、留存备查的相关资料。

（十一）明确了纳税人专项附加扣除信息的报送方式，如：纳税人可以通过远程办税端、电子模板或者纸质报表等方式，向扣缴义务人或者主管税务机关报送个人专项附加扣除信息。并根据纳税人享受专项附加扣除的不同方式，细化明确了具体的信息报送方式及要求。同时，鼓励并引导纳税人采用远程办税端报送信息。

（十二）明确了专项附加扣除后续管理相关规定。如：纳税人应当对报送专项附加扣除信息的真实性、准确性、完整性负责。扣缴义务人应当及时按照纳税人提交的信息计算办理扣缴申报，不得擅自更改纳税人提供的相关信息。专项附加扣除信息报表及相关备查资料，应当自法定汇算清缴期结束后保存五年；扣缴义务人对纳税人报送的相关专项附加扣除信息资料应当自预扣预缴年度的次年起五年内留存备查。税务机关核查时，纳税人无法提供留存备查资料，或者留存备查资料不能支持相关情况的，税务机关可以要求纳税人提供其他佐证；不能提供其他佐证材料，或者佐证材料仍不足以支持的，不得享受相关专项附加扣除。税务机关核查专项附加扣除情况时，可提请有关单位和个人协助核查，相关单位和个人应当协助核查。纳税人存在报送虚假专项附加扣除信息、重复享受专项附加扣除、超范围或标准享受专项附加扣除、拒不提供留存备查资料以及税务总局规定的其他情形之的，主管税务机关应当责令其改正；五年内再次发现的，视情形记入有关信用信息系统，并按照国家有关规定实施联合惩戒；涉及违反税收征管法等法律法规的，税务机关依法进行处理。

（十三）《公告》明确了实施的时间为2019年1月1日。

44. 国家税务总局关于修订个人所得税申报表的公告

（2019年1月31日　国家税务总局公告2019年第7号）

根据《中华人民共和国个人所得税法》及其实施条例等相关税收法律法规规定，为保障综合与分类相结合的个人所得税制顺利实施，现将修订后的个人所得税有关申报表予以发布，自2019年1月1日起施行。

《国家税务总局关于发布个人所得税申报表的公告》（国家税务总局公告2013年第21号）附件1至附件5、《国家税务总局关于发布生产经营所得及减免税事项有关个人所得税申报表的公告》（国家税务总局公告2015年第28号）附件1至附件3、《国家税务总局关于全面实施新个人所得税法若干征管衔接问题的公告》（国家税务总局公告2018年第56号）附件1同时废止。

特此公告。

附件：1. 个人所得税基础信息表（A表）（B表）

2. 个人所得税扣缴申报表

3. 个人所得税自行纳税申报表（A表）

4. 个人所得税年度自行纳税申报表

5. 个人所得税经营所得纳税申报表（A表）（B表）（C表）

6. 合伙制创业投资企业单一投资基金核算方式备案表

7. 单一投资基金核算的合伙制创业投资企业个人所得税扣缴申报表

- **链接：相关政策解读**

关于《国家税务总局关于修订个人所得税申报表的公告》的解读[①]

为贯彻落实新修改的《中华人民共和国个人所得税法》及其实施条例、《中华人民共和国税收征收管理法》及其实施细则、《个人所得税专项附加扣除暂行办法》（国发〔2018〕41号文件印发）、《国家税务总局关于自然人纳税人识别号有关事项的公告》（国家税务总局公告2018年第59号）、《个人所得税专项附加扣除操作办法（试行）》（国家税务总局公告2018年第60号发布）、《个人所得税扣缴申报管理办法（试行）》（国家税务总局公告2018年第61号发布）、《国家税务总局关于个人所得税自行纳税申报有关问题的公告》（国家税务总局公告2018年第62号）等法律法规及相关规定，税务总局对个人所得税申报表进行了修订，

① 参见国家税务总局：http：//www. chinatax. gov. cn/n810341/n810760/c4049726/content. html，访问时间2019年4月26日。

制定了《国家税务总局关于修订个人所得税申报表的公告》（国家税务总局公告2019年第7号，以下简称《公告》），现解读如下：

一、修订申报表的总体情况

本次个人所得税申报表的修订，结合新税制政策规定，进一步简并简化申报内容、规范数据口径、引导和鼓励网络申报，确保新税制全面顺利实施和个人所得税重点政策有效落地。主要情况如下：

（一）根据新税法及相关政策规定调整完善了原《个人所得税基础信息表（A表）》《个人所得税基础信息表（B表）》《个人所得税扣缴申报表》《个人所得税自行纳税申报表（A表）》《个人所得税生产经营所得纳税申报表（A表）》《个人所得税生产经营所得纳税申报表（B表）》《个人所得税生产经营所得纳税申报表（C表）》相关填报内容和说明；

（二）根据新税法综合所得汇算清缴的有关规定，制发《个人所得税年度自行纳税申报表》；

（三）根据创业投资企业股权转让所得有关政策规定，制发《合伙制创业投资企业单一投资基金核算方式备案表》和《单一投资基金核算的合伙制创业投资企业个人所得税扣缴申报表》。

二、修订后各申报表的使用

《公告》发布的修订后的表证单书如下：

（一）《个人所得税基础信息表（A表）》。该表适用于扣缴义务人办理全员全额扣缴申报时，填报支付所得的自然人纳税人的基础信息。

《个人所得税基础信息表（B表）》。该表适用于自然人直接向税务机关办理涉税事项时填报其个人基础信息。

（二）《个人所得税扣缴申报表》。该表适用于扣缴义务人向居民个人或非居民个人支付各类应税所得扣缴个人所得税申报。居民个人取得工资、薪金所得，保险营销员、证券经纪人取得佣金收入，按照累计预扣法计算税款，填报当月和累计情况相应项目。居民个人取得上述规定以外的所得或非居民个人取得应税所得时，填报当月（次）情况相应项目。

（三）《个人所得税自行纳税申报表（A表）》。该表适用于纳税人向税务机关按月或按次办理自行纳税申报，包括：居民个人取得综合所得以外的所得扣缴义务人未扣缴税款，非居民个人取得应税所得扣缴义务人未扣缴税款，非居民个人在中国境内从两处以上取得工资、薪金所得等。

（四）《个人所得税年度自行纳税申报表》。该表适用于居民个人取得境内综合所得汇算清缴申报。

（五）《个人所得税经营所得纳税申报表（A表）》。该表适用于个体工商户业主、个人独资企业投资者、合伙企业个人合伙人、承包承租经营者以及其他从事生产、经营活动的个人在中国境内取得经营所得，按查账征收办理预缴纳税申报，或者按核定征收办理纳税申报。

《个人所得税经营所得纳税申报表（B表）》。该表适用于查账征收的个体工商户业主、个人独资企业投资者、合伙企业个人合伙人、承包承租经营者个人以及其他从事生产、经营活动的个人在中国境内取得经营所得的汇算清缴申报。

《个人所得税经营所得纳税申报表（C表）》。该表适用于个体工商户业主、个人独资企业投资者、合伙企业个人合伙人、承包承租经营者个人以及其他从事生产、经营活动的个人在中国境内两处及以上取得经营所得，办理个人所得税的年度汇总纳税申报。

（六）《合伙制创业投资企业单一投资基金核算方式备案表》。该表适用于创业投资企业（含创投基金，下同）选择按单一投资基金核算，按规定向主管税务机关进行核算类型备案。

（七）《单一投资基金核算的合伙制创业投资企业个人所得税扣缴申报表》。该表适用于选择按单一投资基金核算的创业投资企业按规定办理年度股权转让所得扣缴申报。

45. 个人所得税专项附加扣除暂行办法

（2018年12月13日　国发〔2018〕41号）

第一章　总　　则

第一条　根据《中华人民共和国个人所得税法》（以下简称个人所得税法）

规定，制定本办法。

第二条 本办法所称个人所得税专项附加扣除，是指个人所得税法规定的子女教育、继续教育、大病医疗、住房贷款利息或者住房租金、赡养老人等6项专项附加扣除。

第三条 个人所得税专项附加扣除遵循公平合理、利于民生、简便易行的原则。

第四条 根据教育、医疗、住房、养老等民生支出变化情况，适时调整专项附加扣除范围和标准。

第二章 子女教育

第五条 纳税人的子女接受全日制学历教育的相关支出，按照每个子女每月1000元的标准定额扣除。

学历教育包括义务教育（小学、初中教育）、高中阶段教育（普通高中、中等职业、技工教育）、高等教育（大学专科、大学本科、硕士研究生、博士研究生教育）。

年满3岁至小学入学前处于学前教育阶段的子女，按本条第一款规定执行。

第六条 父母可以选择由其中一方按扣除标准的100%扣除，也可以选择由双方分别按扣除标准的50%扣除，具体扣除方式在一个纳税年度内不能变更。

第七条 纳税人子女在中国境外接受教育的，纳税人应当留存境外学校录取通知书、留学签证等相关教育的证明资料备查。

第三章 继续教育

第八条 纳税人在中国境内接受学历（学位）继续教育的支出，在学历（学位）教育期间按照每月400元定额扣除。同一学历（学位）继续教育的扣除期限不能超过48个月。纳税人接受技能人员职业资格继续教育、专业技术人员职业资格继续教育的支出，在取得相关证书的当年，按照3600元定额扣除。

第九条 个人接受本科及以下学历（学位）继续教育，符合本办法规定扣除条件的，可以选择由其父母扣除，也可以选择由本人扣除。

第十条 纳税人接受技能人员职业资格继续教育、专业技术人员职业资格继续教育的，应当留存相关证书等资料备查。

第四章 大病医疗

第十一条 在一个纳税年度内，纳税人发生的与基本医保相关的医药费用支出，扣除医保报销后个人负担（指医保目录范围内的自付部分）累计超过15000元的部分，由纳税人在办理年度汇算清缴时，在80000元限额内据实扣除。

第十二条 纳税人发生的医药费用支出可以选择由本人或者其配偶扣除；未成年子女发生的医药费用支出可以选择由其父母一方扣除。

纳税人及其配偶、未成年子女发生的医药费用支出，按本办法第十一条规定分别计算扣除额。

第十三条 纳税人应当留存医药服务收费及医保报销相关票据原件（或者复印件）等资料备查。医疗保障部门应当向患者提供在医疗保障信息系统记录的本人年度医药费用信息查询服务。

第五章 住房贷款利息

第十四条 纳税人本人或者配偶单独或者共同使用商业银行或者住房公积金个人住房贷款为本人或者其配偶购买中国境内住房，发生的首套住房贷款利息支出，在实际发生贷款利息的年度，按照每月1000元的标准定额扣除，扣除期限最长不超过240个月。纳税人只能享受一次首套住房贷款的利息扣除。

本办法所称首套住房贷款是指购买住房享受首套住房贷款利率的住房贷款。

第十五条 经夫妻双方约定，可以选择由其中一方扣除，具体扣除方式在一个纳税年度内不能变更。

夫妻双方婚前分别购买住房发生的首套住房贷款，其贷款利息支出，婚后可以选择其中一套购买的住房，由购买方按扣除标准的100%扣除，也可以由夫妻双方对各自购买的住房分别按扣除标准的50%扣除，具体扣除方式在一个纳税年度内不能变更。

第十六条 纳税人应当留存住房贷款合同、贷款还款支出凭证备查。

第六章　住房租金

第十七条　纳税人在主要工作城市没有自有住房而发生的住房租金支出，可以按照以下标准定额扣除：

（一）直辖市、省会（首府）城市、计划单列市以及国务院确定的其他城市，扣除标准为每月 1500 元；

（二）除第一项所列城市以外，市辖区户籍人口超过 100 万的城市，扣除标准为每月 1100 元；市辖区户籍人口不超过 100 万的城市，扣除标准为每月 800 元。

纳税人的配偶在纳税人的主要工作城市有自有住房的，视同纳税人在主要工作城市有自有住房。

市辖区户籍人口，以国家统计局公布的数据为准。

第十八条　本办法所称主要工作城市是指纳税人任职受雇的直辖市、计划单列市、副省级城市、地级市（地区、州、盟）全部行政区域范围；纳税人无任职受雇单位的，为受理其综合所得汇算清缴的税务机关所在城市。

夫妻双方主要工作城市相同的，只能由一方扣除住房租金支出。

第十九条　住房租金支出由签订租赁住房合同的承租人扣除。

第二十条　纳税人及其配偶在一个纳税年度内不能同时分别享受住房贷款利息和住房租金专项附加扣除。

第二十一条　纳税人应当留存住房租赁合同、协议等有关资料备查。

第七章　赡养老人

第二十二条　纳税人赡养一位及以上被赡养人的赡养支出，统一按照以下标准定额扣除：

（一）纳税人为独生子女的，按照每月 2000 元的标准定额扣除；

（二）纳税人为非独生子女的，由其与兄弟姐妹分摊每月 2000 元的扣除额度，每人分摊的额度不能超过每月 1000 元。可以由赡养人均摊或者约定分摊，也可以由被赡养人指定分摊。约定或者指定分摊的须签订书面分摊协议，指定分摊优先于约定分摊。具体分摊方式和额度在一个纳税年度内不能变更。

第二十三条 本办法所称被赡养人是指年满60岁的父母，以及子女均已去世的年满60岁的祖父母、外祖父母。

第八章 保障措施

第二十四条 纳税人向收款单位索取发票、财政票据、支出凭证，收款单位不能拒绝提供。

第二十五条 纳税人首次享受专项附加扣除，应当将专项附加扣除相关信息提交扣缴义务人或者税务机关，扣缴义务人应当及时将相关信息报送税务机关，纳税人对所提交信息的真实性、准确性、完整性负责。专项附加扣除信息发生变化的，纳税人应当及时向扣缴义务人或者税务机关提供相关信息。

前款所称专项附加扣除相关信息，包括纳税人本人、配偶、子女、被赡养人等个人身份信息，以及国务院税务主管部门规定的其他与专项附加扣除相关的信息。

本办法规定纳税人需要留存备查的相关资料应当留存五年。

第二十六条 有关部门和单位有责任和义务向税务部门提供或者协助核实以下与专项附加扣除有关的信息：

（一）公安部门有关户籍人口基本信息、户成员关系信息、出入境证件信息、相关出国人员信息、户籍人口死亡标识等信息；

（二）卫生健康部门有关出生医学证明信息、独生子女信息；

（三）民政部门、外交部门、法院有关婚姻状况信息；

（四）教育部门有关学生学籍信息（包括学历继续教育学生学籍、考籍信息）、在相关部门备案的境外教育机构资质信息；

（五）人力资源社会保障等部门有关技工院校学生学籍信息、技能人员职业资格继续教育信息、专业技术人员职业资格继续教育信息；

（六）住房城乡建设部门有关房屋（含公租房）租赁信息、住房公积金管理机构有关住房公积金贷款还款支出信息；

（七）自然资源部门有关不动产登记信息；

（八）人民银行、金融监督管理部门有关住房商业贷款还款支出信息；

（九）医疗保障部门有关在医疗保障信息系统记录的个人负担的医药费用

信息；

（十）国务院税务主管部门确定需要提供的其他涉税信息。

上述数据信息的格式、标准、共享方式，由国务院税务主管部门及各省、自治区、直辖市和计划单列市税务局商有关部门确定。

有关部门和单位拥有专项附加扣除涉税信息，但未按规定要求向税务部门提供的，拥有涉税信息的部门或者单位的主要负责人及相关人员承担相应责任。

第二十七条 扣缴义务人发现纳税人提供的信息与实际情况不符的，可以要求纳税人修改。纳税人拒绝修改的，扣缴义务人应当报告税务机关，税务机关应当及时处理。

第二十八条 税务机关核查专项附加扣除情况时，纳税人任职受雇单位所在地、经常居住地、户籍所在地的公安派出所、居民委员会或者村民委员会等有关单位和个人应当协助核查。

第九章 附 则

第二十九条 本办法所称父母，是指生父母、继父母、养父母。本办法所称子女，是指婚生子女、非婚生子女、继子女、养子女。父母之外的其他人担任未成年人的监护人的，比照本办法规定执行。

第三十条 个人所得税专项附加扣除额一个纳税年度扣除不完的，不能结转以后年度扣除。

第三十一条 个人所得税专项附加扣除具体操作办法，由国务院税务主管部门另行制定。

第三十二条 本办法自2019年1月1日起施行。

46. 中华人民共和国个人所得税法

（1980年9月10日第五届全国人民代表大会第三次会议通过　根据1993年10月31日第八届全国人民代表大会常务委员会第四次会议《关于修改〈中华人民共和国个人所得税法〉的决定》第一次修正　根据1999年8月30日第九届全国人民代表大会常务委员会第十一次会议《关于修改〈中华人民共和国个人所得税法〉的决定》第二次修正　根据2005年10月27日第十届全国人民代表大会常务委员会第十八次会议《关于修改〈中华人民共和国个人所得税法〉的决定》第三次修正　根据2007年6月29日第十届全国人民代表大会常务委员会第二十八次会议《关于修改〈中华人民共和国个人所得税法〉的决定》第四次修正　根据2007年12月29日第十届全国人民代表大会常务委员会第三十一次会议《关于修改〈中华人民共和国个人所得税法〉的决定》第五次修正　根据2011年6月30日第十一届全国人民代表大会常务委员会第二十一次会议《关于修改〈中华人民共和国个人所得税法〉的决定》第六次修正　根据2018年8月31日第十三届全国人民代表大会常务委员会第五次会议《关于修改〈中华人民共和国个人所得税法〉的决定》第七次修正）

第一条　在中国境内有住所，或者无住所而一个纳税年度内在中国境内居住累计满一百八十三天的个人，为居民个人。居民个人从中国境内和境外取得的所得，依照本法规定缴纳个人所得税。

在中国境内无住所又不居住，或者无住所而一个纳税年度内在中国境内居住累计不满一百八十三天的个人，为非居民个人。非居民个人从中国境内取得的所得，依照本法规定缴纳个人所得税。

纳税年度，自公历一月一日起至十二月三十一日止。

第二条　下列各项个人所得，应当缴纳个人所得税：

（一）工资、薪金所得；

（二）劳务报酬所得；

（三）稿酬所得；

（四）特许权使用费所得；

（五）经营所得；

（六）利息、股息、红利所得；

（七）财产租赁所得；

（八）财产转让所得；

（九）偶然所得。

居民个人取得前款第一项至第四项所得（以下称综合所得），按纳税年度合并计算个人所得税；非居民个人取得前款第一项至第四项所得，按月或者按次分项计算个人所得税。纳税人取得前款第五项至第九项所得，依照本法规定分别计算个人所得税。

第三条 个人所得税的税率：

（一）综合所得，适用百分之三至百分之四十五的超额累进税率（税率表附后）；

（二）经营所得，适用百分之五至百分之三十五的超额累进税率（税率表附后）；

（三）利息、股息、红利所得，财产租赁所得，财产转让所得和偶然所得，适用比例税率，税率为百分之二十。

第四条 下列各项个人所得，免征个人所得税：

（一）省级人民政府、国务院部委和中国人民解放军军以上单位，以及外国组织、国际组织颁发的科学、教育、技术、文化、卫生、体育、环境保护等方面的奖金；

（二）国债和国家发行的金融债券利息；

（三）按照国家统一规定发给的补贴、津贴；

（四）福利费、抚恤金、救济金；

（五）保险赔款；

（六）军人的转业费、复员费、退役金；

（七）按照国家统一规定发给干部、职工的安家费、退职费、基本养老金或者退休费、离休费、离休生活补助费；

（八）依照有关法律规定应予免税的各国驻华使馆、领事馆的外交代表、领事官员和其他人员的所得；

（九）中国政府参加的国际公约、签订的协议中规定免税的所得；

（十）国务院规定的其他免税所得。

前款第十项免税规定，由国务院报全国人民代表大会常务委员会备案。

第五条　有下列情形之一的，可以减征个人所得税，具体幅度和期限，由省、自治区、直辖市人民政府规定，并报同级人民代表大会常务委员会备案：

（一）残疾、孤老人员和烈属的所得；

（二）因自然灾害遭受重大损失的。

国务院可以规定其他减税情形，报全国人民代表大会常务委员会备案。

第六条　应纳税所得额的计算：

（一）居民个人的综合所得，以每一纳税年度的收入额减除费用六万元以及专项扣除、专项附加扣除和依法确定的其他扣除后的余额，为应纳税所得额。

（二）非居民个人的工资、薪金所得，以每月收入额减除费用五千元后的余额为应纳税所得额；劳务报酬所得、稿酬所得、特许权使用费所得，以每次收入额为应纳税所得额。

（三）经营所得，以每一纳税年度的收入总额减除成本、费用以及损失后的余额，为应纳税所得额。

（四）财产租赁所得，每次收入不超过四千元的，减除费用八百元；四千元以上的，减除百分之二十的费用，其余额为应纳税所得额。

（五）财产转让所得，以转让财产的收入额减除财产原值和合理费用后的余额，为应纳税所得额。

（六）利息、股息、红利所得和偶然所得，以每次收入额为应纳税所得额。

劳务报酬所得、稿酬所得、特许权使用费所得以收入减除百分之二十的费用后的余额为收入额。稿酬所得的收入额减按百分之七十计算。

个人将其所得对教育、扶贫、济困等公益慈善事业进行捐赠，捐赠额未超过纳税人申报的应纳税所得额百分之三十的部分，可以从其应纳税所得额中扣除；国务院规定对公益慈善事业捐赠实行全额税前扣除的，从其规定。

本条第一款第一项规定的专项扣除，包括居民个人按照国家规定的范围和标准缴纳的基本养老保险、基本医疗保险、失业保险等社会保险费和住房公积金等；专项附加扣除，包括子女教育、继续教育、大病医疗、住房贷款利息或者住房租金、赡养老人等支出，具体范围、标准和实施步骤由国务院确定，并报全国人民代表大会常务委员会备案。

第七条 居民个人从中国境外取得的所得，可以从其应纳税额中抵免已在境外缴纳的个人所得税税额，但抵免额不得超过该纳税人境外所得依照本法规定计算的应纳税额。

第八条 有下列情形之一的，税务机关有权按照合理方法进行纳税调整：

（一）个人与其关联方之间的业务往来不符合独立交易原则而减少本人或者其关联方应纳税额，且无正当理由；

（二）居民个人控制的，或者居民个人和居民企业共同控制的设立在实际税负明显偏低的国家（地区）的企业，无合理经营需要，对应当归属于居民个人的利润不作分配或者减少分配；

（三）个人实施其他不具有合理商业目的的安排而获取不当税收利益。

税务机关依照前款规定作出纳税调整，需要补征税款的，应当补征税款，并依法加收利息。

第九条 个人所得税以所得人为纳税人，以支付所得的单位或者个人为扣缴义务人。

纳税人有中国公民身份号码的，以中国公民身份号码为纳税人识别号；纳税人没有中国公民身份号码的，由税务机关赋予其纳税人识别号。扣缴义务人扣缴税款时，纳税人应当向扣缴义务人提供纳税人识别号。

第十条 有下列情形之一的，纳税人应当依法办理纳税申报：

（一）取得综合所得需要办理汇算清缴；

（二）取得应税所得没有扣缴义务人；

（三）取得应税所得，扣缴义务人未扣缴税款；

（四）取得境外所得；

（五）因移居境外注销中国户籍；

（六）非居民个人在中国境内从两处以上取得工资、薪金所得；

（七）国务院规定的其他情形。

扣缴义务人应当按照国家规定办理全员全额扣缴申报，并向纳税人提供其个人所得和已扣缴税款等信息。

第十一条　居民个人取得综合所得，按年计算个人所得税；有扣缴义务人的，由扣缴义务人按月或者按次预扣预缴税款；需要办理汇算清缴的，应当在取得所得的次年三月一日至六月三十日内办理汇算清缴。预扣预缴办法由国务院税务主管部门制定。

居民个人向扣缴义务人提供专项附加扣除信息的，扣缴义务人按月预扣预缴税款时应当按照规定予以扣除，不得拒绝。

非居民个人取得工资、薪金所得，劳务报酬所得，稿酬所得和特许权使用费所得，有扣缴义务人的，由扣缴义务人按月或者按次代扣代缴税款，不办理汇算清缴。

第十二条　纳税人取得经营所得，按年计算个人所得税，由纳税人在月度或者季度终了后十五日内向税务机关报送纳税申报表，并预缴税款；在取得所得的次年三月三十一日前办理汇算清缴。

纳税人取得利息、股息、红利所得，财产租赁所得，财产转让所得和偶然所得，按月或者按次计算个人所得税，有扣缴义务人的，由扣缴义务人按月或者按次代扣代缴税款。

第十三条　纳税人取得应税所得没有扣缴义务人的，应当在取得所得的次月十五日内向税务机关报送纳税申报表，并缴纳税款。

纳税人取得应税所得，扣缴义务人未扣缴税款的，纳税人应当在取得所得的次年六月三十日前，缴纳税款；税务机关通知限期缴纳的，纳税人应当按照期限缴纳税款。

居民个人从中国境外取得所得的，应当在取得所得的次年三月一日至六月三十日内申报纳税。

非居民个人在中国境内从两处以上取得工资、薪金所得的，应当在取得所得的次月十五日内申报纳税。

纳税人因移居境外注销中国户籍的，应当在注销中国户籍前办理税款清算。

第十四条　扣缴义务人每月或者每次预扣、代扣的税款，应当在次月十五日内缴入国库，并向税务机关报送扣缴个人所得税申报表。

纳税人办理汇算清缴退税或者扣缴义务人为纳税人办理汇算清缴退税的，税务机关审核后，按照国库管理的有关规定办理退税。

第十五条 公安、人民银行、金融监督管理等相关部门应当协助税务机关确认纳税人的身份、金融账户信息。教育、卫生、医疗保障、民政、人力资源社会保障、住房城乡建设、公安、人民银行、金融监督管理等相关部门应当向税务机关提供纳税人子女教育、继续教育、大病医疗、住房贷款利息、住房租金、赡养老人等专项附加扣除信息。

个人转让不动产的，税务机关应当根据不动产登记等相关信息核验应缴的个人所得税，登记机构办理转移登记时，应当查验与该不动产转让相关的个人所得税的完税凭证。个人转让股权办理变更登记的，市场主体登记机关应当查验与该股权交易相关的个人所得税的完税凭证。

有关部门依法将纳税人、扣缴义务人遵守本法的情况纳入信用信息系统，并实施联合激励或者惩戒。

第十六条 各项所得的计算，以人民币为单位。所得为人民币以外的货币的，按照人民币汇率中间价折合成人民币缴纳税款。

第十七条 对扣缴义务人按照所扣缴的税款，付给百分之二的手续费。

第十八条 对储蓄存款利息所得开征、减征、停征个人所得税及其具体办法，由国务院规定，并报全国人民代表大会常务委员会备案。

第十九条 纳税人、扣缴义务人和税务机关及其工作人员违反本法规定的，依照《中华人民共和国税收征收管理法》和有关法律法规的规定追究法律责任。

第二十条 个人所得税的征收管理，依照本法和《中华人民共和国税收征收管理法》的规定执行。

第二十一条 国务院根据本法制定实施条例。

第二十二条 本法自公布之日起施行。

个人所得税税率表一

（综合所得适用）

级数	全年应纳税所得额	税率（%）
1	不超过 36000 元的	3
2	超过 36000 元至 144000 元的部分	10
3	超过 144000 元至 300000 元的部分	20
4	超过 300000 元至 420000 元的部分	25
5	超过 420000 元至 660000 元的部分	30
6	超过 660000 元至 960000 元的部分	35
7	超过 960000 元的部分	45

（注 1：本表所称全年应纳税所得额是指依照本法第六条的规定，居民个人取得综合所得以每一纳税年度收入额减除费用六万元以及专项扣除、专项附加扣除和依法确定的其他扣除后的余额。

注 2：非居民个人取得工资、薪金所得，劳务报酬所得，稿酬所得和特许权使用费所得，依照本表按月换算后计算应纳税额。）

个人所得税税率表二

（经营所得适用）

级数	全年应纳税所得额	税率（%）
1	不超过 30000 元的	5
2	超过 30000 元至 90000 元的部分	10
3	超过 90000 元至 300000 元的部分	20
4	超过 300000 元至 500000 元的部分	30
5	超过 500000 元的部分	35

（注：本表所称全年应纳税所得额是指依照本法第六条的规定，以每一纳税年度的收入总额减除成本、费用以及损失后的余额。）

47. 中华人民共和国个人所得税法实施条例

（1994 年 1 月 28 日中华人民共和国国务院令第 142 号发布　根据 2005 年 12 月 19 日《国务院关于修改〈中华人民共和国个人所得税法实施条例〉的决定》第一次修订　根据 2008 年 2 月 18 日《国务院关于修改〈中华人民共和国个人所得税法实施条例〉的决定》第二次修订　根据 2011 年 7 月 19 日《国务院关于修改〈中华人民共和国个人所得税法实施条例〉的决定》第三次修订　2018 年 12 月 18 日中华人民共和国国务院令第 707 号第四次修订　自 2019 年 1 月 1 日起施行）

第一条　根据《中华人民共和国个人所得税法》（以下简称个人所得税法），制定本条例。

第二条　个人所得税法所称在中国境内有住所，是指因户籍、家庭、经济利益关系而在中国境内习惯性居住；所称从中国境内和境外取得的所得，分别是指来源于中国境内的所得和来源于中国境外的所得。

第三条　除国务院财政、税务主管部门另有规定外，下列所得，不论支付地点是否在中国境内，均为来源于中国境内的所得：

（一）因任职、受雇、履约等在中国境内提供劳务取得的所得；

（二）将财产出租给承租人在中国境内使用而取得的所得；

（三）许可各种特许权在中国境内使用而取得的所得；

（四）转让中国境内的不动产等财产或者在中国境内转让其他财产取得的所得；

（五）从中国境内企业、事业单位、其他组织以及居民个人取得的利息、股息、红利所得。

第四条　在中国境内无住所的个人，在中国境内居住累计满 183 天的年度连续不满六年的，经向主管税务机关备案，其来源于中国境外且由境外单位或者个人支付的所得，免予缴纳个人所得税；在中国境内居住累计满 183 天的任一年度中有一次离境超过 30 天的，其在中国境内居住累计满 183 天的年度的连续年限重新起算。

第五条 在中国境内无住所的个人，在一个纳税年度内在中国境内居住累计不超过90天的，其来源于中国境内的所得，由境外雇主支付并且不由该雇主在中国境内的机构、场所负担的部分，免予缴纳个人所得税。

第六条 个人所得税法规定的各项个人所得的范围：

（一）工资、薪金所得，是指个人因任职或者受雇取得的工资、薪金、奖金、年终加薪、劳动分红、津贴、补贴以及与任职或者受雇有关的其他所得。

（二）劳务报酬所得，是指个人从事劳务取得的所得，包括从事设计、装潢、安装、制图、化验、测试、医疗、法律、会计、咨询、讲学、翻译、审稿、书画、雕刻、影视、录音、录像、演出、表演、广告、展览、技术服务、介绍服务、经纪服务、代办服务以及其他劳务取得的所得。

（三）稿酬所得，是指个人因其作品以图书、报刊等形式出版、发表而取得的所得。

（四）特许权使用费所得，是指个人提供专利权、商标权、著作权、非专利技术以及其他特许权的使用权取得的所得；提供著作权的使用权取得的所得，不包括稿酬所得。

（五）经营所得，是指：

1. 个体工商户从事生产、经营活动取得的所得，个人独资企业投资人、合伙企业的个人合伙人来源于境内注册的个人独资企业、合伙企业生产、经营的所得；

2. 个人依法从事办学、医疗、咨询以及其他有偿服务活动取得的所得；

3. 个人对企业、事业单位承包经营、承租经营以及转包、转租取得的所得；

4. 个人从事其他生产、经营活动取得的所得。

（六）利息、股息、红利所得，是指个人拥有债权、股权等而取得的利息、股息、红利所得。

（七）财产租赁所得，是指个人出租不动产、机器设备、车船以及其他财产取得的所得。

（八）财产转让所得，是指个人转让有价证券、股权、合伙企业中的财产份额、不动产、机器设备、车船以及其他财产取得的所得。

（九）偶然所得，是指个人得奖、中奖、中彩以及其他偶然性质的所得。

个人取得的所得，难以界定应纳税所得项目的，由国务院税务主管部门确定。

第七条 对股票转让所得征收个人所得税的办法，由国务院另行规定，并报全国人民代表大会常务委员会备案。

第八条 个人所得的形式，包括现金、实物、有价证券和其他形式的经济利益；所得为实物的，应当按照取得的凭证上所注明的价格计算应纳税所得额，无凭证的实物或者凭证上所注明的价格明显偏低的，参照市场价格核定应纳税所得额；所得为有价证券的，根据票面价格和市场价格核定应纳税所得额；所得为其他形式的经济利益的，参照市场价格核定应纳税所得额。

第九条 个人所得税法第四条第一款第二项所称国债利息，是指个人持有中华人民共和国财政部发行的债券而取得的利息；所称国家发行的金融债券利息，是指个人持有经国务院批准发行的金融债券而取得的利息。

第十条 个人所得税法第四条第一款第三项所称按照国家统一规定发给的补贴、津贴，是指按照国务院规定发给的政府特殊津贴、院士津贴，以及国务院规定免予缴纳个人所得税的其他补贴、津贴。

第十一条 个人所得税法第四条第一款第四项所称福利费，是指根据国家有关规定，从企业、事业单位、国家机关、社会组织提留的福利费或者工会经费中支付给个人的生活补助费；所称救济金，是指各级人民政府民政部门支付给个人的生活困难补助费。

第十二条 个人所得税法第四条第一款第八项所称依照有关法律规定应予免税的各国驻华使馆、领事馆的外交代表、领事官员和其他人员的所得，是指依照《中华人民共和国外交特权与豁免条例》和《中华人民共和国领事特权与豁免条例》规定免税的所得。

第十三条 个人所得税法第六条第一款第一项所称依法确定的其他扣除，包括个人缴付符合国家规定的企业年金、职业年金，个人购买符合国家规定的商业健康保险、税收递延型商业养老保险的支出，以及国务院规定可以扣除的其他项目。

专项扣除、专项附加扣除和依法确定的其他扣除，以居民个人一个纳税年度的应纳税所得额为限额；一个纳税年度扣除不完的，不结转以后年度扣除。

第十四条 个人所得税法第六条第一款第二项、第四项、第六项所称每次，分别按照下列方法确定：

（一）劳务报酬所得、稿酬所得、特许权使用费所得，属于一次性收入的，以取得该项收入为一次；属于同一项目连续性收入的，以一个月内取得的收入为一次。

（二）财产租赁所得，以一个月内取得的收入为一次。

（三）利息、股息、红利所得，以支付利息、股息、红利时取得的收入为一次。

（四）偶然所得，以每次取得该项收入为一次。

第十五条　个人所得税法第六条第一款第三项所称成本、费用，是指生产、经营活动中发生的各项直接支出和分配计入成本的间接费用以及销售费用、管理费用、财务费用；所称损失，是指生产、经营活动中发生的固定资产和存货的盘亏、毁损、报废损失，转让财产损失，坏账损失，自然灾害等不可抗力因素造成的损失以及其他损失。

取得经营所得的个人，没有综合所得的，计算其每一纳税年度的应纳税所得额时，应当减除费用6万元、专项扣除、专项附加扣除以及依法确定的其他扣除。专项附加扣除在办理汇算清缴时减除。

从事生产、经营活动，未提供完整、准确的纳税资料，不能正确计算应纳税所得额的，由主管税务机关核定应纳税所得额或者应纳税额。

第十六条　个人所得税法第六条第一款第五项规定的财产原值，按照下列方法确定：

（一）有价证券，为买入价以及买入时按照规定交纳的有关费用；

（二）建筑物，为建造费或者购进价格以及其他有关费用；

（三）土地使用权，为取得土地使用权所支付的金额、开发土地的费用以及其他有关费用；

（四）机器设备、车船，为购进价格、运输费、安装费以及其他有关费用。

其他财产，参照前款规定的方法确定财产原值。

纳税人未提供完整、准确的财产原值凭证，不能按照本条第一款规定的方法确定财产原值的，由主管税务机关核定财产原值。

个人所得税法第六条第一款第五项所称合理费用，是指卖出财产时按照规定支付的有关税费。

第十七条 财产转让所得，按照一次转让财产的收入额减除财产原值和合理费用后的余额计算纳税。

第十八条 两个以上的个人共同取得同一项目收入的，应当对每个人取得的收入分别按照个人所得税法的规定计算纳税。

第十九条 个人所得税法第六条第三款所称个人将其所得对教育、扶贫、济困等公益慈善事业进行捐赠，是指个人将其所得通过中国境内的公益性社会组织、国家机关向教育、扶贫、济困等公益慈善事业的捐赠；所称应纳税所得额，是指计算扣除捐赠额之前的应纳税所得额。

第二十条 居民个人从中国境内和境外取得的综合所得、经营所得，应当分别合并计算应纳税额；从中国境内和境外取得的其他所得，应当分别单独计算应纳税额。

第二十一条 个人所得税法第七条所称已在境外缴纳的个人所得税税额，是指居民个人来源于中国境外的所得，依照该所得来源国家（地区）的法律应当缴纳并且实际已经缴纳的所得税税额。

个人所得税法第七条所称纳税人境外所得依照本法规定计算的应纳税额，是居民个人抵免已在境外缴纳的综合所得、经营所得以及其他所得的所得税税额的限额（以下简称抵免限额）。除国务院财政、税务主管部门另有规定外，来源于中国境外一个国家（地区）的综合所得抵免限额、经营所得抵免限额以及其他所得抵免限额之和，为来源于该国家（地区）所得的抵免限额。

居民个人在中国境外一个国家（地区）实际已经缴纳的个人所得税税额，低于依照前款规定计算出的来源于该国家（地区）所得的抵免限额的，应当在中国缴纳差额部分的税款；超过来源于该国家（地区）所得的抵免限额的，其超过部分不得在本纳税年度的应纳税额中抵免，但是可以在以后纳税年度来源于该国家（地区）所得的抵免限额的余额中补扣。补扣期限最长不得超过五年。

第二十二条 居民个人申请抵免已在境外缴纳的个人所得税税额，应当提供境外税务机关出具的税款所属年度的有关纳税凭证。

第二十三条 个人所得税法第八条第二款规定的利息，应当按照税款所属纳税申报期最后一日中国人民银行公布的与补税期间同期的人民币贷款基准利率计算，自税款纳税申报期满次日起至补缴税款期限届满之日止按日加收。纳税人在补缴税款期限届满前补缴税款的，利息加收至补缴税款之日。

第二十四条　扣缴义务人向个人支付应税款项时，应当依照个人所得税法规定预扣或者代扣税款，按时缴库，并专项记载备查。

前款所称支付，包括现金支付、汇拨支付、转账支付和以有价证券、实物以及其他形式的支付。

第二十五条　取得综合所得需要办理汇算清缴的情形包括：

（一）从两处以上取得综合所得，且综合所得年收入额减除专项扣除的余额超过6万元；

（二）取得劳务报酬所得、稿酬所得、特许权使用费所得中一项或者多项所得，且综合所得年收入额减除专项扣除的余额超过6万元；

（三）纳税年度内预缴税额低于应纳税额；

（四）纳税人申请退税。

纳税人申请退税，应当提供其在中国境内开设的银行账户，并在汇算清缴地就地办理税款退库。

汇算清缴的具体办法由国务院税务主管部门制定。

第二十六条　个人所得税法第十条第二款所称全员全额扣缴申报，是指扣缴义务人在代扣税款的次月十五日内，向主管税务机关报送其支付所得的所有个人的有关信息、支付所得数额、扣除事项和数额、扣缴税款的具体数额和总额以及其他相关涉税信息资料。

第二十七条　纳税人办理纳税申报的地点以及其他有关事项的具体办法，由国务院税务主管部门制定。

第二十八条　居民个人取得工资、薪金所得时，可以向扣缴义务人提供专项附加扣除有关信息，由扣缴义务人扣缴税款时减除专项附加扣除。纳税人同时从两处以上取得工资、薪金所得，并由扣缴义务人减除专项附加扣除的，对同一专项附加扣除项目，在一个纳税年度内只能选择从一处取得的所得中减除。

居民个人取得劳务报酬所得、稿酬所得、特许权使用费所得，应当在汇算清缴时向税务机关提供有关信息，减除专项附加扣除。

第二十九条　纳税人可以委托扣缴义务人或者其他单位和个人办理汇算清缴。

第三十条 扣缴义务人应当按照纳税人提供的信息计算办理扣缴申报，不得擅自更改纳税人提供的信息。

纳税人发现扣缴义务人提供或者扣缴申报的个人信息、所得、扣缴税款等与实际情况不符的，有权要求扣缴义务人修改。扣缴义务人拒绝修改的，纳税人应当报告税务机关，税务机关应当及时处理。

纳税人、扣缴义务人应当按照规定保存与专项附加扣除相关的资料。税务机关可以对纳税人提供的专项附加扣除信息进行抽查，具体办法由国务院税务主管部门另行规定。税务机关发现纳税人提供虚假信息的，应当责令改正并通知扣缴义务人；情节严重的，有关部门应当依法予以处理，纳入信用信息系统并实施联合惩戒。

第三十一条 纳税人申请退税时提供的汇算清缴信息有错误的，税务机关应当告知其更正；纳税人更正的，税务机关应当及时办理退税。

扣缴义务人未将扣缴的税款解缴入库的，不影响纳税人按照规定申请退税，税务机关应当凭纳税人提供的有关资料办理退税。

第三十二条 所得为人民币以外货币的，按照办理纳税申报或者扣缴申报的上一月最后一日人民币汇率中间价，折合成人民币计算应纳税所得额。年度终了后办理汇算清缴的，对已经按月、按季或者按次预缴税款的人民币以外货币所得，不再重新折算；对应当补缴税款的所得部分，按照上一纳税年度最后一日人民币汇率中间价，折合成人民币计算应纳税所得额。

第三十三条 税务机关按照个人所得税法第十七条的规定付给扣缴义务人手续费，应当填开退还书；扣缴义务人凭退还书，按照国库管理有关规定办理退库手续。

第三十四条 个人所得税纳税申报表、扣缴个人所得税报告表和个人所得税完税凭证式样，由国务院税务主管部门统一制定。

第三十五条 军队人员个人所得税征收事宜，按照有关规定执行。

第三十六条 本条例自 2019 年 1 月 1 日起施行。

48. 财政部、税务总局、证监会关于个人转让全国中小企业股份转让系统挂牌公司股票有关个人所得税政策的通知

（2018 年 11 月 30 日　财税〔2018〕137 号）

各省、自治区、直辖市、计划单列市财政厅（局），国家税务总局各省、自治区、直辖市、计划单列市税务局，新疆生产建设兵团财政局，全国中小企业股份转让系统有限责任公司，中国证券登记结算有限责任公司：

为促进全国中小企业股份转让系统（以下简称新三板）长期稳定发展，现就个人转让新三板挂牌公司股票有关个人所得税政策通知如下：

一、自 2018 年 11 月 1 日（含）起，对个人转让新三板挂牌公司非原始股取得的所得，暂免征收个人所得税。

本通知所称非原始股是指个人在新三板挂牌公司挂牌后取得的股票，以及由上述股票孳生的送、转股。

二、对个人转让新三板挂牌公司原始股取得的所得，按照“财产转让所得”，适用 20% 的比例税率征收个人所得税。

本通知所称原始股是指个人在新三板挂牌公司挂牌前取得的股票，以及在该公司挂牌前和挂牌后由上述股票孳生的送、转股。

三、2019 年 9 月 1 日之前，个人转让新三板挂牌公司原始股的个人所得税，征收管理办法按照现行股权转让所得有关规定执行，以股票受让方为扣缴义务人，由被投资企业所在地税务机关负责征收管理。

自 2019 年 9 月 1 日（含）起，个人转让新三板挂牌公司原始股的个人所得税，以股票托管的证券机构为扣缴义务人，由股票托管的证券机构所在地主管税务机关负责征收管理。具体征收管理办法参照《财政部、国家税务总局、证监会关于个人转让上市公司限售股所得征收个人所得税有关问题的通知》（财税〔2009〕167 号）和《财政部、国家税务总局、证监会关于个人转让上市公司限售

股所得征收个人所得税有关问题的补充通知》（财税〔2010〕70 号）有关规定执行。

四、2018 年 11 月 1 日之前，个人转让新三板挂牌公司非原始股，尚未进行税收处理的，可比照本通知第一条规定执行，已经进行相关税收处理的，不再进行税收调整。

五、中国证券登记结算公司应当在登记结算系统内明确区分新三板原始股和非原始股。中国证券登记结算公司、证券公司及其分支机构应当积极配合财政、税务部门做好相关工作。

第四章　其他税种

49. 财政部、国家税务总局关于易地扶贫搬迁税收优惠政策的通知

（2018年11月29日　财税〔2018〕135号）

各省、自治区、直辖市、计划单列市财政厅（局），国家税务总局各省、自治区、直辖市、计划单列市税务局，新疆生产建设兵团财政局：

为贯彻落实《中共中央、国务院关于打赢脱贫攻坚战三年行动的指导意见》，助推易地扶贫搬迁工作，现将易地扶贫搬迁有关税收优惠政策通知如下：

一、关于易地扶贫搬迁贫困人口税收政策

（一）对易地扶贫搬迁贫困人口按规定取得的住房建设补助资金、拆旧复垦奖励资金等与易地扶贫搬迁相关的货币化补偿和易地扶贫搬迁安置住房（以下简称安置住房），免征个人所得税。

（二）对易地扶贫搬迁贫困人口按规定取得的安置住房，免征契税。

二、关于易地扶贫搬迁安置住房税收政策

（一）对易地扶贫搬迁项目实施主体（以下简称项目实施主体）取得用于建设安置住房的土地，免征契税、印花税。

（二）对安置住房建设和分配过程中应由项目实施主体、项目单位缴纳的印花税，予以免征。

（三）对安置住房用地，免征城镇土地使用税。

（四）在商品住房等开发项目中配套建设安置住房的，按安置住房建筑面积

占总建筑面积的比例，计算应予免征的安置住房用地相关的契税、城镇土地使用税，以及项目实施主体、项目单位相关的印花税。

（五）对项目实施主体购买商品住房或者回购保障性住房作为安置住房房源的，免征契税、印花税。

三、其他相关事项

（一）易地扶贫搬迁项目、项目实施主体、易地扶贫搬迁贫困人口、相关安置住房等信息由易地扶贫搬迁工作主管部门确定。县级易地扶贫搬迁工作主管部门应当将上述信息及时提供给同级税务部门。

（二）本通知执行期限为2018年1月1日至2020年12月31日。自执行之日起的已征税款，除以贴花方式缴纳的印花税外，依申请予以退税。

50. 财政部、税务总局关于继续实施企业改制重组有关土地增值税政策的通知

（2018年5月16日　财税〔2018〕57号）

各省、自治区、直辖市、计划单列市财政厅（局）、地方税务局，西藏、宁夏自治区国家税务局，新疆生产建设兵团财政局：

为支持企业改制重组，优化市场环境，现将继续执行企业在改制重组过程中涉及的土地增值税政策通知如下：

一、按照《中华人民共和国公司法》的规定，非公司制企业整体改制为有限责任公司或者股份有限公司，有限责任公司（股份有限公司）整体改制为股份有限公司（有限责任公司），对改制前的企业将国有土地使用权、地上的建筑物及其附着物（以下称房地产）转移、变更到改制后的企业，暂不征土地增值税。

本通知所称整体改制是指不改变原企业的投资主体，并承继原企业权利、义务的行为。

二、按照法律规定或者合同约定，两个或两个以上企业合并为一个企业，且原企业投资主体存续的，对原企业将房地产转移、变更到合并后的企业，暂不征

土地增值税。

三、按照法律规定或者合同约定，企业分设为两个或两个以上与原企业投资主体相同的企业，对原企业将房地产转移、变更到分立后的企业，暂不征土地增值税。

四、单位、个人在改制重组时以房地产作价入股进行投资，对其将房地产转移、变更到被投资的企业，暂不征土地增值税。

五、上述改制重组有关土地增值税政策不适用于房地产转移任意一方为房地产开发企业的情形。

六、企业改制重组后再转让国有土地使用权并申报缴纳土地增值税时，应以改制前取得该宗国有土地使用权所支付的地价款和按国家统一规定缴纳的有关费用，作为该企业"取得土地使用权所支付的金额"扣除。企业在改制重组过程中经省级以上（含省级）国土管理部门批准，国家以国有土地使用权作价出资入股的，再转让该宗国有土地使用权并申报缴纳土地增值税时，应以该宗土地作价入股时省级以上（含省级）国土管理部门批准的评估价格，作为该企业"取得土地使用权所支付的金额"扣除。办理纳税申报时，企业应提供该宗土地作价入股时省级以上（含省级）国土管理部门的批准文件和批准的评估价格，不能提供批准文件和批准的评估价格的，不得扣除。

七、企业在申请享受上述土地增值税优惠政策时，应向主管税务机关提交房地产转移双方营业执照、改制重组协议或等效文件，相关房地产权属和价值证明、转让方改制重组前取得土地使用权所支付地价款的凭据（复印件）等书面材料。

八、本通知所称不改变原企业投资主体、投资主体相同，是指企业改制重组前后出资人不发生变动，出资人的出资比例可以发生变动；投资主体存续，是指原企业出资人必须存在于改制重组后的企业，出资人的出资比例可以发生变动。

九、本通知执行期限为2018年1月1日至2020年12月31日。

51. 财政部、税务总局关于去产能和调结构房产税、城镇土地使用税政策的通知

（2018 年 9 月 30 日　财税〔2018〕107 号）

各省、自治区、直辖市、计划单列市财政厅（局），国家税务总局各省、自治区、直辖市、计划单列市税务局，新疆生产建设兵团财政局：

为推进去产能、调结构，促进产业转型升级，现将有关房产税、城镇土地使用税政策明确如下：

一、对按照去产能和调结构政策要求停产停业、关闭的企业，自停产停业次月起，免征房产税、城镇土地使用税。企业享受免税政策的期限累计不得超过两年。

二、按照去产能和调结构政策要求停产停业、关闭的中央企业名单由国务院国有资产监督管理部门认定发布，其他企业名单由省、自治区、直辖市人民政府确定的去产能、调结构主管部门认定发布。认定部门应当及时将认定发布的企业名单（含停产停业、关闭时间）抄送同级财政和税务部门。

各级认定部门应当每年核查名单内企业情况，将恢复生产经营、终止关闭注销程序的企业名单及时通知财政和税务部门。

三、企业享受本通知规定的免税政策，应按规定进行减免税申报，并将房产土地权属资料、房产原值资料等留存备查。

四、本通知自 2018 年 10 月 1 日至 2020 年 12 月 31 日执行。本通知发布前，企业按照去产能和调结构政策要求停产停业、关闭但涉及的房产税、城镇土地使用税尚未处理的，可按本通知执行。

52. 资源税征收管理规程

（2018 年 3 月 30 日　国家税务总局公告 2018 年第 13 号）

第一章　总　　则

第一条　为规范资源税征收管理，根据《中华人民共和国税收征收管理法》及其实施细则、《中华人民共和国资源税暂行条例》及其实施细则和《财政部、国家税务总局关于全面推进资源税改革的通知》（财税〔2016〕53 号）规定，制定本规程。

第二条　纳税人开采或者生产资源税应税产品，应当依法向开采地或者生产地主管税务机关申报缴纳资源税。

第三条　资源税应纳税额按照应税产品的计税销售额或者销售数量乘以适用税率计算。

计税销售额是指纳税人销售应税产品向购买方收取的全部价款和价外费用，不包括增值税销项税额。

计税销售数量是指从量计征的应税产品销售数量。

原矿和精矿的销售额或者销售量应当分别核算，未分别核算的，从高确定计税销售额或者销售数量。

纳税人开采或者生产不同税目应税产品的，应当分别核算不同税目应税产品的销售额或者销售数量；未分别核算或者不能准确提供不同税目应税产品的销售额或者销售数量的，从高适用税率。

第二章　税源管理

第四条　计税销售额或者销售数量，包括应税产品实际销售和视同销售两部分。视同销售包括以下情形：

（一）纳税人以自采原矿直接加工为非应税产品的，视同原矿销售；

（二）纳税人以自采原矿洗选（加工）后的精矿连续生产非应税产品的，视同精矿销售；

（三）以应税产品投资、分配、抵债、赠与、以物易物等，视同应税产品销售。

第五条 纳税人有视同销售应税产品行为而无销售价格的，或者申报的应税产品销售价格明显偏低且无正当理由的，税务机关应按下列顺序确定其应税产品计税价格：

（一）按纳税人最近时期同类产品的平均销售价格确定。

（二）按其他纳税人最近时期同类产品的平均销售价格确定。

（三）按应税产品组成计税价格确定。

组成计税价格 = 成本 ×（1 + 成本利润率）÷（1 − 资源税税率）

（四）按后续加工非应税产品销售价格，减去后续加工环节的成本利润后确定。

（五）按其他合理方法确定。

第六条 纳税人与其关联企业之间的业务往来，应当按照独立企业之间的业务往来收取或者支付价款、费用。不按照独立企业之间的业务往来收取或者支付价款、费用，而减少其计税销售额的，税务机关可以按照《中华人民共和国税收征收管理法》及其实施细则的有关规定进行合理调整。

第七条 对同时符合以下条件的运杂费用，纳税人在计算应税产品计税销售额时，可予以扣减：

（一）包含在应税产品销售收入中；

（二）属于纳税人销售应税产品环节发生的运杂费用，具体是指运送应税产品从坑口或者洗选（加工）地到车站、码头或者购买方指定地点的运杂费用；

（三）取得相关运杂费用发票或者其他合法有效凭据；

（四）将运杂费用与计税销售额分别进行核算。

纳税人扣减的运杂费用明显偏高导致应税产品价格偏低且无正当理由的，主管税务机关可以合理调整计税价格。

第八条 为公平原矿与精矿之间的税负，对同一种应税产品，征税对象为精矿的，纳税人销售原矿时，应将原矿销售额换算为精矿销售额缴纳资源税；征税对象为原矿的，纳税人销售自采原矿加工的精矿，应将精矿销售额折算为原矿销售额缴纳资源税。

第九条　纳税人以自采未税产品和外购已税产品混合销售或者混合加工为应税产品销售的，在计算应税产品计税销售额时，准予扣减已单独核算的已税产品购进金额；未单独核算的，一并计算缴纳资源税。已税产品购进金额当期不足扣减的可结转下期扣减。

外购原矿或者精矿形态的已税产品与本产品征税对象不同的，在计算应税产品计税销售额时，应对混合销售额或者外购已税产品的购进金额进行换算或者折算。

第十条　纳税人核算并扣减当期外购已税产品购进金额，应依据外购已税产品的增值税发票、海关进口增值税专用缴款书或者其他合法有效凭据。

第十一条　纳税人用于扣减运杂费用及外购已税产品购进金额的凭据，应按照《中华人民共和国税收征收管理法实施细则》第二十九条规定妥善保存。

第十二条　资源税在应税产品销售或者自用环节计算缴纳。纳税人以自采原矿加工精矿产品的，在原矿移送使用时不缴纳资源税，在精矿销售或者自用时缴纳资源税。

纳税人以自采原矿直接加工为非应税产品或者以自采原矿加工的精矿连续生产非应税产品的，在原矿或者精矿移送环节计算缴纳资源税。

以应税产品投资、分配、抵债、赠与、以物易物等，在应税产品所有权转移时计算缴纳资源税。

第三章　纳税申报及减免税管理

第十三条　各地税务机关要认真做好纳税辅导工作，指导纳税人规范填报《资源税纳税申报表》，优化纳税服务。

第十四条　各地税务机关要严格落实《资源税纳税申报表》（不含水资源税）的申报要求，不得要求纳税人额外增加报送资料。改进资源税优惠备案方式，2018 年 10 月底前将资源税优惠资料由报送税务机关改为纳税人自行判别填报《资源税纳税申报表》附表（三），并将相关资料留存备查。

第十五条　各地税务机关应按照国务院深化“放管服”改革的总体要求和《中华人民共和国资源税暂行条例》规定，明确纳税人按月、按季、按日或者按次申报缴纳资源税，进一步优化纳税服务。

第十六条 各地税务机关要指导纳税人做好资源税减免税申报工作，落实减免税政策。

第十七条 资源税减免实行分类管理。

（一）符合《中华人民共和国资源税暂行条例》第七条第二项规定的减征或免征资源税情形的企业，可向主管税务机关提出，由省、自治区、直辖市人民政府决定，税务机关根据省、自治区、直辖市人民政府的决定，减征或免征资源税。

（二）油气田企业按规定的减征比例填报，以纳税申报表及附表作为资源税减免备案资料。

（三）其他应税产品开采或者生产企业，均通过备案形式向主管税务机关申报资源税减免。主管税务机关应建立完善后续管理制度，加强对资源税减免企业的跟踪管理。

第十八条 购买未税矿产品的单位，应当主动向主管税务机关办理扣缴税款登记，依法代扣代缴资源税。

资源税代扣代缴的适用范围应限定在除原油、天然气、煤炭以外的，税源小、零散、不定期开采等难以在采矿地申报缴纳资源税的矿产品。对已纳入开采地正常税务管理或者在销售矿产品时开具增值税发票的纳税人，不采用代扣代缴的征管方式。

第四章 部门协作与风险管理

第十九条 主管税务机关要加强资源税申报数据质量管理，定期评估纳税人申报数据质量，重点审核从量计征税目计税单位是否正确，从价计征税目申报单价是否合理，数据有无缺项等。

第二十条 主管税务机关可以通过矿产品增值税发票比对、外部信息采集和部门协作等方式，探索创新以票控税、信息管税、综合治税的新内容、新途径，强化资源税源泉控管。

第二十一条 主管税务机关可通过查询纳税人增值税发票存根联、记账联和发票领购簿等记载的信息与纳税人资源税申报信息进行关联比对，以识别纳税人在申报增值税的同时是否相应申报了资源税，或者其申报的计征资源税销售量、销售价格是否存在少报等风险问题，辅导纳税人不断提高纳税申报质量，防范或化解涉税风险。

第二十二条　各级税务机关要主动与矿业管理部门、行业协会等有关部门沟通协作，实现信息共享，加强资源税事前事中事后管理。

第二十三条　各省、自治区、直辖市税务机关应当依托信息化管理技术，参照全国性或主要矿产品价格指数即时信息，以及当地相关主管部门矿产品即时价格信息，建立本地矿产资源价格监控体系。

第五章　附　　则

第二十四条　各省、自治区、直辖市和计划单列市税务局可以结合本地实际，根据本规程制定具体办法。

第二十五条　水资源税按照试点省份制定的办法征收管理。

第二十六条　本规程自 2018 年 7 月 1 日起施行。《国家税务总局关于发布〈煤炭资源税征收管理办法（试行）〉的公告》（国家税务总局公告 2015 年第 51 号）、《国家税务总局关于认定收购未税矿产品的个体户为资源税扣缴义务人的批复》（国税函〔2000〕733 号）同时废止。

● **链接：相关政策解读**

关于《国家税务总局关于发布〈资源税征收管理规程〉的公告》的解读[①]

一、起草背景和目的

资源税从价计征改革实施以来，税务总局先后下发了煤炭资源税管理办法、落实资源税优惠政策公告等若干征管文件。从各地改革实施情况看，税收征管运行平稳，征纳秩序良好，较好地实现了改革的预期目标。但也有部分税务机关和纳税人反映实际工作中存在一些亟待规范和明确的征管问题。为进一步规范资源税征收管理，优化纳税服务，防范涉税风险，国家税务总局研究制定了《资源税

① 参见国家税务总局：http://hd.chinatax.gov.cn/gdnps/content.jsp?id=3377901，访问时间 2019 年 4 月 26 日。

征收管理规程》(以下简称《规程》)。

《规程》主要遵循了以下原则:

一是巩固资源税从价计征改革的成果。通过梳理资源税从价计征改革以来的相关征管文件,归纳各地好的征管经验,将其中较为成熟、在实践中已证明行之有效的做法提炼进入《规程》,以进一步巩固改革成果,放大改革实施的效应。

二是深入落实国务院深化“放管服”改革要求,优化纳税服务。将规范资源税税源管理、改进资源税优惠备案方式、适当简并资源税征期、加强资源税源泉控管等明确写入《规程》,以进一步优化纳税服务,减轻纳税人的办税负担。

三是增强底线意识,防范资源税纳税和征税风险。资源税从价计征改革全面推开后,对资源税风险管理提出了新要求。为此,《规程》在总结各地经验的基础上,明确提出了通过申报审核、部门协作等途径防范和化解资源税风险的要求,共同防范涉税风险。

二、《规程》的主要内容

《规程》分为26条,明确了视同销售的范围、运费扣减的条件、代扣代缴的原则、应税产品计税价格确定方法以及规范申报、部门协作、信息共享、风险管理等事项,主要内容如下:

(一)明确了自采自用原矿或精矿计税价格的确定方法

在实际征管工作中,对纳税人开采原矿并自用于加工(或冶炼)非应税产品的,其自用原矿或精矿的计税价格难以确认。为解决上述问题,除可依据《中华人民共和国资源税暂行条例实施细则》第七条规定外,《规程》新增了按价值构成进行价格确认的方法,即按后续加工非应税产品销售价格,减去后续加工环节成本利润后确定。这种方法在一些地区已被实践证明行之有效,各地认为有必要纳入《规程》中。同时《规程》新增了“按其他合理方法确定”的兜底条款。

(二)明确了运杂费和外购矿的扣减范围及凭据

资源税实行从价计征改革后,资源税的征税对象为原矿和精矿,计税依据调整为精矿或原矿等产品的销售收入。在通常情况下,销售收入与运杂费、自采矿与外购矿是分别核算的,但实际情况比较复杂,结算方式多种多样,有的纳税人销售收入包含运杂费,有的纳税人将外购矿与自采矿进行混合后销售。为公平税负,避免重复征税,使资源税计税依据回归到资源本身的价值上来,《规程》规定对包含在销售收入中的运杂费用或外购矿购进金额进行扣减。

《规程》第七条明确计征资源税时扣减运杂费用的条件。同时强调，如扣减的运杂费用明显偏高且无正当理由，主管税务机关可以合理调整计税价格。

《规程》第九条明确了对自采矿与外购矿进行混售、混洗（加工）的计税方法。《规程》第十条列明扣减的凭据包括外购已税产品的增值税发票、海关进口增值税专用缴款书或者其他合法有效凭据。

（三）规范了资源税减免政策落实方式

从2010年6月到2016年7月，原油、煤炭、稀土、铁矿等应税产品先后实行资源税从价计征改革。由于每次改革针对的矿产资源品目情况不同，设计的减免政策及落实方式也不尽相同，为方便纳税人查阅和基层执行，《规程》明确规定油气田企业直接以其填报的纳税申报表及附表作为资源税减免备案资料即可；其他纳税人按照规定进行资源税减免资料的备案。

为落实国务院深化“放管服”改革精神要求，《规程》明确规定，在2018年10月底前将资源税优惠资料由报送税务机关改为纳税人留存备查，以进一步减轻纳税人报送资料的负担。

（四）规范了资源税代扣代缴

全面推开营改增后，增值税发票链条已在矿业采选和流通环节全面建立，为利用增值税发票控管资源税零散税源创造了有利条件。通过山西、重庆、山东一些市县利用增值税发票控管资源税零散税源的试点经验看，资源税可以做到在开采地源泉控管，纳税人自行申报缴纳资源税比例不断提高。为此，《规程》明确规定，“对已纳入开采地正常税务管理或者在销售矿产品时开具增值税发票的纳税人，不再采用代扣代缴的征管方式。”同时，为了规范代扣代缴，《规程》还明确规定“资源税代扣代缴的适用范围应限定在除原油、天然气、煤炭以外的，税源小、零散、不定期开采等难以在采矿地申报缴纳资源税的矿产品”。

（五）完善了部门协作和风险防控措施

矿业管理部门、行业协会拥有大量的涉税信息，例如采矿权出让转让信息、矿产品产销量和矿价信息等，这些第三方信息有利于资源税源头控管和风险防控，因此《规程》强调税务机关要主动与矿业管理部门、行业协会等有关部门沟通协作，实现信息共享，加强资源税事前事中事后管理。

53. 财政部、税务总局关于非营利组织免税资格认定管理有关问题的通知

（2018 年 2 月 7 日　财税〔2018〕13 号）

各省、自治区、直辖市、计划单列市财政厅（局）、国家税务局、地方税务局，新疆生产建设兵团财政局：

根据《中华人民共和国企业所得税法》第二十六条及《中华人民共和国企业所得税法实施条例》第八十四条的规定，现对非营利组织免税资格认定管理有关问题明确如下：

一、依据本通知认定的符合条件的非营利组织，必须同时满足以下条件：

（一）依照国家有关法律法规设立或登记的事业单位、社会团体、基金会、社会服务机构、宗教活动场所、宗教院校以及财政部、税务总局认定的其他非营利组织；

（二）从事公益性或者非营利性活动；

（三）取得的收入除用于与该组织有关的、合理的支出外，全部用于登记核定或者章程规定的公益性或者非营利性事业；

（四）财产及其孳息不用于分配，但不包括合理的工资薪金支出；

（五）按照登记核定或者章程规定，该组织注销后的剩余财产用于公益性或者非营利性目的，或者由登记管理机关采取转赠给与该组织性质、宗旨相同的组织等处置方式，并向社会公告；

（六）投入人对投入该组织的财产不保留或者享有任何财产权利，本款所称投入人是指除各级人民政府及其部门外的法人、自然人和其他组织；

（七）工作人员工资福利开支控制在规定的比例内，不变相分配该组织的财产，其中：工作人员平均工资薪金水平不得超过税务登记所在地的地市级（含地市级）以上地区的同行业同类组织平均工资水平的两倍，工作人员福利按照国家有关规定执行；

（八）对取得的应纳税收入及其有关的成本、费用、损失应与免税收入及其有关的成本、费用、损失分别核算。

二、经省级（含省级）以上登记管理机关批准设立或登记的非营利组织，凡符合规定条件的，应向其所在地省级税务主管机关提出免税资格申请，并提供本通知规定的相关材料；经地市级或县级登记管理机关批准设立或登记的非营利组织，凡符合规定条件的，分别向其所在地的地市级或县级税务主管机关提出免税资格申请，并提供本通知规定的相关材料。

财政、税务部门按照上述管理权限，对非营利组织享受免税的资格联合进行审核确认，并定期予以公布。

三、申请享受免税资格的非营利组织，需报送以下材料：

（一）申请报告；

（二）事业单位、社会团体、基金会、社会服务机构的组织章程或宗教活动场所、宗教院校的管理制度；

（三）非营利组织注册登记证件的复印件；

（四）上一年度的资金来源及使用情况、公益活动和非营利活动的明细情况；

（五）上一年度的工资薪金情况专项报告，包括薪酬制度、工作人员整体平均工资薪金水平、工资福利占总支出比例、重要人员工资薪金信息（至少包括工资薪金水平排名前10的人员）；

（六）具有资质的中介机构鉴证的上一年度财务报表和审计报告；

（七）登记管理机关出具的事业单位、社会团体、基金会、社会服务机构、宗教活动场所、宗教院校上 年度符合相关法律法规和国家政策的事业发展情况或非营利活动的材料；

（八）财政、税务部门要求提供的其他材料。

当年新设立或登记的非营利组织需提供本条第（一）项至第（三）项规定的材料及本条第（四）项、第（五）项规定的申请当年的材料，不需提供本条第（六）项、第（七）项规定的材料。

四、非营利组织免税优惠资格的有效期为五年。非营利组织应在免税优惠资格期满后六个月内提出复审申请，不提出复审申请或复审不合格的，其享受免税优惠的资格到期自动失效。

非营利组织免税资格复审，按照初次申请免税优惠资格的规定办理。

五、非营利组织必须按照《中华人民共和国税收征收管理法》及《中华人民共和国税收征收管理法实施细则》等有关规定，办理税务登记，按期进行纳税申报。取得免税资格的非营利组织应按照规定向主管税务机关办理免税手续，免税条件发生变化的，应当自发生变化之日起十五日内向主管税务机关报告；不再符合免税条件的，应当依法履行纳税义务；未依法纳税的，主管税务机关应当予以追缴。取得免税资格的非营利组织注销时，剩余财产处置违反本通知第一条第五项规定的，主管税务机关应追缴其应纳企业所得税款。

有关部门在日常管理过程中，发现非营利组织享受优惠年度不符合本通知规定的免税条件的，应提请核准该非营利组织免税资格的财政、税务部门，由其进行复核。

核准非营利组织免税资格的财政、税务部门根据本通知规定的管理权限，对非营利组织的免税优惠资格进行复核，复核不合格的，相应年度不得享受税收优惠政策。

六、已认定的享受免税优惠政策的非营利组织有下述情形之一的，应自该情形发生年度起取消其资格：

（一）登记管理机关在后续管理中发现非营利组织不符合相关法律法规和国家政策的；

（二）在申请认定过程中提供虚假信息的；

（三）纳税信用等级为税务部门评定的 C 级或 D 级的；

（四）通过关联交易或非关联交易和服务活动，变相转移、隐匿、分配该组织财产的；

（五）被登记管理机关列入严重违法失信名单的；

（六）从事非法政治活动的。

因上述第（一）项至第（五）项规定的情形被取消免税优惠资格的非营利组织，财政、税务部门自其被取消资格的次年起一年内不再受理该组织的认定申请；因上述第（六）项规定的情形被取消免税优惠资格的非营利组织，财政、税务部门将不再受理该组织的认定申请。

被取消免税优惠资格的非营利组织，应当依法履行纳税义务；未依法纳税的，主管税务机关应当自其存在取消免税优惠资格情形的当年起予以追缴。

七、各级财政、税务部门及其工作人员在认定非营利组织免税资格工作中，存在违法违纪行为的，按照《公务员法》《行政监察法》等国家有关规定追究相应责任；涉嫌犯罪的，移送司法机关处理。

八、本通知自2018年1月1日起执行。《财政部、国家税务总局关于非营利组织免税资格认定管理有关问题的通知》（财税〔2014〕13号）同时废止。

54. 财政部、税务总局、工业和信息化部、交通运输部关于节能、新能源车船享受车船税优惠政策的通知

（2018年7月10日 财税〔2018〕74号）

各省、自治区、直辖市、计划单列市财政厅（局）、工业和信息化主管部门、交通运输厅（局），国家税务总局各省、自治区、直辖市、计划单列市税务局，新疆生产建设兵团财政局、工业和信息化委员会：

为促进节约能源，鼓励使用新能源，根据《中华人民共和国车船税法》及其实施条例有关规定，经国务院批准，现将节约能源、使用新能源（以下简称节能、新能源）车船的车船税优惠政策通知如下：

一、对节能汽车，减半征收车船税。

（一）减半征收车船税的节能乘用车应同时符合以下标准：

1. 获得许可在中国境内销售的排量为1.6升以下（含1.6升）的燃用汽油、柴油的乘用车（含非插电式混合动力、双燃料和两用燃料乘用车）；

2. 综合工况燃料消耗量应符合标准，具体要求见附件1。

（二）减半征收车船税的节能商用车应同时符合以下标准：

1. 获得许可在中国境内销售的燃用天然气、汽油、柴油的轻型和重型商用车（含非插电式混合动力、双燃料和两用燃料轻型和重型商用车）；

2. 燃用汽油、柴油的轻型和重型商用车综合工况燃料消耗量应符合标准，具体标准见附件2、附件3。

二、对新能源车船，免征车船税。

（一）免征车船税的新能源汽车是指纯电动商用车、插电式（含增程式）混合动力汽车、燃料电池商用车。纯电动乘用车和燃料电池乘用车不属于车船税征税范围，对其不征车船税。

（二）免征车船税的新能源汽车应同时符合以下标准：

1. 获得许可在中国境内销售的纯电动商用车、插电式（含增程式）混合动力汽车、燃料电池商用车；

2. 符合新能源汽车产品技术标准，具体标准见附件4；

3. 通过新能源汽车专项检测，符合新能源汽车标准，具体标准见附件5；

4. 新能源汽车生产企业或进口新能源汽车经销商在产品质量保证、产品一致性、售后服务、安全监测、动力电池回收利用等方面符合相关要求，具体要求见附件6。

（三）免征车船税的新能源船舶应符合以下标准：

船舶的主推进动力装置为纯天然气发动机。发动机采用微量柴油引燃方式且引燃油热值占全部燃料总热值的比例不超过5%的，视同纯天然气发动机。

三、符合上述标准的节能、新能源汽车，由工业和信息化部、税务总局不定期联合发布《享受车船税减免优惠的节约能源使用新能源汽车车型目录》（以下简称《目录》）予以公告。

四、汽车生产企业或进口汽车经销商（以下简称汽车企业）可通过工业和信息化部节能与新能源汽车财税优惠目录申报管理系统，自愿提交节能车型报告、新能源车型报告（报告样本见附件7、附件8），申请将其产品列入《目录》，并对申报资料的真实性负责。

工业和信息化部、税务总局委托工业和信息化部装备工业发展中心负责《目录》组织申报、宣传培训及具体技术审查、监督检查工作。工业和信息化部装备工业发展中心审查结果在工业和信息化部网站公示5个工作日，没有异议的，列入《目录》予以发布。对产品与申报材料不符、产品性能指标未达到标准或者汽车企业提供其他虚假信息，以及列入《目录》后12个月内无产量或进口量的车型，在工业和信息化部网站公示5个工作日，没有异议的，从《目录》中予以撤销。

五、船舶检验机构在核定检验船舶主推进动力装置时，对满足本通知新能源船舶标准的，在其船用产品证书上标注“纯天然气发动机”字段；在船舶建造检验时，对船舶主推进动力装置船用产品证书上标注有“纯天然气发动机”字段的，在其检验证书服务簿中标注“纯天然气动力船舶”字段。

对使用未标记“纯天然气发动机”字段主推进动力装置的船舶，船舶所有人或者管理人认为符合本通知新能源船舶标准的，在船舶年度检验时一并向船舶检验机构提出认定申请，同时提交支撑材料，并对提供信息的真实性负责。船舶检验机构通过审核材料和现场检验予以确认，符合本通知新能源船舶标准的，在船舶检验证书服务簿中标注“纯天然气动力船舶”字段。

纳税人凭标注“纯天然气动力船舶”字段的船舶检验证书享受车船税免税优惠。

六、财政部、税务总局、工业和信息化部、交通运输部根据汽车和船舶技术进步、产业发展等因素适时调整节能、新能源车船的认定标准。在开展享受车船税减免优惠的节能、新能源车船审查和认定等相关管理工作过程中，相关部门及其工作人员存在玩忽职守、滥用职权、徇私舞弊等违法行为的，按照《公务员法》、《行政监察法》《财政违法行为处罚处分条例》等有关国家规定追究相应责任；涉嫌犯罪的，移送司法机关处理。

对提供虚假信息骗取列入《目录》资格的汽车企业，以及提供虚假资料的船舶所有人或者管理人，应依照相关法律法规予以处理。

七、本通知发布后，列入新公告的各批次《目录》（以下简称新《目录》）的节能、新能源汽车，自新《目录》公告之日起，按新《目录》和本通知相关规定享受车船税减免优惠政策。新《目录》公告后，第一批、第二批、第三批车船税优惠车型目录同时废止；新《目录》公告前已取得的列入第一批、第二批、第三批车船税优惠车型目录的节能、新能源汽车，不论是否转让，可继续享受车船税减免优惠政策。

八、本通知自发布之日起执行。《财政部、国家税务总局、工业和信息化部关于节约能源使用新能源车船车船税优惠政策的通知》（财税〔2015〕51 号）以及财政部办公厅、税务总局办公厅、工业和信息化部办公厅《关于加强〈享受车船税减免优惠的节约能源、使用新能源汽车车型目录〉管理工作的通知》（财办税〔2017〕63 号）同时废止。

附件：

1. 节能乘用车综合工况燃料消耗量限值标准
2. 节能轻型商用车综合工况燃料消耗量限值标准
3. 节能重型商用车综合工况燃料消耗量限值标准
4. 新能源汽车产品技术标准
5. 新能源汽车产品专项检验标准目录
6. 新能源汽车企业要求
7. 节能车型报告
8. 新能源车型报告

55. 财政部、税务总局关于继续支持企业、事业单位改制重组有关契税政策的通知

（2018 年 3 月 2 日　财税〔2018〕17 号）

各省、自治区、直辖市、计划单列市财政厅（局）、地方税务局，西藏、宁夏、青海省（自治区）国家税务局，新疆生产建设兵团财政局：

为贯彻落实《国务院关于进一步优化企业兼并重组市场环境的意见》（国发〔2014〕14 号），继续支持企业、事业单位改制重组，现就企业、事业单位改制重组涉及的契税政策通知如下：

一、企业改制

企业按照《中华人民共和国公司法》有关规定整体改制，包括非公司制企业改制为有限责任公司或股份有限公司，有限责任公司变更为股份有限公司，股份有限公司变更为有限责任公司，原企业投资主体存续并在改制（变更）后的公司中所持股权（股份）比例超过 75%，且改制（变更）后公司承继原企业权利、义务的，对改制（变更）后公司承受原企业土地、房屋权属，免征契税。

二、事业单位改制

事业单位按照国家有关规定改制为企业，原投资主体存续并在改制后企业中

出资（股权、股份）比例超过50%的，对改制后企业承受原事业单位土地、房屋权属，免征契税。

三、公司合并

两个或两个以上的公司，依照法律规定、合同约定，合并为一个公司，且原投资主体存续的，对合并后公司承受原合并各方土地、房屋权属，免征契税。

四、公司分立

公司依照法律规定、合同约定分立为两个或两个以上与原公司投资主体相同的公司，对分立后公司承受原公司土地、房屋权属，免征契税。

五、企业破产

企业依照有关法律法规规定实施破产，债权人（包括破产企业职工）承受破产企业抵偿债务的土地、房屋权属，免征契税；对非债权人承受破产企业土地、房屋权属，凡按照《中华人民共和国劳动法》等国家有关法律法规政策妥善安置原企业全部职工规定，与原企业全部职工签订服务年限不少于三年的劳动用工合同的，对其承受所购企业土地、房屋权属，免征契税；与原企业超过30%的职工签订服务年限不少于三年的劳动用工合同的，减半征收契税。

六、资产划转

对承受县级以上人民政府或国有资产管理部门按规定进行行政性调整、划转国有土地、房屋权属的单位，免征契税。

同一投资主体内部所属企业之间土地、房屋权属的划转，包括母公司与其全资子公司之间，同一公司所属全资子公司之间，同一自然人与其设立的个人独资企业、一人有限公司之间土地、房屋权属的划转，免征契税。

母公司以土地、房屋权属向其全资子公司增资，视同划转，免征契税。

七、债权转股权

经国务院批准实施债权转股权的企业，对债权转股权后新设立的公司承受原企业的土地、房屋权属，免征契税。

八、划拨用地出让或作价出资

以出让方式或国家作价出资（入股）方式承受原改制重组企业、事业单位划拨用地的，不属上述规定的免税范围，对承受方应按规定征收契税。

九、公司股权（股份）转让

在股权（股份）转让中，单位、个人承受公司股权（股份），公司土地、房屋权属不发生转移，不征收契税。

十、有关用语含义

本通知所称企业、公司，是指依照我国有关法律法规设立并在中国境内注册的企业、公司。

本通知所称投资主体存续，是指原企业、事业单位的出资人必须存在于改制重组后的企业，出资人的出资比例可以发生变动；投资主体相同，是指公司分立前后出资人不发生变动，出资人的出资比例可以发生变动。

本通知自2018年1月1日起至2020年12月31日执行。本通知发布前，企业、事业单位改制重组过程中涉及的契税尚未处理的，符合本通知规定的可按本通知执行。

图书在版编目（CIP）数据

企业全新税收优惠政策汇编与解读 / 应志雄编著．
—北京：中国法制出版社，2019.6
ISBN 978－7－5216－0279－1

Ⅰ.①企…　Ⅱ.①应…　Ⅲ.①企业管理－税收政策－优惠政策－汇编－中国　Ⅳ.①F812.422

中国版本图书馆 CIP 数据核字（2019）第 101085 号

策划编辑：朱丹颖（投稿联系：ss－nuannuan@hotmail.com）　　封面设计：杨泽江

企业全新税收优惠政策汇编与解读

QIYE QUANXIN SHUISHOU YOUHUI ZHENGCE HUIBIAN YU JIEDU

编著/应志雄
经销/新华书店
印刷/三河市国英印务有限公司
开本/710 毫米×1000 毫米　16 开　　印张/22.25　字数/284 千
版次/2019 年 6 月第 1 版　　2019 年 6 月第 1 次印刷

中国法制出版社出版
书号 ISBN 978－7－5216－0279－1　　定价：68.00 元

北京西单横二条 2 号
邮政编码 100031　　传真：010－66031119
网址：http：//www.zgfzs.com　　**编辑部电话：010－66067369**
市场营销部电话：010－66033393　　**邮购部电话：010－66033288**

（如有印装质量问题，请与本社印务部联系调换。电话：010－66032926）